A culinária caipira da Paulistânia

F✷SF✷R✷

CARLOS ALBERTO DÓRIA
MARCELO CORRÊA BASTOS

A culinária caipira
da Paulistânia

A história e as receitas
de um modo antigo de comer

Prefácio por
JOÃO PEDRO STÉDILE

2ª reimpressão

PREFÁCIOS

9 Notas para degustar um livro
João Pedro Stédile

13 Se verá que o Brasil não é longe daqui
Carlos Alberto Dória

19 Identidade caipira
Marcelo Corrêa Bastos

APRESENTAÇÃO

35 A busca da culinária caipira

PARTE I — O CAMINHO DA ROÇA

53 A cozinha dos guaranis: de onde partiu
a culinária caipira

73 Os bandeirantes foram longe demais

101 Sítio, o ranchinho à beira-chão

125 Produtos do sítio que ganharam cidadania

PARTE II — A COZINHA DOS CAIPIRAS, CONTADA
POR SEUS INGREDIENTES E MODOS DE FAZER

177 O desjejum
181 Os cozidões
193 As caças
199 O milho
223 O arroz
235 O feijão
241 As conservas
263 Os refogados
275 Os mexidos ou lobozós
279 As farofas e paçocas
283 As frituras
289 As empadas e tortas
293 Biscoitos, sequilhos e rosquinhas
301 Pães e roscas

CONCLUSÃO
307 O caipira não há mais

324 NOTAS
339 BIBLIOGRAFIA E FONTES CONSULTADAS
353 ÍNDICE DE RECEITAS
357 ÍNDICE REMISSIVO

Uma coisa são sempre duas: a coisa mesma e a imagem dela.

Carlos Drummond de Andrade

PREFÁCIO

Notas para degustar um livro

Estimados leitores,

Tenho a alegria de lhes apresentar um livro que tive o privilégio de conhecer na primeira edição.

Já nas páginas iniciais me identifiquei totalmente com o texto e pude apreender muito, de maneira que atendo ao convite, e à missão, de escrever este prefácio com muito prazer, e espero de verdade que todos/as também aproveitem muito.

A culinária caipira da Paulistânia soa à primeira vista como um livro de receitas destinado ao pessoal do ramo ou aos "aventureiros" da cozinha. Nada disso. Trata-se de uma verdadeira obra clássica sobre a cultura de nosso povo, descrevendo vários aspectos que marcam a formação da sociedade brasileira nessa parte do território.

A começar pela grata exaltação do "caipira", que há gerações é marcado pelo preconceito e pela ignorância — talvez decorrentes das obras de Monteiro Lobato —, pela forma distorcida com que as mídias corporativas tratam o tema, e pela pouca dedicação ao estudo desse recorte social. Os caipiras são resultado da miscigenação ocorrida na região da Paulistânia, como parte da formação socioeconômica de nosso povo, da mescla dos indígenas que aqui habitavam por séculos, em especial os guaranis e caiçaras, dos povos africanos escravizados e dos brancos europeus com suas diversas culturas, algumas delas marcadas pelas raízes mouras dos ibéricos. Da soma de tudo isso nasceu o caipira ou, se quiserem, o apelido para nossos antepassados.

Aqui também apreendi essa inovadora denominação geográfica do território caipira, que os autores chamam de Paulistânia, formada pelos territórios de São Paulo, norte do Paraná, Goiás, sul de Minas Gerais e parte do Mato Grosso e Mato Grosso do Sul.

É sobre essa base de um povo e de um território que os autores nos ajudam a entender os alimentos e a forma de prepará-los que norteiam a rica culinária caipira. Mais do que um simples livro de receitas, *A culinária caipira da Paulistânia* é uma obra de antropologia, história, sociologia e cultura, tendo como pano de fundo a explicação de como se construiu a cozinha desses nossos avós...

O primeiro capítulo é uma contribuição impressionante sobre a história do povo guarani das nossas raízes, dos povos que aqui habitavam o território antes da chegada do europeu capitalista.

Sabe-se muito pouco sobre o modo de vida, sobre as características do que pode ser reconhecido como um modo de produção próximo a um comunismo primitivo desses povos. Estima-se que chegaram aqui, vindos da Ásia, pelo estreito de Bering (no que é hoje o Alasca), há aproximadamente 50 mil anos. E tem-se poucas informações de como se organizavam, como viviam enquanto nômades, quando se fixaram, que tipo de alimentos preparavam, como sobreviveram em equilíbrio com uma natureza tão rica e como desenvolveram as atividades da produção agrícola.

Neste livro os autores nos conduzem à contribuição guarani para o uso do milho em nossa alimentação diária, em suas múltiplas formas de preparo, desde o milho-verde in natura, a pamonha, passando pelo "mingau grande", que depois os italianos chamariam de polenta. Então, anote aí, a origem da polenta de milho é guarani, e não italiana.

Hoje, sabe-se que o milho não é nativo de nosso território e os poucos registros históricos aventam a tese de que os guaranis foram buscá-lo em seus intercâmbios com os povos andinos do império Inca, no famoso caminho guarani que ligava nosso litoral até o território dos aimarás, hoje uma região boliviana. Ainda existem naquele lugar povoações descendentes de guaranis com as mesmas características biológicas e culturais dos nossos antepassados. Teria sido de lá que vieram as sementes de milho, batatas e outros produtos que utilizamos no nosso dia a dia.

Tenho usado sistematicamente esse capítulo sobre a vida e contribuição dos guaranis em nossa cultura nos cursos sobre a formação histórica do povo brasileiro, e sobre a questão agrária a militantes dos movimentos populares do país. Escrevo este texto sorvendo chimarrão, legado do uso da erva-mate deixado pelos guaranis que habitavam os pampas, onde também me criei.

Os caipiras foram se embrenhando pelo sertão adentro, se reproduzindo em novas terras desabitadas, forçados também pela lei de terras nº 601, de 1850, que lhes impediu de terem seu próprio pedaço de terra. Essa lei dava direito à terra apenas a quem tivesse dinheiro para comprá-la da Coroa. E assim, a propriedade agrária nasceu capitalista e latifundiária, porque somente os abastados puderam se apropriar dela.

Aos mestiços, caipiras, sobrou buscar as terras públicas e não reivindicadas pelo fazendeiro capitalista, nos sertões. E, contraditoriamente, essa situação melhorou ainda mais sua culinária, com a utilização da caça, das gorduras, da banha e de outros vegetais, pouco usuais nos povoamentos existentes ou nas grandes fazendas que se preocupavam apenas com produtos de exportação: café, cana-de-açúcar e gado bovino.

Na segunda parte do livro, os autores percorrem a riqueza da culinária propriamente dita e descrevem com detalhes, não tanto com receitas — ainda que indiquem como eram preparadas —, mas como um guia da alimentação e da contribuição dos caipiras à nossa cultura até os dias atuais.

Aos leitores que quiserem se aventurar na cozinha, os autores indicam no capítulo conclusivo o livro *Fogão de lenha* (Vozes, 1977), histórico na culinária caipira — ainda que seja conhecida apenas como "cozinha mineira" —, com receitas sistematizadas por dona Maria Stella Libanio Christo, mãe de nosso querido Frei Betto de quem ele herdou a arte de cozinhar.

Certamente vocês lerão ansiosos página por página, num só fôlego, degustando esses ensinamentos escritos com um estilo quase informal de conversa de compadres, mas sem fugir do rigor científico, da citação das fontes etc. que podem ser mensurados pela rica bibliografia, orientando leituras complementares de quem quiser se aperfeiçoar.

Por tudo isso, acredito que vocês se deliciarão com a leitura deste livro.

E, façam como eu, indiquem a muitos amigos/as e, se for um educador, de qualquer área do conhecimento, certamente terá aqui muitos subsídios para utilizar em suas aulas e seminários.

Bom proveito!

JOÃO PEDRO STÉDILE

PREFÁCIO

Se verá que o Brasil não é longe daqui

Quando me mudei do interior para a capital, aos treze anos, meus colegas da nova escola não me davam trégua, ridicularizando o modo como eu pronunciava o "r". De repente, eu me vi como um caso de fonoaudiologia e, na prática, tive que reaprender a pronúncia ao gosto da Pauliceia.

Hoje, penso que já estava ali a base do tratamento desprezível que, em São Paulo, se dedica a qualquer coisa que evoque a cultura caipira, o interior do estado, mesmo um simples "r". Também a cozinha — tão rica e elaborada — é considerada "coisa de pobre", segundo testemunho de chefs que ousam oferecer em seus restaurantes qualquer coisa marcadamente caipira. Às vezes nem é a cozinha como um todo que é rejeitada liminarmente, mas apenas ingredientes isolados, como a farinha de milho, o milho-verde na forma de curau ou pamonha, ou até a pimenta. Quando se sentam à mesa, os paulistanos imaginam que estão em outro canto qualquer, nunca em São Paulo. Há bem mais de um século é assim. Mas o Brasil não é longe daqui, como se verá.

Em 1995, comecei a me interessar pela cozinha caipira e escrevi um pequeno artigo, discorrendo de modo ligeiro sobre a sua riqueza, na revista *Gula*, que depois incluí em meu livro *Estrelas no céu da boca.*[1] Mas foi só quando terminei *Formação da culinária brasileira*[2] que comecei a pensar neste livro que o leitor tem em mãos.

Após ter lido um número especial da revista *Current Anthropology*,[3] sobre o que me parece ser a agricultura antes da agricultura, isto é, antes do Neolítico, pude me dar conta de quão importante foi o milho para a alimentação dos povos pré-coloniais no que veio a ser o território brasileiro. Ora, o milho estava escondido para mim por causa de um misto de ignorância e um tanto de indianismo nacionalista, calcado na presença quase absoluta da mandioca, o que é uma simplificação ainda presente em nossas letras. Aquela constatação estimulou em mim uma investigação em maior profundidade sobre a formação e a consolidação de uma culinária praticamente desaparecida dos hábitos de consumo de nossa gente e que se tornou imaginária no século 20: a cozinha caipira, quase totalmente baseada na utilização do milho.

Só mesmo quem viveu no interior dos estados de São Paulo, Minas, Goiás ou Paraná, ou que observa com muita atenção o que lá ocorre, pode ter uma ideia aproximada do que foi a culinária caipira, da qual ainda é possível encontrar algum vestígio, aqui e ali, nessas regiões — um prato, um simples ingrediente ou ainda o relato de alguém que nos diz o que seus avós comiam e como cozinhavam. Assim, quem conhece as cozinhas mineira, goiana ou vale-paraibana tem noção da cozinha caipira, mas nem sempre sabe que são recortes distintos de uma matriz comum.

Se a culinária caipira é hoje um conceito corrente, a história de sua formação só pode coincidir com o longo processo no qual veio a ser o que é. Mas desentranhá-la da história não é fácil. Em primeiro lugar porque, sendo uma culinária de gente pobre, em geral analfabeta, deixou poucos registros diretos, o que nos faz depender de relatos e interpretações de terceiros. Em segundo lugar porque a influência dos povos indígenas, que foi determinante, remonta a épocas muito recuadas no tempo, tendo ocorrido de forma dispersa, em latitudes diferentes — sem contar que esses povos já não existiam quando a cozinha para a qual contribuíram se consolidou. Se podemos, hoje, acompanhar com clareza algumas influências portuguesas, o mesmo não se pode fazer com as indígenas.

A culinária caipira da Paulistânia, escrito por mim e pelo cozinheiro Marcelo Corrêa Bastos, é a porta de entrada que imaginamos para a cozinha caipira. Trata-se, aqui, de um exercício ao mesmo tempo histórico, literário e culinário, com o objetivo de colocar ao alcance do leitor, tanto quanto possível, a inteireza dessa cozinha que teima em desaparecer.

Em 1863, o general Couto de Magalhães, que andava muito pelos sertões, escreveu:

> Faria um livro útil e muito nacional aquele que quisesse descrever todas as coisas que servem de alimento ao povo brasileiro [...], com infinidade de informações muito mais interessantes do que coisas de Paris, que são as que mais nos ocupam. Deve isso ser feito quanto antes, porque os costumes nacionais estão de tal sorte transformados, que eu, que me não considero velho, contudo, em muita coisa, pertenço a uma sociedade que já deixou de existir.[4]

O ritmo de desaparição de elementos dessa culinária tem sido bem mais rápido do que aquele que marcou sua formação. Lendo agora livros de receitas da cozinha caipira, vejo o quanto o marmelo, por exemplo, está presente no receituário antigo, e me lembro da profusão dos marmeleiros nascidos espontaneamente nos pastos ou caminhos por onde eu andava, e dos quais era possível colher os frutos que se transformavam em doces de sabor único. Do mesmo modo, recordo que em uma casa onde morei, em Santa Rosa do Viterbo, no interior paulista, havia um frondoso pé de cambucá — fruto de doçura e acidez deliciosas, que pouca gente hoje conhece ou dele sequer ouviu falar. Desaparecimento também notável foi o que ocorreu com um prato emblemático dessa cozinha, o cuscuz paulista. Era costume, em família, comer o cuscuz em ocasiões especiais — em um aniversário, na Semana Santa ou no Natal —, feito da maneira antiga, isto é, ao vapor, ao passo que hoje ele é preparado na panela, como se fosse uma farofa. A maior parte das pessoas que apreciam esse prato não conhece a versão ao vapor e nem mesmo possui a panela especial para fazê-lo.[5] Assim, as coisas que compõem a tradição culinária caipira vão saindo do normal da vida para se acumular na prateleira de uma memória nem sempre bem organizada.

Retratar esse substrato culinário de São Paulo não tem, porém, o sentido de uma aventura passadista, pois foi com surpresa e alegria que pude observar, ao longo dos últimos anos, a ressurgência de alguns desses sabores nos pratos cotidianos do restaurante Jiquitaia, de Marcelo Corrêa Bastos. Ele os faz porque gosta, e gosta porque os conhece desde a infância no Paraná, e também de suas leituras frequentes. O principal do que Marcelo cozinha não foi aprendido em escolas de gastronomia — sempre presas a uma representação caolha da culinária brasileira —, mas a partir dessas referências que trazemos para o primeiro plano aqui, por constituírem experiência de vida sobre a qual é possível se demorar, descobrindo coisas sempre novas e surpreendentes.

Marcelo criou uma linha de inovação que corresponde, no meu modo de entender, a um modelo fértil de investigação de sabores, com paralelo moderno na mediterranização da culinária espanhola de que fala Ferran Adrià ao se referir à primeira fase do seu trabalho. A cozinha de Marcelo exala uma brasilidade que qualquer um que tenha comido no Jiquitaia pode reconhecer.

Isso se coaduna com nosso entendimento de que o valor presente da tradição não está na sua permanência como coisa artificialmente viva, tombada como patrimônio imaterial, mas sim como repertório de sabores aos quais se possa recorrer para trazer graça ao que cozinhamos hoje. Foi assim que, após extensa pesquisa em livros e outros escritos, recuperamos também alguns pratos da tradição que fazem parte de nossas próprias memórias pessoais. Assim, se hoje o paulistano médio está mais familiarizado com a cozinha japonesa do que com a caipira, esse simples contraste, através da nossa mediterranização cabocla (para mantermos a analogia com o trabalho de Ferran Adrià na fundação da nova cozinha espanhola), dispõe diante dele um mundo surpreendente que, se não expressa o seu passado familiar, é ao menos o do território em que escolheu viver.

Todos nós, sem exceção, perdemos os nexos históricos mais profundos com o território que foi habitado outrora por grupos guaranis, dos quais os portugueses, para sobreviver, adotaram inúmeras estratégias culinárias. Trazendo de novo à luz, neste livro, alguns desses nexos que o tempo recobriu, acreditamos estar contribuindo para uma nova visão de nossa história culinária, na qual a tríade tradicional — indígenas, negros e brancos — aparece desbalanceada, já não apenas como pano de fundo, mas como um campo onde a presença negra quase desaparece para revelar, com todo o vigor, a predominância da relação indígena-branco no tecer das soluções alimentares que bandeirantes, tropeiros e sitiantes desenvolveram e disseminaram por um vasto território. E se, aqui ou ali, num ou noutro restaurante, é possível topar com fragmentos dessa caipiridade, é porque chegou enfim o momento de arrancá-la da terra, por estar madura.

Quisemos traçar um panorama da cozinha caipira que não se limitasse a recuperar a história de sua formação, mas que também pudesse inscrever, nas práticas atuais, uma evocação dos seus sabores e modos de transformar a natureza. Isso se consolida nas quase 270 receitas aqui reunidas, que possuem versões variadas dentro do próprio território investigado. São receitas que aparecem com frequência em todas as fontes consultadas, algumas ainda vivas na tradição oral, de tal sorte que sempre se esbarra nelas ao recuar no tempo. Trazer esse tempo passado e fragmentado para o agora foi nossa motivação principal.

✳

Um livro se faz por caminhos nem sempre previamente conhecidos. Muito do que ele é deve-se à interferência, consciente ou não, de várias pessoas. Sabe-se como começa, mas quando termina é já outra coisa. Por isso, não poderia encerrar estas palavras introdutórias sem mencionar os débitos evidentes, para mim, nessa trajetória de mais de dois anos.

Em primeiro lugar, foi grande aquele contraído com Viviane Aguiar, graças à dedicação e ao trabalho excepcional de pesquisa realizado por essa mestranda em história na Universidade de São Paulo (USP). Além de ir à fonte com precisão cirúrgica, ela soube sugerir várias pistas e hipóteses interpretativas sem as quais o livro seria bastante distinto. Especialmente ao último capítulo, sobre tema que vem estudando, sua contribuição analítica foi fundamental. Débito grande também tenho com o trabalho de ilustração, realizado pacientemente pela amiga e artista visual Mariana Ardito, que desenvolveu a iconografia em consonância estreita com o texto e considerando minhas eventuais fantasias.

Aos amigos Carlos Bacellar e Walquiria Leão Rego, pela recordação e partilha de receitas que eu desconhecia. A Karla Ananias, por sua consultoria em cozinha goiana. A Maria de Fátima Moura, amiga portuguesa que me propiciou acesso a interessante bibliografia sobre o milho e sobre os portugueses no Brasil. Às leituras críticas de Carla Castellotti, João Luiz Máximo e Francys Silvestrini Adão S. J. À paciência, ao cuidado e à flexibilidade do editor Alcino Leite Neto.

CARLOS ALBERTO DÓRIA

PREFÁCIO

Identidade caipira

Um dito recorrente, que escuto desde criança, é o seguinte: quando alguém está inerte, deprimido, ocioso por algum motivo ou incomodando gratuitamente qualquer pessoa, costuma-se recomendar: "Vai carpir uma data!" ("data" é uma denominação tradicional, em São Paulo, de uma medida de 25 x 50 metros). Essa recomendação sempre me pareceu ter um caráter de austeridade, um viés laboral; nunca havia me dado conta de sua natureza ontológica, uma vez que o termo "caipira", etimologicamente, se refere àquele que corta o mato.[1] O imperativo, portanto, se destina àquele que ainda não encontrou um sentido para a vida e, provavelmente, o encontraria carpindo; ou àquele que, em vez de molestar os outros com estultices, poderia fazer algo que realmente importasse.

Outro termo que se refere ao caipira, e com o qual convivi com frequência devido a minha timidez e falta de traquejo social, é "tucura". Quantas vezes, quando me encontrava reticente, arredio ou envergonhado diante de uma situação social, não ouvi de meu pai, de minha mãe ou, principalmente, de meu irmão a frase "Deixa de ser tucura"? Tucura, venho descobrir agora, é o gado mestiço, que, assim como o caipira, não tem raça definida. Sobre o surgimento do caipira e suas características genéticas, Darcy Ribeiro esclarece:

A miscigenação era livre porque quase ninguém haveria, dentre os homens bons, que não fosse mestiço. Nessas circunstâncias, o filho da índia escrava com o senhor crescia livre em meio aos seus iguais, que não eram gente da identidade tribal de sua mãe, nem muito menos os mazombos, mas os chamados mamelucos, frutos de cruzamentos anteriores de portugueses com índias, orgulhosos de sua autonomia e de seu valor de guerreiro.[2]

Enquanto outras culturas regionais se manifestam de forma orgulhosa, organizada e deliberada — por exemplo, as do sertanejo e do gaúcho —, a cultura caipira, envergonhada de suas próprias características, sobrevive apenas de maneira dissimulada. Essa cultura do subsistente rural que, entre ciclos econômicos, viveu períodos de estagnação na ampla região que vai do sul de Minas Gerais até parte do norte e do oeste do Paraná, do vale do rio Paraíba até o Mato Grosso, passando por Goiás, e que conjuga as culturas indígena e portuguesa, não se explicita nem se celebra. Talvez isso ocorra porque o caipira não saiu de seu território, mas se transformou e foi transformado por ele.

Ou talvez porque o que poderíamos chamar de nação caipira é parte da região brasileira com maior densidade demográfica e índice de industrialização. A pujança econômica favorece o surgimento de uma estratificação social bastante complexa, na qual a avidez pela distinção suplanta a valorização de uma cultura ancestral comum a vários estratos. Não é preciso ir muito longe no tempo para presenciar comportamentos que ilustram essa supressão de traços da cultura caipira. É muito comum observarmos jovens do interior que vêm estudar em São Paulo e perdem rapidamente o sotaque, passando a pronunciar o "r" italianado dos paulistanos. Já o fenômeno contrário me parece mais raro: a perda desse sotaque adquirido na capital não se dá com a mesma facilidade quando o jovem retorna a sua cidade de origem.

Quando Dória, após ter almoçado num movimentado dia de semana no Jiquitaia, me convidou para escrever um livro sobre a cozinha caipira, não pestanejei: disse que topava, embora minha consciência tentasse frear o impulso. Afinal, o que teria eu de caipira, além de pronunciar os "erres" após as vogais? Sempre me senti tão urbano! Sou de uma cidade do interior, é verdade, mas uma cidade de meio milhão de habitantes que, por ter sido fundada por ingleses nas primeiras décadas do século passado e colonizada por imigrantes de diversas partes do mundo, gabava-se de ser uma "pequena Londres". Desde muito jovem, tive uma vida sobretudo urbana. A cidade não era tão grande, e vivíamos, então, uma época em que os perigos da violência urbana não eram tão alardeados.

Mudei com minha família para o centro da cidade aos oito anos — vivíamos antes em um bairro adjacente à região central. Fazia tudo a pé, andava pela cidade toda e me preocupava somente com trombadinhas, meninos carentes da mesma idade que eu, ou um pouco mais velhos, que cometiam pequenos furtos. Meus contatos com a vida rural foram esporádicos: algumas férias na fazenda da empresa de meu pai no Mato Grosso, outras em uma fazenda de amigos no Vale do Paraíba. Apesar de ter passado bons momentos no campo, de ter aprendido como as coisas funcionavam ali, e como haviam funcionado em períodos anteriores, nunca fui arrebatado pela vida bucólica. Sempre fui fascinado, isso sim, pelas cidades, a vida urbana, o comércio, os restaurantes, cinemas, teatros, livrarias e bancas de jornal.

De minhas vindas a São Paulo quando criança, lembro-me de sentir um inquietante frio na barriga, um fascínio diante das infinitas possibilidades que a metrópole parecia apresentar. Sempre que vínhamos, o programa era mais ou menos o mesmo: passeávamos durante o dia; à noite, íamos a uma peça de teatro e depois a um restaurante (que eu ajudava a escolher no *Guia Quatro Rodas*, instigado pela diversidade de gêneros e origens das culinárias, ávido por conhecer o exótico, o nunca antes provado). As muitas horas que passávamos no trânsito e a aparente inviabilidade da convivência entre toda aquela gente que eu via pelos vidros do carro não faziam meu fascínio arrefecer. Um dia eu haveria de explorar todas aquelas ruas, de escolher o restaurante que bem entendesse.

Minha mãe é filha de um casal de cozinheiros que ganhou a vida com as panelas. Eles tiveram alguns bares e restaurantes na cidade de Londrina. Meu avô materno, Sebastião Neves Corrêa, foi criado em São Sebastião do Paraíso, em Minas Gerais. Reza a lenda que, talentoso no trato com os animais, ele adestrava um jumento e o ensinava a passar pelo mata-burro. Então vendia o animal, que, passado algum tempo, transpunha o mata-burro do novo proprietário e voltava para o sítio de meu avô, que o revendia a outra pessoa. Assim, ele juntou dinheiro e mudou-se para São Paulo, onde trabalhou em bares, restaurantes e padarias.

Então, mudou-se com minha avó Cida e toda a família para Londrina, onde criariam os filhos e passariam o resto da vida. Os dois abriram um restaurante no centro da cidade. Não me recordo muito desse restaurante, mas lembro-me vagamente do último bar que tiveram, na saída de Londrina, e que foi vendido quando meu avô faleceu — eu tinha uns sete anos. Minha avó, no entanto, nunca deixou de cozinhar: até os noventa anos alimentou, diariamente, um batalhão de filhos, netos e bisnetos. Era bonito ver o apreço que ela tinha pela comida e a importância que dava às refeições. Embora não costumasse demonstrar afeto com gestos e carinhos, ela o fazia com suas mesas de almoço. Lembro-me de um momento muito tocante de seu funeral, quando meus primos e meu tio começaram a falar da comida dela e do prato que cada um tinha como preferido. Ficou evidente para mim o amplo repertório que ela tinha: frango ensopado, costela assada, bife acebolado, rabada, carne de panela, macarronada, fígado, salada de batata, quiabo, jiló e panqueca de espinafre. Era inevitável, acabei com os olhos e a boca cheios d'água.

Desde que inaugurei o Jiquitaia, procurei cozinhar o que tinha como referência, a comida à qual estava mais acostumado, e a seguir, de forma não muito precisa, o cardápio comercial tradicional de São Paulo, que era o que meus avós costumavam servir em seus restaurantes e bares e que, consequentemente, influenciou muito a comida que minha mãe fazia em casa. O cardápio do Jiquitaia foi se desenhando naturalmente. Durante a pesquisa, quando me deparei, no livro *Os parceiros do Rio Bonito*, de Antonio Candido, com uma relação de ingredientes e pratos caipiras, notei que o que eu fazia e utilizava com mais frequência, inconscientemente, tinha muito do que é descrito como um ideal de dieta do caipira.

Embora me imaginasse distante dessa cultura, ao buscar as características do caipira com um pouco mais de profundidade, percebi que os ingredientes e modos de fazer da sua cozinha eram comuns e identificáveis. Mas não só isso: comecei a colecionar elementos muito próprios da minha forma de agir, de costumes meus e de meus ancestrais que me parecem herança da cultura caipira. Lembro-me imediatamente de minha avó paterna quando, por exemplo, Antonio Candido descreve a etiqueta caipira, para a qual

> todo alimento deve ser oferecido, e nenhum aceito sem negativa prévia. Nada é mais impolido do que demonstrar cobiça por alimento alheio [...]. A comida é sempre considerada indigna por quem oferece e de raro paladar por quem aceita; pouca, segundo o primeiro, abundantíssima, para o segundo.[3]

Mesmo que esse padrão de comportamento atribuído ao caipira seja muito comum em diversas pessoas que conheci, principalmente mulheres mais velhas, é difícil dissociá-lo de minha avó Dirce, mãe do meu pai, que sempre tinha em casa um bom estoque de compotas variadas, que ela mesma produzia, além de amendoins confeitados e algum tipo de manjar.

Meu avô paterno, Luís Dias Bastos, também tinha, digamos, uma genética caipira. Filho de administrador de fazendas, ele seguiu os passos do pai (que perdeu muito cedo, aos três anos, para o tifo) e trabalhou na agricultura a vida toda. Um de seus irmãos escreveu um livro em que relata a trajetória da família, de fazenda em fazenda, até se estabelecerem, após a morte de meu bisavô, na cidade de Monte Azul, em Minas Gerais. Como todo livro de memórias, não faltam descrições de pratos e quitutes preparados por minha bisavó Olívia:

> O almoço de domingo, sempre mais variado e mais completo, foi servido: salada de alface com tomate, feijão com farinha de milho, arroz "São Silvestre", todo enfeitado com salsa, frango assado aos pedaços, farofa mexida com miúdos de frango, ovos e azeitona. Como sobremesa: laranjas, tangerinas, pudim de laranja e as saborosas "bananinhas". Duas enormes jarras de água, suco de limão galego e açúcar. Para arrematar, o cafezinho "bem esperto".[4]

Identificadas minhas raízes caipiras, devo dizer que o ímpeto de aceitar o convite para participar deste livro se deve não só a essa ligação, que me impregna, mas também à admiração que tenho por meu parceiro. Não sabia quando receberia de novo um convite para trabalhar com Dória. Nossa relação precede minha vida de cozinheiro profissional. Eu o conheci logo que cheguei a São Paulo; não pessoalmente, é verdade, mas por intermédio de um livro seu.

Devia ser janeiro de 2008, e eu, recém-formado em direito pela Universidade Estadual de Londrina, me preparava para o exame da Ordem dos Advogados do Brasil. Viera a São Paulo para ficar perto de minha namorada (hoje esposa), arrumar um emprego e, enfim, seguir a vida. Em um dos momentos de descanso dos estudos jurídicos, quando me distraía com outras leituras, escolhidas aleatoriamente nas prateleiras da biblioteca do Centro Cultural São Paulo, me deparei com o livro *Estrelas no céu da boca*. Perdi aquele dia de estudo inteiro, fascinado pelo delicioso texto que tratava de um tema que muito me interessava. A saga do autor como restaurateur, suas reflexões teóricas e complexas sobre a cozinha brasileira, um ensaio sobre o restaurante por quilo...

Não imaginava que era possível pensar a cozinha daquela forma, que a gastronomia, atividade que sempre me parecera tão simples, tão trivial, pudesse reverberar daquele modo. Não exagero se disser que Dória, além de me trazer de volta para uma atividade, digamos assim, mais intelectual, teve uma parcela de culpa em minha mudança de trajetória profissional naquele momento. Além de gostar muito de comida e de restaurantes (como frequentador), passei a me interessar pela ideia do negócio. Não que ela nunca houvesse me passado pela cabeça; mas, antes, era sempre em uma versão mais idílica, do tipo "Quando me aposentar vou abrir um restaurante, fazer o que gosto". A partir daquele momento, comecei a enxergar a gastronomia de outra forma.

Minha contribuição para a construção deste livro foi modesta e se restringiu à seleção das receitas e a algumas reflexões e comentários acerca de minhas experiências com elas e com seus ingredientes. Já a influência que este livro teve em meu trabalho é incomensurável, e certamente será cada vez maior.

✳

Por mais paradoxal que possa parecer, algumas modas das vanguardas gastronômicas contribuem para aproximar nossos cozinheiros das culinárias regionais ancestrais, como a caipira. A alimentação como uma atividade essencialmente agrícola, noção incorporada por movimentos gastronômicos de ponta, como o locavorismo, e a consequente valorização do terroir descortinam ingredientes, produtos e modos de produção que haviam sido soterrados por práticas agrícolas modernas e demandas comerciais homogeneizadas. A proliferação do uso das Pancs (Plantas Alimentícias Não Convencionais), por exemplo, parece um caminho sem volta. A uniformização do consumo de hortifrutigranjeiros e a consequente diminuição na variedade de hortaliças disponíveis nos grandes centros começam a sofrer um revés com o crescimento e a aceleração da demanda por variedade de produtos. Hortaliças que se tornaram raras, como bertalha, dente-de-leão e serralha, começam a voltar às feiras e aos mercados, nos quais, antes, a cesta de verduras se limitava a couve, agrião, alface e rúcula. A moda dos restaurantes "do campo à mesa", a aproximação entre chefs de cozinha, pequenos produtores rurais e artesãos que fazem queijos, embutidos, farinhas etc., e a ânsia de oferecer produtos únicos e exclusivos têm contribuído para revalorizar alguns aspectos da cozinha caipira.

Quando comparamos a lista de hortaliças do caipira apresentada pelo jornalista e escritor Cornélio Pires em *Conversas ao pé do fogo* aos menus-degustação de alguns dos chefs brasileiros mais criativos e renomados, notamos que muitos itens antes considerados banais, e que acabaram deixando de ser produzidos (por causa da busca por maior produtividade de uma variedade menor de produtos), agora ressurgem como produtos de luxo, exclusivos, para poucos:

> Não faltam as tumbas de batata-doce, branca ou roxa, de cará, de mangarito, de batatinha. Na horta não faltam a couve, a alface, o repolho, o quiabo, o cará de árvore, a ervilha, as favas, o feijão-guandu, o feijão de vara, a taioba, a mostarda, e a aboboreira, para cambuquira, e as abobrinhas, morangas e mogangos, o chuchu, o alho e a cebola.[5]

Em rápida pesquisa na internet, encontramos pratos de chefs celebrados que utilizam algumas dessas hortaliças. O restaurante Tuju, em São Paulo, por exemplo, serviu, em um de seus brilhantes menus sazonais, um varênique de mangarito com ovo de codorna. Nos primeiros menus da casa, havia um prato de foie gras com feijão-guandu. O foie gras era o protagonista, mas, com o passar do tempo, o feijão-guandu tornou-se o elemento principal de outras receitas. A bochecha bovina com purê de taioba já é considerada um clássico de Helena Rizzo, chef do restaurante Maní, também em São Paulo. No Jiquitaia, sempre utilizo cambuquiras, que são os brotos, ou folhas jovens, das cucurbitáceas. Costumamos servir as de chuchu, mais fáceis de encontrar, cozidas, acompanhando as alheiras produzidas na casa. Já as cambuquiras de abobrinha são servidas sozinhas, levemente empanadas e fritas, ou cozidas, em sopa de milho-verde; com talos e folhas carnosos e saborosos, são uma iguaria finíssima.

Também utilizo com muita frequência a batata-doce roxa — que, por um bom tempo, era destinada exclusivamente à produção artesanal de doces e hoje começa a aparecer em pratos de diversos restaurantes. Com ela, prepara-se um nhoque que surpreende pela aparência (os clientes sempre perguntam se a coloração é natural), pelo sabor e textura. Os mogangos, citados por Cornélio Pires, também atestam o fenômeno da supressão de variedade de espécies, no caso entre as abóboras. Muitas eram as variedades nativas consumidas por nossos ancestrais. Hoje, as espécies encontradas são basicamente três: a cabochá, de origem coreana; a moranga, preservada talvez pela sobrevivência de alguns pratos típicos emblemáticos, como o camarão na moranga; e a abóbora de pescoço, que costuma ser destinada à produção de doces e compotas. Variedades como o mogango, por exemplo, muito difíceis de encontrar, são desconhecidas da maior parte da população.

Cará de árvore, mangarito, feijão-guandu, taioba e cambuquira são vegetais que, embora fossem de uso comum na alimentação de tempos atrás, como se constata na citação de Cornélio Pires, hoje se incluem no rol das Pancs. O termo, cunhado pelo biólogo brasileiro Valdely Kinupp, refere-se a plantas ou partes delas que não são utilizadas usualmente na alimentação, apesar de serem comestíveis. Designa desde plantas nativas pouco conhecidas (algumas consideradas ervas daninhas pela agricultura moderna) até hortaliças que, por desinteresse dos produtores rurais, deixaram de ser cultivadas, passando por plantas ornamentais que tenham alguma parte que possa ser consumida.

Partes de plantas que já não são consumidas com tanta regularidade, como as cambuquiras e as folhas da batata-doce, as castanhas de frutos diversos, como pequi e jaca, e a raiz tuberosa do chuchuzeiro e de outras espécies também se incluem nessa classificação. O fenômeno da popularização das Pancs, que ocorre em ritmo acelerado, se deve, além da difusão da alta gastronomia, ao crescimento do vegetarianismo e de suas correntes mais ortodoxas, ao surgimento na mídia de gurus populares da alimentação natural e nutricionistas ligados à agricultura familiar, e também à fadiga geral em relação às práticas da indústria alimentícia.

Chegou-se a um ponto em que o produto final que é entregue ao consumidor encontra-se distante da prática agropecuária, e a simples menção ao abate de animais causa ojeriza — mesmo àqueles que nem sonham ser vegetarianos e comem, tranquilamente, presuntos em forma de paralelepípedos idênticos ou partes de frango de tamanhos precisamente padronizados, temperadas e congeladas. Hoje, as crianças identificam os logotipos das marcas da grande indústria alimentícia com mais facilidade do que as hortaliças in natura mais banais.

Tenho a impressão de que a antítese desse modelo de produção de alimentos começou a se intensificar em meados da década de 2000, quando o assunto virou tema de debate público. Em 2004, um documentário independente, *Super Size Me*, ganhou notoriedade ao questionar o modelo de alimentação americana baseada no fast food. No filme, o diretor Morgan Spurlock se submete, durante trinta dias, a uma dieta em que se alimenta exclusivamente de produtos do McDonald's. O filme mostra os efeitos da dieta: Spurlock ganhou onze quilos e teve a saúde seriamente abalada, com alterações de humor e disfunção sexual.

Dessa época até hoje, é notável a popularização da cultura da vida saudável. A busca por produtos orgânicos e a atenção à importância, para a saúde, da alimentação à base de ingredientes mais naturais chegou a tal ponto que a própria grande indústria começou a lançar linhas orgânicas e a adquirir empresas que lidam com esse tipo de produto.

O chef americano Dan Barber, do restaurante Blue Hill, em Nova York — um dos principais expoentes da cozinha "do campo à mesa" —, relata em *O terceiro prato: observações sobre o futuro da comida* a redescoberta de um tipo de milho americano ancestral, realizada por ele e por um agricultor associado, e como chegou, consequentemente, à "melhor polenta da vida". O livro chama a atenção dos chefs para a importância dos produtos e ingredientes e é um manifesto em defesa das práticas agrícolas que aproximam o agricultor do consumidor, causam menos impactos no meio ambiente e resgatam espécies ancestrais de grãos e hortaliças.

Ocorreu comigo uma situação de certa forma análoga à do chef americano. Diversos pratos que servimos no Jiquitaia têm a farinha de milho como ingrediente, das farofas aos cuscuzes, passando pelos virados e escaldados. Costumava comprar a única variedade do produto vendida na casa do norte onde costumo adquirir os vários tipos de farinha de mandioca que utilizamos na casa. Quando ganhei de presente de Carlos Alberto Dória um pacote da farinha de milho produzida pela Fecularia Nossa Senhora das Brotas, de Lindoia, em São Paulo, tive uma experiência transformadora. A farinha comida direto do pacote, sem passar por nenhum processo, já era melhor que a farofa que eu fazia com a minha farinha habitual: crocante e leve, apresentava flocos grandes, em formato de finas rendas, uma verdadeira obra de arte. O sabor daquela farinha também era muito melhor do que aquele a que eu estava acostumado: sendo ela mais fresca, sentia-se o gosto do milho. Contatei o produtor imediatamente e passei a utilizar exclusivamente essa farinha no restaurante. Uma simples farofa feita com ela e um pouco de manteiga de garrafa, que servimos como acompanhamento de vários pratos, causa deleite nos comensais, apesar da simplicidade da guarnição.

Certa vez, em uma viagem à cidadezinha mineira de Paraisópolis, terra natal de meus sogros, me deparei, em um pequeno açougue, com três variedades de farinha, de qualidade comparável à do produto da Fecularia Nossa Senhora das Brotas. Otimista, imaginei que nem tudo estava perdido, que devia ser comum em Minas Gerais encontrar farinhas de milho de boa qualidade, e que a monotonia devia ser uma exclusividade paulistana. Semanas depois, convidado a participar de um evento em Belo Horizonte, deixei para comprar lá a farinha de milho para a farofa com a qual finalizaria meu arroz de suã do Jiquitaia. Minha surpresa, dessa vez, foi descobrir que, em todo o rico mercado municipal da capital mineira, nas inúmeras e diversas casas que vendem farinha, só havia uma mesma variedade medíocre de farinha de milho, semelhante àquela que eu costumava utilizar antes de conhecer a excelente produção de Lindoia. Parece-me, portanto, que só restam alguns poucos produtores que se preocupam com os detalhes da fabricação da farinha de milho, e que eles devem, provavelmente, ser vistos como excêntricos, por priorizar a qualidade do produto, e não os custos e o rendimento.

No pequeno período que se passou desde que inaugurei o Jiquitaia, em 2012, pude notar uma transformação no mercado das farinhas de mandioca. Apesar de ainda existir grande variedade de farinhas mais artesanais, as tradicionais casas de farinha das regiões Norte e Nordeste do país parecem perder espaço no mercado para indústrias mais modernas, do oeste do Paraná, que produzem versões mais padronizadas, em maior escala, e de qualidade inferior. Cada vez que vou ao Largo da Concórdia, região de São Paulo que concentra estabelecimentos especializados em produtos do Nordeste, encontro menos variedades de farinhas, e mais marcas vindas do Sul do país. Embora o Pará ainda seja o maior produtor, a produção de outras regiões — variedades mais industriais — cresce de forma acelerada.

Com cada prato que incluo no cardápio do Jiquitaia, espero proporcionar ao comensal, além do prazer dos sentidos, alguma emoção adicional, como a surpresa de uma nova combinação, a lembrança de um sabor familiar ou a descoberta de uma conexão cultural. O arroz de suã, um dos pratos mais consagrados de minha cozinha, é feito com a espinha dorsal suína, circundada por um pouco de carne. No cardápio do restaurante desde a inauguração, costuma causar reações diversas. Entre os clientes mais velhos, que já o conhecem, a nostalgia é bastante comum. Com muita frequência, escuto pessoas de mais de sessenta anos dizerem que sua mãe preparava esse prato e que fazia muito tempo que não o comiam. Outros se alegram por ter matado a curiosidade de conhecer um prato do qual já haviam ouvido falar, mas que parecia perdido no tempo.

O fato é que, considerando a simplicidade dos ingredientes, a facilidade de execução e o baixo custo, é difícil entender por que o arroz de suã teria se perdido no tempo. Fatores como a sobreposição das modas culinárias das elites, a desconfiança que perdurou por décadas em relação à segurança alimentar da carne suína, a transformação dos processos industriais de produção, a marginalização dos cortes supostamente menos nobres — além da preocupação com fatores nutricionais — contribuíram para relegar o prato à condição de excentricidade grosseira e anacrônica. O único ajuste que fiz nas versões mais tradicionais foi desossar a suã antes de misturá-la ao arroz — e são muito raros os clientes que não gostam do prato.

Quando decidi abrir o Jiquitaia, pretendia, grosso modo, fazer um bistrô de cozinha brasileira. Meu intuito era trabalhar com os sabores que me eram mais familiares e trazer elementos típicos de outras regiões do país para construir uma cozinha minha, autoral e livre. Uma das espinhas dorsais do cardápio era a ideia do menu comercial paulistano típico. Como é de costume, um restaurante acaba tendo vida própria: seu cardápio toma rumos que não exatamente aqueles que haviam sido planejados. Sigo algumas premissas quando penso em sua formulação: ora fazemos um prato regional típico da mesma forma como ele seria feito em qualquer botequim ou restaurante tradicional (um exemplo é a moqueca, que pode ser claramente identificada sem que seja necessário dizer o que é), ora criamos um prato a partir de um ingrediente nativo, ou fortemente identificado com a cozinha brasileira, e evidenciamos esse ingrediente. É o caso do nhoque de banana-da-terra, criado a partir de uma decisão minha de oferecer uma entrada feita da fruta. Foram feitos vários testes e tentativas até chegarmos ao nhoque, simples, feito de banana--da-terra pura, que servimos com um ragu de carne-seca.

Também apresentamos um prato bem brasileiro, o arroz de pato com tucupi, servido com um peito malpassado da ave, como se francês fosse. E é curioso notar que os cardápios do Jiquitaia, escritos apenas em português e trazendo, quase sempre, produtos nativos, geram mais perguntas do que os menus de restaurantes franceses e italianos, escritos em línguas estrangeiras. É mais comum as pessoas conhecerem um filé au poivre ou um steak tartare do que um arroz de suã, um quibebe ou um feijão tropeiro. Sempre nos perguntam, no restaurante, o que é quirera de milho (que servimos como sopa, enriquecida com costelinha suína e embutidos, ou acompanhando miúdos de frango ou outra carne), enquanto a caponata italiana ou o gaspacho espanhol dificilmente geram dúvidas.

Volto a Cornélio Pires:

> Feijão com couve ralada, ou picada; "feijão virado" em farinha de milho; linguiça; arroz com suã de porco, com frango ou com aves selvagens, ou com entrecosto; couro "pururuca", de porco, torresmo, viradinho de milho-verde, viradinho de cebola, virado de couve ou ervilha, palmito, batatas e ensopados de cará, serralha com muito caldo, "cuscuz" de lambari, peixes, [...] bolo de fubá, "bananinhas" de farinha de trigo, além de outros pratos. A refeição salgada é encerrada com um bom caldo de couve ou serralha, de palmito ou cambuquira.[6]

Dos pratos e ingredientes que Cornélio Pires cita ao descrever aquela que seria a dieta ideal do caipira, apenas as aves selvagens nunca passaram — por motivos legais — pelas panelas do Jiquitaia, cuja identidade penso já estar bem delineada. A utilização ampla e repetida do milho e derivados, a predileção pela carne suína em relação à bovina, o uso desta última na forma de charque ou carne serenada, a opção pelo frango exclusivamente caipira e por uma profusão de hortaliças — abóboras, couve, jiló, quiabo, pupunha, cambuquira —, a produção de uma linguiça artesanal própria e os feijões variados, entre outras ideias, mostram que, na busca de uma brasilidade original para o Jiquitaia, acabei, inconscientemente, revelando o caipira que existe dentro de mim.

MARCELO CORRÊA BASTOS

APRESENTAÇÃO

A busca da culinária caipira

O naturalista e viajante francês Auguste de Saint-Hilaire, um dos mais argutos observadores da natureza e da sociedade brasileiras no início do século 19, fez uma síntese admirável dos hábitos alimentares que encontrou em suas andanças:

> Os habitantes do Brasil, que fazem geralmente três refeições por dia, têm o costume de almoçar ao meio-dia. Galinha e porco são as carnes que se servem mais comumente em casa dos fazendeiros da Província de Minas. O feijão-preto forma prato indispensável na mesa do rico, e esse legume constitui quase a única iguaria do pobre. Se a esse prato grosseiro ainda se acrescenta mais alguma coisa é arroz, ou couve, ou outras ervas picadas e a planta geralmente preferida é a nossa serralha (*Sonchus oleracus*, L.), que se naturalizou no Brasil, e que, por uma singularidade inexplicável, se encontra frequentemente em abundância nos terrenos em que recentemente se fizeram queimada de mata virgem. Como não se conhece o fabrico da manteiga, é substituída pela gordura que se escorre do toucinho que se frita. O pão é um objeto de luxo; usa-se em seu lugar a farinha de milho, e serve-se esta última ora em pequenas cestinhas ou pratos, ora sobre a própria toalha, disposta em montes simétricos. Cada conviva salpica com farinha o feijão ou outros alimentos, aos quais

se adiciona salsa, e faz-se assim uma espécie de pasta: mas, quando se come carne assada, cada vez que se leva um pedaço à boca, junta-se uma colher de farinha, e, com uma destreza inimitável, arremessa-se a colherada sem deixar cair um só grão. Um dos pratos favoritos dos mineiros é a galinha cozida com os frutos do quiabo (*Hibiscus esculentus*) de que não se comem com prazer senão acompanhado de angu, espécie de polenta sem sabor [...]. Em parte alguma, talvez, se consuma tanto doce como na Província de Minas; fazem-se doces de uma multidão de coisas diferentes; mas, na maioria das vezes, não se distingue o gosto de nenhuma, com tanto açúcar são feitos. Não é esse, entretanto, o gênero de sobremesa preferido; o que delicia os mineiros é o prato de canjica, nome que dão ao milho descascado e cozido em água. Nada iguala a insipidez de semelhante iguaria e, no entanto, estranha-se que o estrangeiro tenha o mau gosto de adicionar-lhe açúcar.[1]

Lido hoje, esse relato extenso mostra mais do que o que se comia à época. Revela que os hábitos e as preferências alimentares surgidos por aqui nos primeiros tempos, muito por influência dos indígenas, já haviam penetrado o universo da elite — a fazenda — e se estabelecido. Mostra como ingredientes da África (quiabo) e da Europa (serralha) faziam parte da vida diária. Mas mostra, sobretudo, uma tensão em relação ao uso do açúcar: se, por um lado, as conservas parecem, ao paladar do observador, "muito doces", escondendo os sabores das frutas, por outro, ele sente que falta sal no angu e açúcar na canjica, que os estrangeiros têm o mau gosto de acrescentar. Tem-se, assim, um quadro de enormes transações alimentares — de ingredientes, de gostos — que, aos olhos de Saint-Hilaire, configura certa originalidade da cozinha que viríamos a denominar *caipira*.

Em 1937, Luís da Câmara Cascudo já imaginava escrever "um artigo sobre a cozinha brasileira, dando as linhas gerais da alimentação pelas regiões, extremo-norte, nordeste, Rio, S. Paulo

— Minas, centro e sul, características, pratos velhos etc. Apenas um artigo de informação de bloco".[2] No entanto, em sua *História da alimentação no Brasil*, preferiu perseguir as marcas dos passos que indígenas, negros e brancos deixaram no solo da culinária da nova terra, emprestando menor importância às configurações que ela assumira aqui e ali, ou seja, atenuando o enfoque regionalista. De fato, ao contrário de Gilberto Freyre, Cascudo foi um antirregionalista, e a delimitação da culinária caipira não estava entre as suas cogitações. Mas, decorrido meio século desde o aparecimento da *História da alimentação no Brasil*, é natural que seja preciso revisá-la, especialmente à luz de novos estudos que tocam de perto os temas que abordou. Hoje, o nacionalismo ou mesmo o regionalismo já não têm a importância que tinham na culinária; a arqueologia e a antropologia deram grandes saltos, tornando obrigatório um novo tratamento do passado indígena; os negros são mais conhecidos em suas origens tribais africanas; e mesmo as culinárias populares regionais foram objeto de vários estudos acadêmicos, aparecendo com novas feições.

Em consequência, o que se busca neste livro é reunir fatos e construir argumentos capazes de resultar em uma compreensão melhor da complexidade do que entendemos hoje por cozinha caipira, indo além do amontoado de pratos que usualmente identificamos a essa tradição, em um restaurante "típico" mineiro, por exemplo. Para tanto, buscamos sobrepor a um determinado território uma história social, procurando um caminho capaz de alinhavar tudo o que possa ser referido à tradição que aí se formou e se manteve. Ao buscar construir essa coerência, foi preciso recorrer à geografia e à história, aos hábitos alimentares, sobretudo de portugueses e indígenas, que, ao longo dos três primeiros séculos da colonização, mantiveram uma convivência o mais das vezes forçada. Nessa relação de dominação, desenhou-se um terreno de trocas culturais no qual, primeiro, o português teve de se aproximar do indígena e conquistar sua obediência ou confiança, de modo a dele se servir para avançar para o interior do país e encontrar formas de sobrevivência e condições de exploração colonial; depois, quando já havia assimilado o suficiente e criado uma infraestrutura de apropriação das riquezas coloniais, pôde se estabelecer de maneira mais estável, encontrando um caminho de síntese entre sua própria herança cultural e as surpresas que descobrira no Novo Mundo.

Um dos resultados foi que, na região que chamaremos aqui de sertão de leste, o que denominamos cozinha caipira se expandiu como solução alimentar até bem longe, abrangendo o que hoje é São Paulo, Minas Gerais, Goiás, Mato Grosso, Mato Grosso do Sul, Paraná, Santa Catarina, parte do Rio de Janeiro e Espírito Santo, e alcançando, também, a região das Missões, no Rio Grande do Sul. Esse segundo círculo, que vai além do sertão de leste, é o que denominamos Paulistânia — com o fito de realçar os elementos comuns básicos que formam sua modalidade culinária, e minimizando os recortes políticos que foram traçados sobre esse território, seja na Colônia, no Império ou na República, uma vez que a administração e a política não tiveram impacto direto sobre a alimentação cotidiana.

Essa geografia culinária foi alcançada pela produção de subsistência, baseada em elementos fortemente calcados na cultura dos indígenas guaranis, que predominavam originalmente nesse território. Sobretudo a agricultura de componentes nativos, como o milho, o feijão, a abóbora, e aquilo que se pôde criar a partir do milho — as galinhas, os porcos etc. — formaram a base da alimentação nesse vasto território. Está claro que, para desenhar essa unidade da culinária caipira, a opção foi privilegiar os elementos comuns, e não aqueles *diversos*, que correspondem a uma segunda ordem de adaptação, baseada nas diferenças da flora e da fauna dentro da área geográfica. Houve, posteriormente, também diferenças formadas por razões históricas, que levaram à especialização de certos espaços como produtores, por excelência, de mercadorias de consumo interno ou de exportação.

A rigor, a Paulistânia esteve imbricada na dinâmica geral do sistema colonial, cujo fito era produzir riquezas primárias para a metrópole. Mas, à diferença do Nordeste monocultor, a economia que se expande a partir de São Vicente, que ganha o planalto paulista e que avança sertão adentro, não constituirá a grande lavoura nem reunirá grandes plantéis de escravizados, limitando-se, no que toca ao negro, à "escravidão miúda",[3] se comparada com a Bahia ou Pernambuco. Portanto, verifica-se uma linha de evolução paralela em relação à grande tese sobre a formação da culinária brasileira como fruto da interação intensa entre indígenas, negros e brancos. O contingente populacional realmente determinante era constituído por pequenos agricultores livres, ou agregados a fazendas, e por mestiços de indígenas e brancos — os mamelucos —, que direcionavam às minas os excedentes de sua produção, sustentando a principal atividade de exploração colonial. Esse era o seu caráter meramente complementar na exploração colonial.

O escravizado negro, essencialmente concentrado na exploração do ouro, será, fora das minas, uma espécie de presença ausente que, quando ocorreu — e ocorreu —, foi tragada pela dinâmica da forma de ocupação baseada na agricultura de subsistência. Em alguns casos, quase uma exceção, certas produções de subsistência e exportação da área da Paulistânia reuniam dezenas de escravizados negros em atividades mercantis, como a do arroz ou a do algodão, assim como no trabalho doméstico ou no auxílio à lida do campo. Depois do esgotamento das minas, muitos negros partiram e se estabeleceram também como moradores em fazendas de criação, vivendo de favor em terras alheias ou abrindo suas roças, como os mamelucos, e se acaipirando nos mesmos moldes. No conjunto, todos estavam absorvidos em um só sistema reservado aos pobres do campo, independentemente da origem étnica. Houve, assim, na Paulistânia, uma espécie de nivelamento e indiferenciação por baixo.

Argumenta Darcy Ribeiro que essa agricultura diversificada — que garante mantimentos como o milho, a carne, a rapadura, o queijo, o toucinho etc. — se cria como sustento voltado para a população urbana da zona da mineração e das cidades e vilas em seu caminho. Assim, com a decadência da mineração, essa economia aprofunda-se na subsistência, mergulhando na pobreza; os antigos mineradores se fazem sitiantes ou fazendeiros e os citadinos se ruralizam, passando a se espalhar pelos matos, criar gado, burros, porcos, montar roças — e as formas de vida arcaicas dos velhos paulistas ressurgem.

Por fim, na linha das variações verificadas no grande leito de formação da culinária caipira, além daquelas que expressam assimilações mais fortes de produtos locais — como o pequi ou o pinhão —, tivemos uma cozinha que se denomina caiçara. Mas essa culinária não se diferencia da caipira, sendo apenas sua variação litorânea, por causa da incorporação de produtos da pesca e do uso mais corrente da farinha de mandioca, ao passo que, em outros espaços da Paulistânia, a farinha de milho seria quase que obrigatória. De fato, o milho não se desenvolve bem à beira-mar, prevalecendo a solução mais comum em outras áreas culinárias do Brasil que é a farinha de mandioca. E, desse modo, vai se visualizando um mosaico alimentar na área que constitui a riqueza, a complexidade e a pujança da culinária caipira, longe de ser uma coleção de tipicidades.

O destino culinário comum da Paulistânia, se assim podemos nos expressar, vai se traçando a partir da transposição da Serra do Mar pelos colonizadores, avançando pelo planalto até bem distante, a reboque de um processo econômico e social cuja dinâmica é dada essencialmente pela busca de mão de obra nativa e de riquezas minerais durante um longo período de dois séculos, quando então se combinaram a abertura de novas terras e a produção agrícola que pudesse sustentar o próprio movimento de expansão. Ou seja, os bandeirantes, que constituíram a vanguarda dessa expansão, também lançaram as bases da ocupação mais duradoura do território já no século 18, convertendo as antigas matas em campos e estes em cultivo e pecuária.

Tudo isso se deu na antiga capitania de São Vicente, depois capitanias de São Paulo, Minas, Goiás, Paraná e Mato Grosso, em uma extensão que encostava, ao sul, nas terras da Coroa espanhola, ao norte, nas capitanias do Grão-Pará e Maranhão, e da Bahia e do Rio de Janeiro a leste. Esses limites eram vagos e imprecisos, especialmente por serem apenas parcialmente explorados, permanecendo muito tempo como território a abarcar as terras de indígenas, que foram sendo reduzidos até o fim do século 19, seus remanescentes dizimados no início do 20. Como resultado de sua história de ocupação, tem-se o alargamento dos limites territoriais portugueses na América e a descoberta de novas razões para a sua exploração comercial. Nos primeiros tempos, contudo, os paulistas foram mais despovoadores do que povoadores, segundo o juízo de Capistrano de Abreu. Em um segundo momento, o bandeirismo, além de promover a expansão territorial, se transformou e cuidou de ocupar o território, submetendo indígenas, abrindo fazendas em terras distantes, fundando vilas que reuniam populações dispersas de modo a administrar justiça e religião — e cobrar impostos.

Darcy Ribeiro, que fez uma síntese admirável sobre a formação do modo de vida caipira,[4] lembra que ele se constitui na encruzilhada das tradições portuguesa e indígena, mas com a marca das perdas mais do que das aquisições culturais: de um lado, o paulista se distanciará da vida comunitária das vilas portuguesas e perderá a disciplina patriarcal agrária tradicional, o trigo, o azeite, o vinho, o arado. Já do tronco indígena, perderá a autonomia da aldeia, a igualdade no trato social e a solidariedade da família extensa.

O paulista se tornou um destruidor desse modo de vida: marginalizado pelo processo econômico da colônia, especializou-se na arte da guerra, e estima-se que tenha vendido mais de 300 mil indígenas (então chamados "negros da terra") para os engenhos do Nordeste. O assalto às missões jesuíticas, por exemplo, exigia a mobilização de todos os paulistas e seus indígenas de confiança em empreendimentos de 2 mil a 3 mil pessoas — homens, mulheres e velhos, quase todos mamelucos, liderados pelos brancos —, que se arranchavam no caminho como cidades em movimento, fazendo roçados, pescando e caçando para comer, abrindo caminhos na mata e conduzindo uma vasta gama de serviçais. Nessas andanças, "formavam uma sociedade que, por ser mais pobre, era também mais igualitária, na qual senhores e índios cativos se entendiam antes como chefes e seus soldados, do que como amos e seus escravos".[5]

No princípio, chegaram a ir muito longe pelos chamados caminhos do Peabiru, lendárias trilhas indígenas pré-coloniais que se ramificavam pelo território, estendendo-se até Cuzco e Arequipa, no Peru. Segundo a arqueóloga Maria Beltrão, esses caminhos "teriam sido abertos por seu ancestral civilizador Sumé, ligavam as aldeias aos seus acampamentos e a outras aldeias localizadas de norte a sul, isto é, da Lagoa dos Patos à Amazônia, e inclusive fora do Brasil. Para os pesquisadores, esses caminhos foram abertos pelos tupi-guarani em busca da mitológica 'Terra sem Mal'".[6]

Caminhos que chegavam a totalizar cerca de 3 mil quilômetros uniam São Paulo a Botucatu (SP) e ao rio Paranapanema, dobrando para o sul em direção a Campina da Lagoa e Guaíra, no Paraná, flexionando para Assunção do Paraguai e, de lá, para

Porto Casado, indo deste para Potosí, na Bolívia; ou, ainda, de Florianópolis para Lapa, Ponta Grossa e Prado, no Paraná, seguindo ao sul para Pitanga e tomando o rumo de Campina da Lagoa, também no Paraná.[7] O estabelecimento claro desses percursos é ainda hoje objeto de estudo de arqueólogos; mas, sem dúvida, se os portugueses se beneficiaram do conhecimento dos indígenas, em vez de sair de forma errática mata adentro, estes só podiam conduzir os novos senhores por trilhas que conheciam. Fluíram também os conquistadores pelas bacias dos rios navegáveis que foram conhecendo: o Tietê, o Paraná, até o Prata, e assim por diante. Desse modo, incorporaram terras distantes, como foi o caso de Cuiabá. Mesmo assim, não deixaram de avançar lentamente por áreas mais próximas a São Paulo, uma vez que as primeiras autorizações para ocupar os sertões de Taubaté e Guaratinguetá datam de 1636 e 1640.

Um século depois, o governador da capitania de São Paulo, o Morgado de Mateus — à época, Luís Antonio de Sousa Botelho Mourão (1722-1798) ostentava esse título —, preocupado em entender o tipo de ocupação que a gente miúda que avançava para o interior era capaz de promover, escreveu, de São Paulo, ao conde de Oeiras (mais conhecido como marquês de Pombal), em Portugal:

> Os mais pobres fazem um sítio, isto é, uma casa de canas barreada de terra coberta de palha ao pé de um morro e junto de um rio, na qual há por alfaias um cachimbo, uma espingarda e duas redes, uma em que dormem de noite e de tarde, e outra em que pescam desta; e da espingarda comem o que caçam [...].

> No morro roçam quanto basta para plantar meia dúzia de bananas e um prato de milho; nestes tais sítios há muitos que apenas ouviram dizer que há general e que há pároco, porque distam de um e outro vinte, trinta, quarenta e mais léguas [...].[8] Ainda este sítio não é permanente, [de] tanto que roçam aquele mato, ou se enfadam de viver ali, ou cometem algum crime, põem o fogo à choupana e

marcham para onde lhes parece; e daqui nasce que ninguém tem rendas, nem modo de cultivar as suas terras [...], só plantam para seu sustento. Como os rios e o mato oferecem mantimento a pouco custo, e o calor do país escusa vestido, vivem a maior parte das gentes vadiando sem emprego [...] e daqui nasce a sua pobreza [...].[9]

Segundo ele, portanto, a ocupação das terras se dava em meio à miséria, à ociosidade, à displicência na feitura das roças voltadas apenas para o sustento, à falta de planejamento e de ambição. Essas características seriam, depois, insistentemente atribuídas aos caipiras, cujos traços de caráter marcariam o antípoda do industrialista moderno, ideal encarnado nos homens de negócios bem-sucedidos vindos com as levas de imigrantes europeus a partir do fim do século 19. Mas deixemos que prossiga o Morgado de Mateus. Tomando o nomadismo como a força propulsora que levava essa gente adiante, ele registrava que as vilas e povoações da capitania de São Paulo, quase todas fundadas pelos primeiros povoadores, já chegavam a Cotia, a sete léguas de São Paulo, enveredando dali para Sorocaba, a vinte léguas de Cotia.[10]

Nesse lento caminhar, a provisoriedade dos sítios que fazia essa gente seguir adiante devia-se, segundo o Morgado de Mateus, à forma de praticar a agricultura, às "roças volantes" plantadas sobre os terrenos desmatados e queimados, nos quais "nunca mais se lhe bole até vir a colheita".[11] Passada essa primeira colheita, volta a crescer uma mata secundária, chamada "capoeira", que, novamente cortada e queimada, permite uma segunda colheita, mas "não torna a dar mais mata, fica campo, e produz um feno, que nem para pasto serve [...], abandonando aquela terra por inútil".[12] Assim, em um ciclo curto de exploração, esgota-se a terra, e essa esterilidade move adiante a massa humana.[13]

Referindo-se a um período posterior, nas imediações de São Paulo, o viajante inglês John Mawe explica aos seus leitores esse mesmo processo de ocupação que o Morgado de Mateus descrevera, mostrando continuidade temporal expressiva. Diz Mawe que, encontrado um terreno, o lavrador recorre ao governo para demarcá-lo, põe os negros a trabalhar a terra, queimar o mato e

> semeiam milho, feijão ou qualquer outra leguminosa [...]. Depois de plantarem a semente julgada necessária, preparam novo terreno, para o cultivo da cassava, aqui denominada mandioca, cuja raiz serve de alimento, indistintamente, a todas as classes do Brasil.[14]

Ora, a fixação dessa população só se deu depois do início da mineração — em cujas cercanias o governo proibia a agricultura para não desviar mão de obra da exploração principal — e com o propósito de abastecer de mantimentos os negros e os brancos faiscadores.

A culinária caipira, então, é a forma de alimentação que resulta da reiteração dessas práticas agrícolas, capazes de nivelar todo mundo na hora de comer, nesse longo percurso que começa nos primórdios do século 16, na capitania de São Vicente, e avança até o início do século 19.

Quanto ao regime de trabalho, Darcy Ribeiro aproxima o caipira dos primeiros tempos mais da aldeia tribal, onde se atribuíam às mulheres as tarefas rotineiras de limpeza da casa, plantio, colheita, preparo dos alimentos, lavagem de roupa, cuidado das crianças e transporte de cargas. Os homens ficavam encarregados dos trabalhos esporádicos pesados, como o roçado, a caça, a pesca e a guerra, e, nas longas esperas pelas entradas através do sertão, ficavam em casa, inativos, como guerreiros em vigília, dispostos a entrar em conflitos sangrentos com vizinhos por questões irrelevantes, o que lhes valeu a reputação de gente birrenta, além de preguiçosa.

Quando da descoberta das minas, em Minas Gerais (1698), Mato Grosso (1719) e Goiás (1725), as levas de homens vindos de todo o

Brasil, e inclusive de Portugal, em pouco tempo tornaram a vasta região desértica — ou habitada apenas por indígenas — na área mais densamente povoada das Américas, com cerca de 300 mil habitantes em meados do século 18. Nesses lugares, fundaram-se arraiais que se tornaram vilas e, depois, cidades, todas assentadas na atividade aurífera e em outras tarefas que davam sustento ou suporte àquela. "Nas zonas de mineração, a sociedade brasileira adquire feições peculiares como um desdobramento do tronco paulista [...], criando condições para uma vida urbana mais complexa e ostentosa que em qualquer outra região do país."[15]

É a partir dessa dinâmica, definidora de um novo mercado consumidor, que se assiste em Ouro Preto, Sabará, Mariana e demais cidades do ouro à sofisticação da criação arquitetônica, escultórica, literária e culinária. Nesta última, toparemos com a incorporação de elementos da cultura negra, tão presente por causa da exploração mineradora. Do mesmo modo, a demanda por alimentos estimula a pecuária do Nordeste e Centro-Oeste, além da ocupação do Sul, conquistado pelos paulistas depois da destruição das missões jesuíticas, para a criação, seja de gado solto nos campos naturais, seja de muares que abasteciam os tropeiros. Sintetiza Darcy Ribeiro, identificando no caipira um "novo modo de vida que se difunde paulatinamente a partir das antigas áreas de mineração e dos núcleos ancilares de produção artesanal e de mantimentos que a supriam de manufaturas, de animais de serviço e outros bens". Esse modo de vida se estende pelo Centro-Sul. "Exaurido o surto minerador, rompida a trama mercantil que ele dinamizava, a Paulistânia se 'feudaliza', abandonada ao desleixo da existência caipira [...]. Sem nada vender, nada podiam comprar, voltando à vida autárquica de economia artesanal doméstica que satisfazia, nos níveis possíveis, necessidades comprimidas a limites extremos."[16]

Ora, vê-se então que as minas foram, durante um bom tempo, essa força centrípeta para onde tudo convergia, e o amálgama que faltava à ocupação da terra para subsistência. A constância das viagens, a produção de excedentes, a escolha de espécies vegetais e raças animais, o aprimoramento técnico por adoção de procedimentos que chegavam via novos moradores ou passantes — tudo isso contribuiu para que, aos poucos, se firmasse uma fisionomia nova nesses sertões, com a provisoriedade sendo substituída pelo padrão caipira que, modesto, persistiu até o fim do século 19.

＊

Para trabalhar com informações oriundas de análises tão diversas e organizar o pensamento sem nos perdermos em detalhes, lançamos mão de um recurso metodológico que é conceber a culinária referida a uma cartografia. No caso, a cartografia da culinária caipira é aquela que tem como centro de formação e difusão o chamado sertão de leste, composto pelo Vale do Paraíba, pelo Vale do Rio Doce e pelo sul de Minas Gerais, conforme evidencia o mapa da página seguinte.

Aí se formaram de modo mais nítido os hábitos culturais caipiras, difundindo-se pelo espaço da Paulistânia no vasto período apontado. O desenho desse sertão de leste é inicialmente tributário da literatura ensaística e ficcional, materializando o tipo social caipira como um tipo distinto das demais regiões do país. Homens como Monteiro Lobato e Euclides da Cunha, vários folcloristas, antropólogos e sociólogos deram contornos vivos ao caipira. Do mesmo modo, a culinária do Vale do Paraíba, de Minas Gerais, de Goiás e dos demais espaços abarcados apresentam constantes tão notáveis que só podem ser tomadas como traços de uma mesma história. Assim, o trabalho se apresenta liberto das representações políticas que recortam hoje São Paulo, Minas Gerais, Goiás, Mato Grosso e Paraná, criando a ilusão de que cada um deles tenha uma culinária típica e singular. Ao perseguirmos as continuidades

Área de formação caipira — O sertão de Leste: Vale do Paraíba, sul de Minas e Vale do rio Doce

históricas, culturais e culinárias dessa área, chegamos ao desenho da Paulistânia.

Para avançar por esse terreno, o livro divide-se em capítulos que procuram depositar camadas no solo do entendimento cartográfico. Primeiramente, traçamos um panorama sobre a cozinha indígena, que esteve presente de modo determinante nos primeiros tempos. Depois, nos atemos ao processo de penetração territorial, por caminhos indígenas, seguido pela fixação de outros trajetos que levavam às minas e, por fim, aqueles que divergiam desse núcleo. Em seguida, em um corte de outro tipo, fixamos o sítio como unidade de produção básica, onde se reuniam os ingredientes domesticados e um modo de vida apoiado na culinária que pretendemos reconstruir. E demos destaque, em capítulo específico, aos modos de fazer — apoiando-nos em receitas e informações históricas pertinentes —, de maneira a se chegar a uma cozinha tradicional o mais viva possível, e de fácil compreensão para os afeitos à atividade. E ainda nos perguntamos sobre as razões que levaram a cozinha caipira a se consolidar no imaginário nacional quase que exclusivamente como cozinha mineira. Desse modo, parece-nos que realizamos um percurso capaz de iluminar um pouco mais uma tradição do comer popular que é dos mais interessantes do Brasil, digno de esforços de reinterpretação presentes e futuros.

Por último, é bom explicitar que uma culinária baseada na subsistência se forma muito rapidamente, porque a produção da própria vida coloca-a na condição de atividade central, desde quando combina a caça, a coleta, a agricultura e a transformação de tudo isso em comida cotidiana. Estabiliza-se e amplia-se ao gerar excedentes que são consumidos em outros centros — a princípio arraiais, vilas e pequenas cidades, e, depois, centros urbanos mais distantes — e dura até que a malha urbana se consolide, os transportes se desenvolvam e comece a dominação do campo pela cidade, o que, na região, aconteceu a partir do ciclo do café e da penetração ferroviária. Portanto, o livro estanca por volta do início do século 20, quando principia o processo de decadência da cozinha caipira.

PARTE I

O caminho da roça

A cozinha dos guaranis: de onde partiu a culinária caipira

A história dos grupos indígenas brasileiros é uma história de massacre e aniquilação. Como bem diz modernamente o antropólogo Eduardo Viveiros de Castro, o resultado desse longo percurso foi transformar os indígenas em pobres. Centenas de povos desapareceram por completo ao longo dos séculos, e os que sobreviveram perderam boa parte de sua língua e cultura, tendo se convertido nesses pobres.

Ao se associar progresso e ordem em nossa história — e em nossa bandeira —, estabelece-se também uma maneira como o progresso deve se dar. Para a República, tratava-se de uma nova ordem, de um novo deslocamento para a frente, visando afastar-se do Império, que ficara no passado. E pode-se imaginar que boa parte da desordem militar que se seguiu à proclamação da República adviesse mesmo da falta de uma compreensão unívoca sobre o sentido de progresso.

Era mesmo impossível haver uma percepção única de seu significado, já que progresso era das noções mais populares no período, de tal sorte que qualquer um poderia lhe atribuir uma conotação muito particular. Mas não é desprezível a forma concreta que vai servindo para consolidar o progresso no mundo, conforme seus adeptos mais fervorosos nos demonstram. Vejamos, por exemplo, essa situação ilustrativa: "Os bugreiros enfeitam as suas espingardas com os dentes dos índios por eles mortos [e] vendem aos fazendeiros orelhas secas de índios por preço de dúzias".[1]

Essa informação não nos chega de um tempo demasiado antigo, e não parece ter relação com o progresso. Tampouco nos chega de um lugar muito distante. Vinha da região de Bauru, no estado de São Paulo, de uma época em que se construía a Estrada de Ferro Noroeste do Brasil, que avançava pelos "sertões bravios" em processo de conquista pelo café. Os indígenas kaingang eram o maior obstáculo. Eliminá-los pura e simplesmente era a estratégia para o avanço dos trilhos.

As matanças de indígenas eram chamadas *dadas*, quando se caía de assalto sobre as aldeias, eliminando a todos ou poupando mulheres e crianças para vendê-los aos brancos. A organização das *dadas* era decidida pelos fazendeiros e moradores da região, mas contava com larga compreensão e apoio do governo paulista — que, com o tempo, acabou se envolvendo diretamente no conflito, enviando batalhões da Polícia Militar para reforçar a ocupação do território.

O diretor do Museu Paulista, o cientista Hermann von Ihering, foi muito criticado por apoiar abertamente os colonizadores e suas *dadas* em artigo publicado no jornal *O Estado de S. Paulo*. Em 1911, procurou defender-se dizendo que havia, no Brasil, três programas dentre os quais escolher para enfrentar a questão indígena: o de José Bonifácio (1823), o seu próprio (1908) e o do Marechal Rondon (1910). O seu programa considerava os "paleobrasileiros" plenamente responsáveis perante o direito, enquanto os demais programas os consideravam tutelados pelo Estado. Mas Von Ihering não estava só, conforme ele próprio demonstrou, citando uma manifestação do Club de Engenharia do Rio de Janeiro que dizia: "Exterminem-se os refratários à marcha ascendente da nossa civilização, visto como não representam elemento de trabalho e de progresso".[2]

A associação entre sangue e progresso fazia-se inevitável, como orelhas e dentes de kaingangs atestavam. Mas situações semelhantes ocorriam à época por toda parte do mundo onde trilhos de estradas de ferro rasgavam continentes, incorporando imensos territórios ao sistema capitalista mundial e marcando com o progresso a carne dos povos conquistados. Entre 1870 e 1900, a rede ferroviária mundial saltou de 130 mil para 600 mil milhas. Em Londres, progresso era sinônimo dessa enorme revolução que o capitalismo industrial levava aos quatro cantos da Terra, e o conceito, como um vagão, acompanhava a expansão ferroviária e tudo o mais que, pelos seus trilhos, passava a circular nos confins do globo. Os indígenas simplesmente estavam no meio do caminho do progresso. E o destino reservado a eles na sociedade brasileira nos obriga a fazer um esforço para restaurar o lugar que ocuparam na constituição da alimentação do país.

O primeiro passo é, em cada situação concreta — como a da culinária caipira —, arrancar os indígenas da generalidade a que a historiografia os confinou para se ter maior clareza sobre a permanência de seus hábitos. Centenas de povos, como os que existiam à época dos descobrimentos, não podem ser reduzidos ao conceito genérico de "índio" sem que se perca o valor explicativo que buscamos. Especialmente os troncos tupi e macro-jê, ramificados em inúmeras línguas e etnias, povoavam a Amazônia, o Brasil Central e o Sul e Sudeste à época da chegada dos colonizadores.

Já frisamos a importância decisiva dos grupos guarani, do tronco tupi, para a colonização da região, mas mesmo eles possuíam uma diversidade interna notável, sendo os principais grupos étnicos guaranis desse território os kayová, os mbyá e os nandéva. Segundo a classificação corrente, o tronco linguístico tupi apresenta cerca de quarenta línguas.

Do ponto de vista alimentar, há inúmeras diferenças, tais como tabus específicos em relação aos animais (os que eram comestíveis para uns não o eram para outros etc.). Sobre eles, a crônica colonial não deixou de registrar informações úteis, mas, quando os estudos sistemáticos de antropologia e arqueologia se ocuparam dos indígenas, no século 20, muitos grupos já estavam extintos ou irremediavelmente afetados pela interação com a sociedade envolvente.

Poucos documentos antigos guardam tanto interesse para a caracterização alimentar dos guaranis quanto os valiosos escritos de Antonio Ruiz de Montoya (1585-1652), um jesuíta peruano que fundou várias reduções na região de Guaíra, hoje cidade de Cambé, no norte do Paraná. A obra de Montoya, especialmente a dedicada à língua guarani, registra palavras e processos de trabalho de valor inestimável para a reconstrução culinária.

Para saber o que os guaranis comiam, são também importantes as informações obtidas em período mais recente, como a breve etnografia que o padre Franz Müller[3] fez desses indígenas na bacia do Alto Paraná em fins do século 19. Tanto os relatos de Montoya quanto os de Müller são documentos nos quais já aparecem, com algum destaque, elementos europeus adotados pelos indígenas, como o porco e mesmo a galinha — esta que, segundo estudos, inicialmente provocou repulsa nos indígenas tupis, tão logo ocorreram os primeiros contatos com os europeus.[4] Mais tarde, mesmo grupos que não comiam milho passaram a plantá-lo para criar galinhas, que vendiam aos europeus, conforme relatou o padre João Daniel em seu livro sobre a Amazônia.[5]

O milho, as abóboras variadas, a araruta, a mandioca, o inhame, a batata ariá e o amendoim já estavam domesticados no continente sul-americano entre 10 mil e 7 mil anos A. P. [antes do presente].[6] Do mesmo modo, 5 mil anos A. P., encontravam-se domesticadas a lhama e a alpaca, no Peru; e 2 mil anos A. P., o porquinho-da-índia e o pato barbárie.[7]

Descobriram-se, ainda, resíduos cerâmicos com traços de consumo de milho, abóbora, amendoim, feijão e pacay (ingá) na costa peruana e no Equador, datados de 5.300 a 4.950 anos A. P.[8] Também sobre o Brasil há estudos modernos que frisam a presença do milho, além de outros alimentos, nos vastos sertões pré-coloniais, quebrando o monolitismo da interpretação baseada nas crônicas quinhentistas a setecentistas sobre a alimentação indígena centrada na mandioca.

Somam-se a essas descobertas aquelas que nos dizem de uma provável origem migratória dos tupis-guaranis e dos tupinambás do Sul e Sudeste do país. Originários da Amazônia Central, eles teriam emigrado em duas direções: uma, dos tupinambás, do centro da Amazônia, seguindo o curso do grande rio, até a ilha de Marajó, e de lá descendo pelo litoral até a altura do Rio de Janeiro; outra, guarani, para oeste da Amazônia, descendo até a região do Chaco, em paralelo à Cordilheira dos Andes e, de lá, flexionando para leste até atingir a costa, ocupando ainda o Sul do Brasil, o Uruguai e o Norte da Argentina. É o deslocamento guarani que nos interessa aqui — representado no mapa da página seguinte.

Outra vertente de estudos antropológicos mais recentes tem se dedicado a estudar a relação dos indígenas com a biodiversidade,[9] aprofundando a ideia de que o manejo de espécies na floresta também faz parte da agricultura, ainda que não siga os padrões tradicionais de roçados, tomados usualmente como o princípio da agricultura. Os estudos mostram a enorme diversidade de plantas conservadas ou desenvolvidas entre dezenas de povos tribais — 94 variedades de mandioca entre os wajãpi (tupi-guarani), 70 entre os cubeo, piratapuia e tukano, tikuna e

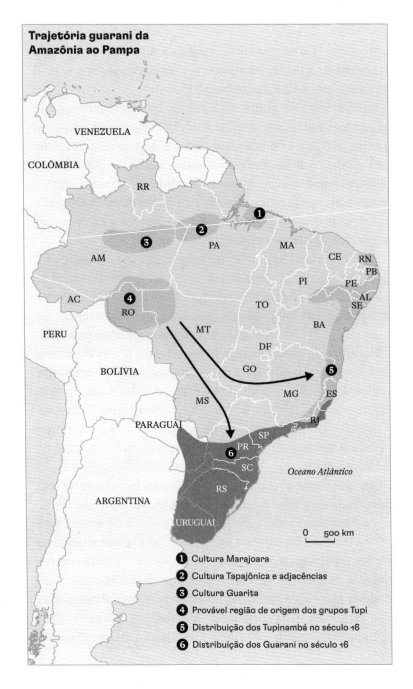

sateré-mawé; 13 de milho e 56 de batata-doce entre os kayapó--mebêngôkre; 27 de amendoim entre os kaiabi (tupi-guarani) e assim por diante —, colocando em xeque a noção corrente e estática de domesticação. Os vínculos afetivos dos indígenas com o âmbito florestal, que poderiam também ser uma forma de domesticação, evidenciam que, para esses povos, a distinção não se aplica do mesmo modo que fazemos hoje. A floresta é parte integrante do seu *domus* verdadeiro.

Consideramos que a agricultura, como a dos guaranis, pode nunca ter surgido como estamos acostumados a imaginar — uma passagem da pesca, caça e coleta para o sedentarismo e a cultura da terra. Ao contrário, hoje exige-se que se tome a domesticação como uma via de mão dupla, pois ela

> faz espécies diferentes dependentes de outras espécies específicas, como seres humanos ou formigas. Mas também limita fortemente a mobilidade do domesticador. Os agricultores determinam o local para as suas plantas; mas plantas cultivadas respondem como espécie, e forçam os agricultores a se sedentarizar em larga medida.[10]

O resultado é que os indígenas humanizam a floresta como extensão do que entendemos por âmbito doméstico.

Esse conjunto de ideias que revolucionam o entendimento da história indígena mudará drasticamente também a compreensão da trajetória de culinárias populares brasileiras que resultaram de forte interação histórica colonizadora com grupos tribais específicos. É falso, então, considerar os guaranis como praticantes de uma agricultura rudimentar, se considerarmos a complexidade do manejo florestal como parte integrante da agricultura.

Entre os guaranis, o trato da terra ainda se faz, como no passado, praticamente durante o ano todo, tendo destaque as várias fases da cultura que desembocam na colheita ritual do primeiro milho. Mas muitas eram as variedades cultivadas, destacando-se o milho duro, destinado inclusive à venda depois da colonização, e o milho mole ou *saboró*. O primeiro era e é plantado uma única vez por ano, embora outros povos latino-americanos o façam mais de uma vez. *O saboró*, como o chamam os caboclos,

> de grão mole, que frutifica de dois a três meses e amadurece em quatro tem caráter sagrado, sendo considerado a principal dádiva dos seres míticos chamados *Djakairá* (entre os Kayová), e é também o que melhor se presta para a fabricação da chicha [bebida fermentada]. As roças de milho mole e milho duro se fazem em separado [...]. Um e outro se plantam uma só vez por ano, entre os meses de agosto e outubro, iniciando-se a colheita mais ou menos em janeiro, quando se realiza a grande festa do *avati-mongaraí*.[11]

A *mongaraí*, que o antropólogo Egon Schaden considerou uma verdadeira religião do milho, também chamada de batismo do milho, consiste em uma série de procedimentos mágicos de um ciclo cerimonial que avança por oito fases distintas: batizar a terra antes de queimar a roça; a bênção da roça; a bênção do início do plantio; o combate da praga que come o milho quando este tem meio metro de altura; quando se forma o grão; quando já se pode colher o milho-verde; quando se preparam as primeiras comidas com milho-verde; e, por fim, quando se faz a primeira chicha. Nesse conjunto de rituais, situa-se o batismo das crianças, que então recebem o nome guarani que representa a alma — o "nome alma"— do indivíduo. No ritual, os pais devem levar à casa de orações (*opy*) o *mbojapé*, alimento preparado com farinha de milho e água e assado nas cinzas de uma fogueira; pode ser feito com qualquer variedade de milho, exceto o de pipoca.

Associadas ao milho fazem-se também as roças de feijão (duas vezes ao ano), das quais uma coincide com a do milho (feijão-das-águas); às vezes são plantadas entremeadas, outras, plantadas em dezembro e colhidas em abril. Do mesmo modo, em abril também se colhe o arroz, adotado dos brancos. O plantio da mandioca se dá em maio e a limpa, em março do ano seguinte. O amendoim planta-se em janeiro e colhe-se em julho e assim por diante. Interessante notar que, afora os alimentos tradicionais, obtidos pelas famílias por meio de trocas e sempre levados pelos indígenas em suas mudanças de residência, os alimentos que pertencem aos cultivos dos brancos são adquiridos de não indígenas da vizinhança ou no comércio local.

A mandioca não tem a importância do milho, o que se percebe pelo fato de não estar cercada de rituais. Ela é indispensável, porém, nos meses em que o milho começa a escassear. Tem destaque especial a variedade doce, consumida como legume cozido, e quase só nas comunidades do litoral, em especial entre os kayová, se utiliza a mandioca-brava na feitura de farinha.[12]

Seguindo o que o padre Franz Müller[13] descreveu no final do século 19, podemos ter uma ideia de como era a moradia guarani. No centro da casa estava o fogo, em torno do qual se reunia a família; sempre aceso, abanado ou soprado para que não se extinguisse, aquecia a água para se tomar o mate a qualquer hora do dia. Sobre ele, do teto, pendia um gancho de madeira no qual se pendurava um caldeirão sem tampa, a uma distância controlada do fogo; o conteúdo era sempre revolvido com uma vara que fazia as vezes de colher. Fora da casa havia outro fogo, sobre o qual as indígenas preparavam muitas das comidas, fossem cozidas ou assadas. Os fogos sobre os quais trabalhavam eram a parrilha, o assador, a brasa do carvão, e as cinzas, sobre as quais eram colocados gomos grandes de taquara (*tacuapi*). Faziam cozidos no *tacuapi* e, em geral, carnes e peixes sobre os outros fogos, além de legumes, como milho-verde, mandioca e batata; preparados de milho envoltos em folhas eram cozidos sobre as cinzas.

A caça e a pesca constituem capítulo à parte da alimentação dos guaranis. Todos os grupos do alto Paraná comiam caças muito diversas, variando entre um e outro grupo aquelas que eram consideradas tabu. Certos peixes, cobras, lagartos e alguns animais de pelo se prestavam a essas distinções. Informações arqueológicas dão conta de sítios líticos com traços de inúmeros animais, sendo mais frequentes o veado-mateiro e o cervo-do-pantanal, seguidos de bugio, gambá, porco-do-mato, queixada, anta, capivara, mico, paca, preá, jaguatirica, ratão do banhado e ouriço-cacheiro; aves como perdiz, marreco e outras; peixes, como corvina de rio e bagre; répteis como tartaruga, jacaré e lagarto; e moluscos.[14] E, de novo, o padre Franz Müller nos informa sobre os costumes dos grupos que conheceu no século 19:

> Com exceção do jaguar, ariranha, cachorro, morcego, cachorro do mato e raposa se comem todos os mamíferos, até o rato doméstico e as ratazanas. Entre os pássaros, estão excluídos como alimentos os urubus, os falcões, as garças, as andorinhas, as corujas; estas últimas talvez por razões de superstições, "já que elas anunciam a morte de algum membro da família". Víboras e lagartixas não se comem, mas se comem as iguanas. Do jacaré, só se come o rabo. Tartarugas, tanto de terra como de água, são comidas por uns e rechaçadas por outros; estes últimos, talvez também por razão de superstição. Os ovos, de toda classe de aves e répteis, com exceção dos de jacaré e lagartixa, são iguarias, mas não preparados em água e sim endurecidos ao fogo. Também os insetos abastecem o menu indígena: o crocante abdome da rainha das formigas podadoras, as gordas larvas de coleópteros, a larva da mariposa noturna e as ovas de abelhas. Os peixes servem quase todos para a alimentação, a piranha [...] sem dúvida está excluída. Alguns que consideram

as enguias como cobras as rechaçam, enquanto outros as comem. O mesmo vale para as arraias, cujo ferrão e a carne são considerados por alguns, naturalmente sem razão, venenosos.[15]

Os animais comestíveis eram, em geral, assados inteiros, com vísceras, pele, pelos e escamas, e, uma vez prontos, comidos em seguida, sem qualquer tempero. Os maiores, como a anta, eram eviscerados e cortados em pedaços, mas assados com pele e pelo.

Os vegetais eram aqueles de cultivo ou coletados. Abundavam as batatas de diversas espécies; os carás, também variados; o inhame; as abóboras de dois tipos, *andaí* e *curapepé*;[16] os feijões, também de inúmeras variedades, os que trepam, os que têm ramos, os arbustivos, os de grãos grandes, os pequenos, os amarelos, os vermelhos, os pintados;[17] além de amendoins de três variedades distintas, sendo uma delas três vezes o tamanho das demais. Os guaranis faziam óleo do amendoim e frequentemente moíam o grão para fazer beijus, misturados à farinha de milho, ou ainda sob a forma de *mbeyú-chini*, um tipo de biscoito de longa conservação ao qual se acrescentava mel, criando uma verdadeira guloseima.[18]

Entre as várias frutas silvestres, encontravam-se as anonáceas, o aguaí (uma *sapotacea*), os araçás, diferentes frutos de palmeiras, o bacuri, a guajuvira e a jurubeba, além de uma laranja amarga, cuja origem talvez tenha sido uma variedade introduzida pelos jesuítas que se tornou espontânea. As frutas eram, em geral, comidas cruas, sendo algumas cozidas ou assadas (ao passo que o amendoim era descascado e torrado, ou fervido em água com a casca).[19] Segundo Montoya, acrescia-se a essa relação a goiaba, o maracujá, o ingá, o algarrobo, a pitanga, o guabiju, a guariroba, os frutos do guaimbê, das figueiras e das cactáceas, o tarumã, a amora negra e o jenipapo.[20]

As comidas derivadas do milho eram muitas, e algumas delas, com pequenas modificações, são identificáveis até hoje como ancestrais de muitos alimentos da tradição considerada brasileira. Os milhos

podiam ser consumidos verdes ou maduros, conservados na espiga, debulhados, pilados ou moídos. O grão inteiro podia ser cozido, só, com carne, ou com verdura; ou podia ser tostado, ou torrado. Pilado, podia ser cozido, produzindo curê ou mingau. Mascado, podia ser transformado em bebida fermentada (chicha). De outros modos podia transformar-se em mingau ou bolo.[21]

Os principais preparados guarani com milho eram os seguintes:

1. *mbodjape*: pão de milho feito com milho maduro, previamente tostado;

2. *mbyta*: pão de milho preparado com milho não maduro, apenas macerado;

3. *chipa caure*: pão de milho de formato cilíndrico, cozido no assador;

4. *mbedju*: panquecas de milho-verde postadas sobre brasas;

5. *cai repoti*: farinha de milho cozida em gomos de bambu;

6. *rora*: sêmola de milho embebida em gordura, sal e água e fervida;

7. *mbayapi*: a polenta;

8. *typihu*: sopa de milho;

9. *huiti piru*: farinha de milho tostada;

10. *mbaypy hê-ê*: farinha de milho adicionada a água fervente com mel;

11. *kivepe*: purê de abóbora com farinha de milho;

12. *cagedjy*: milho cozido em cinza;

13. *djopara*: milho fervido junto com feijões;

14. *avati pichinga*: milho assado na frigideira, sem gordura, para que arrebente;

15. *cangûit*: cerveja de milho ou chicha.

Nas palavras do padre Müller, "o milho tenro assado sobre as brasas lembra o gosto das castanhas; mandioca e batata assadas em cinza ardente têm decididamente melhor gosto que fervidas em água. Um certo tipo de farinha de milho envolta em folhas de pinguao é cozida em cinza ardente, e se a ingere quente é de um sabor ótimo".[22]

Não menos importante é registrar o modo como os indígenas faziam suas farinhas de mandioca. A raiz era primeiramente cozida, depois seca ao sol e finalmente pilada até virar pó. Bem diferente de como seu feitio é usualmente registrado, com base em técnicas de indígenas da Amazônia ou de outras partes do Brasil — embora essas técnicas também fossem usadas pelos guaranis para obter o polvilho, ralando a mandioca crua e passando em água, secando ao sol e depois levando aos tachos o polvilho e a polpa ralada para fazer a farinha. Também a mandioca pubada era enterrada por quatro a oito dias em pântanos; quando apodrecia, adquirindo uma consistência de purê, era então deixada ao sol para secar e depois pilada. Isso revela que os indígenas tinham conhecimento empírico de que a fermentação é, também ela, uma forma de cocção. Com a farinha de mandioca, preparavam *popi*, panquecas fritas em gordura, ou *mbdju* (beiju). Da mandioca pubada, com a fermentação interrompida no quarto dia, "peladas e fervidas [...] se obtém uma comida aromática que ao gosto europeu resulta antipática (com odor fecal)".[23]

Se nos concentrarmos, porém, na fonte extraordinária que é Montoya, muitas outras referências nos dão pistas sobre o comer guarani. Ele cita inúmeras pimentas e frutas, como o ananás, a pacová, o gravatá, o fumo, os pinhões — que, em estado natural, se conservavam por muito tempo, ou podiam ser enterrados para curtir e azedar, colocados no fundo de banhados, em águas, para se conservar fora do alcance das pragas, ou, ainda, transformados em farinha, da qual se fazia pão. Menciona ainda uma planta que se desenvolvia na água, sobre as pedras, que lembrava o agrião; diversas variedades de palmeiras que resultavam em farinhas; as amêndoas dos coquinhos e a produção de óleo; e variados fungos assados na brasa.

Montoya também nos dá notícia das várias maneiras de consumir alguns produtos. Os feijões, por exemplo, podiam ser moídos, comidos antes de granar ou usados verdes, em guisados.[24] Fala-nos também dos porcos assimilados pelos indígenas, que podiam ser capados e gordos, e se refere ao consumo da banha;[25] reúne, ainda, as palavras do vocabulário guarani que nos remetem à clara de ovo cozida, à clara crua, à gema, ao "bater ovos para fritar"[26] e às *tortillas* de ovos.[27] Registra técnicas de cocção pouco conhecidas do olhar ocidental, como o cozimento ao vapor: *pituí*, ou "água do vapor da boca da panela quente".[28] Não lhe escapa a originalidade da paçoca — *apaçog*, em sua grafia —, semelhante ao pesto, isto é, à redução pilada de carnes, inclusive peito de aves.[29] Recolhe os vocábulos que se referem ao leite cru, ao leite cozido, ao talhado, bem como ao leite de amendoim e de árvores.[30] E fala de uma classe de sobremesas, isto é, coisas que para ele se assemelhavam aos doces, servidas na sequência das refeições, como preparados da banana, da batata-doce e do mel, ou "como sobremesa aquelas raízes cruas cujo sabor era como raiz de pau, embora muito macia".[31]

Outro aspecto importante relacionado com o cozinhar são os utensílios utilizados, desde os instrumentos cortantes (as facas) feitos de *tacuapi* (taquara ou bambu) até as "lindas travessas de terracota", na descrição de Franz Müller — que as achou parecidas com nossos pratos para torta —, passando pelos recipientes para cozer ao fogo, feitos dos gomos de bambu verde cortados em um extremo. Depois do declínio da indústria cerâmica dos guaranis, esses utensílios foram substituídos por aqueles feitos de cabaça e, raras vezes, de madeira, em formatos pequenos ou grandes, ovalados e retangulares — ou pelos de origem europeia, feitos de lata. Especialmente as panelas, "outrora de terracota, foram substituídas completamente por mercadorias de alumínio ou ferro, e já é [era] difícil encontrar um exemplar da velha indústria".[32] Por uma curiosa destinação, registra a literatura que, com o tempo, as indígenas foram substituídas pelas negras livres na feitura das panelas de barro. Por fim, como colheres, usavam pedaços de cabaça ou, entre os indígenas chiripá, de chifre de vaca, sendo as conchas grandes sempre feitas de cabaça.

Outros traços indígenas permaneceram vivos e ativos entre os colonizadores. Os analistas desse encontro de culturas têm destacado práticas agrícolas, como a coivara; objetos tecidos, como a rede e o tipiti, para o trato com a mandioca; elementos de construção, como a arquitetura das casas bandeirantes e assim por diante. Ou seja, uma série de expedientes adaptativos que, de tão importantes, ficaram para sempre. Mas certamente os domínios fundamentais foram os da culinária e da língua guarani, do tronco tupi.

Além da toponímia, do nome das espécies úteis, o tupi penetrou fundo na língua brasileira. Essa convergência foi conscientemente buscada como expediente de evangelização e colonização, já que o bilinguismo era estimulado pelos jesuítas, que selecionavam os pregadores com esse critério. Tornou-se fato também notável no ambiente doméstico dos paulistas, seja em razão de casamentos interétnicos, seja da formação das novas gerações, conduzida em parte por amas de leite:

Os pais no interior da capitania de São Paulo estabeleciam casas na cidade para os filhos serem educados pelos jesuítas e os deixavam aos cuidados de uma índia [...]. Dessa forma, a fase de aprendizado do português escrito nos colégios dos jesuítas foi também um período de exposição ao tupi no ambiente doméstico por meio da índia responsável pelas crianças na ausência dos pais. A presença dessas mulheres na vida dessas crianças não ocorria apenas na fase escolar, mas desde o nascimento.[33]

Era de esperar não só o aprendizado da língua da terra como também o desenvolvimento do gosto pelas comidas nativas.

✳

Deve ter sido de forma gradual, muito devido à convivência forçada com o indígena, que o milho acabou se impondo como solução alimentar mais geral na Paulistânia. Ele aparece na crônica colonial sobretudo ligado à pobreza e à proximidade com os indígenas. "A canjica é o sustento dos pobres, pois só a pobreza dos índios e a falta de sal [...] podiam ser inventores de tão saboroso manjar", escreveu Manoel Fonseca, destacando o lugar privilegiado do milho na alimentação.[34] Por isso, conforme se sabe, o sucesso das incursões pelo sertão dependia em boa parte do milho. Como registrou Pedro Taques, "toda pessoa de qualquer qualidade que seja que for ao sertão a descobrimentos será obrigada a levar milho, feijão e mandioca, para poder fazer plantas e deixá-las plantadas, porque com esta diligência se poderá penetrar os sertões, que sem isso é impossível".[35]

Apesar dessa conquista lenta do paladar metropolitano pela comida indígena, e apesar do caráter imperativo de sua adoção para se penetrar o sertão, como frisa Pedro Taques, os colonizadores demoraram para assimilar todo o simbolismo do milho na cultura nascente. Visto como "comida de bugre" e de animais, ele se expandiu pelo mundo, em parte conduzido pelos portugueses, mas ocupando sempre um lugar secundário no imaginário relativo à alimentação da colônia. Em primeiro plano, o lugar de destaque coube à mandioca. Historiadores como frei Vicente do Salvador e Gandavo se dedicaram amplamente ao elogio da mandioca, desprezando o milho. A rigor, sequer se admitia, inicialmente, a origem americana do milho! Com o tempo, contudo, ele se impôs e, em meados do século 19, já era uma das principais culturas no reino de Daomé, na África, de onde vinha boa parte dos escravizados dirigidos à Bahia.[36] Assim, a trajetória do milho é complexa também como questão historiográfica.

Sabemos que ele chega à Europa com Colombo. Dez anos depois da sua chegada, há notícias de seu cultivo em Castela, na Catalunha, na Andaluzia. Em Portugal, aparece por volta de 1520, em torno da cidade de Lamego. Em 1532, já pode ser encontrado em Bayeux, no sudoeste da França. Também chega a Veneza na década de 1530. É levado pelos portugueses à Birmânia e à China em 1597 e, como observou David Lopes Ramos, jornalista especializado em culinária, se naturalizou de tal forma na Ásia que, quando começou a interessar aos europeus, no século 17, atribuíram-lhe uma origem dupla, americana e extremo-asiática, "o que mostra bem a profundidade da sua implantação, em apenas duzentos anos".[37]

Se por um lado a colonização portuguesa tinha uma diretriz prática muito clara, a ponto de os colonizadores compreenderem a utilidade do milho tomado dos indígenas, por outro sua historiografia foi mestra em misturar discussões botânicas, relativas à classificação de várias plantas, questões históricas, como a disseminação do *Zea mays*, e, ainda, aspectos mais propriamente de léxico. Mas esse não foi um privilégio exclusivo deles. Em artigo de 1967, M. D. W. Jeffreys faz um enorme esforço para identificar na África a origem do milho, anterior mesmo à revelação de Cristóvão Colombo.[38] São ecos longínquos do quiproquó criado pela confusão nominativa a respeito do milho, o que, ainda hoje, dificulta a identificação do seu trajeto nos domínios lusitanos.

De fato, os primeiros cronistas coloniais já registravam a ocorrência, nas terras brasileiras, do milho-zaburro, que é primeiramente mencionado no *Relato do piloto anônimo*, documento da viagem de Cabral, em 1500. Nos escritos de época, a nomenclatura para se referir ao milho é ampla. No *Diálogo das grandezas do Brasil*, de Ambrósio Fernandes Brandão, do início do século 17, lê-se uma profusão de termos: o "milho-maçaroca, que em nosso Portugal chamam zaburro e nas Índias Ocidentais maís, e entre os índios naturais da terra, abati".[39]

Por outro lado, sabe-se que o primeiro a grafar a palavra zaburro em português foi Valentim Fernandes, em textos relativos às suas viagens frequentes a São Tomé, entre 1492 e 1506. Nos escritos, distingue o zaburro do milho-da-guiné e do milho-dos-negros, ambos cultivados no litoral seco saariano. O zaburro foi identificado por Gonçalo Pires, em São Tomé, onde teria sido semeado pela primeira vez em 1502, e é provável que a palavra derive de *za*, ou raiz, largamente utilizada na África Ocidental como sinônimo de sorgo, e *burro*, designativo dos *árabes* na Costa do Marfim; zaburro significaria, portanto, em línguas africanas, algo como sorgo dos árabes. Essa hipótese linguística é reforçada pelo uso de *grano turco* pelos italianos para designar milho, e por expressões equivalentes em alemão, francês e inglês, além de milho-da-índia, usada pelos portugueses. Valentim Fernandes refere-se novamente ao milho em 1507, ao descrever a costa da Guiné e do Senegal, dizendo que os povos da Gilofa tinham muito milho-zaburro, sendo o cuscuz o seu principal alimento, também comum entre os mandingas.[40]

No princípio do século 16, é Fernandes Brandão quem identifica o milho de maçaroca com o milho-zaburro, e diz ser *maís* o seu nome nas Índias Ocidentais. Em meados do século 16, quando o piloto anônimo de Vila do Conde passa por São Tomé, nota que os escravizados se alimentam de milho-zaburro, "que se chama maiz nas Ilhas Ocidentais". Finalmente, na segunda edição do seu livro *Delle navigationi et viaggi*, de 1554, Battista Ramusio fala do *"miglio zaburro nelle Iindie occidentali Mahiz"* e inclui o desenho de uma espiga de milho *Zea mays*.[41]

A confusão persiste, ainda no século 19, e, no *Dicionário de Morais*, edições de 1831, 1857 e 1874, milho-zaburro figura como sinônimo de *Zea mays*, apesar da origem americana da gramínea ter sido comprovada por Alphonse de Candolle (1882), aclarando que, portanto, ela era desconhecida no Velho Mundo antes do contato colombiano.[42]

Os bandeirantes foram longe demais

O percurso feito no capítulo relativo à dieta indígena e ao milho nos dá uma noção aproximada da realidade alimentar com que os colonizadores toparam no vasto território que vieram a ocupar até fins do século 18. Para delimitar essa vastidão, nós adotamos uma denominação sintética. Mas, por mais habituados que estejamos a palavras como Lusitânia, Mauritânia, Germânia, ainda nos soa estranho a sua equivalente Paulistânia.

O termo fixou-se graças a uma historiografia de cunho conservador, ligada ao espírito provinciano de intelectuais paulistas, querendo definir para a "raça paulista" um determinado território. Essa gente, corajosa, destemida, dinâmica, com alta dose de sangue indígena, seria uma "raça de gigantes", segundo expressão de Saint-Hilaire[1] que essa historiografia reteve e procurou documentar.

O poeta Cassiano Ricardo, em *Marcha para oeste (A influência da "Bandeira" na formação social e política do Brasil*, de 1940), foi quem cultivou o mito do bandeirante como fundador da nação, dando uma repercussão maior àquela mitologia que os paulistas vinham ruminando havia tempos na província. Mas o autor que mais trabalhou o conceito de Paulistânia, a partir dos anos 1930, foi o historiador Alfredo Ellis Júnior que, em 1949, explicou como chegou a ele:

> A primeira vez que vi o termo Paulistânia foi quando, depois da nossa maravilhosa epopeia de 32 [referência à sublevação paulista de 1932], o insigne poeta Martins Fontes publicou, com esse título, uma linda coletânea de maviosos versos de sua lavra [...].[2]
>
> Depois, Joaquim Ribeiro, denodado soldado do 1º Batalhão das Forças da Liga de Defesa Paulista, meu companheiro das trincheiras de Cunha [...], usou desse termo para designar a região do folclore bandeirante [no livro *Folclore dos bandeirantes*, de 1946]. Gostei imenso do termo e aproveitei-o para com ele marcar a região territorial da velha capitania Vicentina. A região paulistânica é mais lata que a restrita zona planaltina, e a que hoje pertence ao Estado de São Paulo, pois ela abrangia não só o litoral Vicentino, o planalto Piratiningano, que ia desde a Mantiqueira, até o Iguassú, com o vale do Paraíba, e as terras altas do Oeste paulista e paranaense. Além do Litoral e do Planalto, a Paulistânia abarcava o território das Gerais, de Goiás, de Mato Grosso e todo o extremo sul brasileiro, com cerca de 2.800.000 quilômetros quadrados e habitada por 25 milhões de habitantes.[3]

A palavra aparece, então, no contexto do movimento constitucionalista dos paulistas, mas, apesar desse viés político, descreve com certa exatidão o espaço sobre o qual versa este livro, focando a culinária que lhe corresponde.

Há uma latitude no termo que, de outro modo, não seria possível sintetizar: o espaço que os bandeirantes, partindo de São Paulo, percorreram ao longo dos primeiros séculos. Território que abarca ainda, além do movimento dos bandeirantes, o desenho de boa parte da antiga terra indígena dos povos guaranis — especialmente da etnia mbyá-guarani. E foi exatamente a sobreposição desses territórios — o dos indígenas e o da conquista — que tornou a culinária caipira o que é, em especial pela constância e fixação de ingredientes (o milho, o feijão, a abóbora, o amendoim, a batata-doce etc.) e pela multiplicidade de seus aproveitamentos. Foi na interação entre etnias guaranis e colonizadores de diversas origens regionais de Portugal que se formou um modo de comer caipira. Ele durou séculos, até que foi tragado pela modernização e pela chegada dos imigrantes, a partir do fim do século 19. Aos poucos, as características da velha Paulistânia iam sendo substituídas pelos impulsos da Pauliceia Desvairada, na expressão feliz de Mário de Andrade (embora a expressão seja anterior ao uso de Paulistânia como indicamos).

A ORIGEM BANDEIRANTE E A EXPANSÃO PELOS SERTÕES

A capitania de São Vicente foi formada em 1516, visando ao povoamento e à defesa do litoral. Só em 1709 a Coroa portuguesa comprou-a do marquês de Cascais, criando a capitania de São Paulo e Minas de Ouro. Esta, por causa da ação de conquista dos bandeirantes, abrangeu um território que corresponde ao que hoje são os estados de Santa Catarina, Paraná, Minas Gerais, Goiás, Tocantins, Mato Grosso do Sul e Mato Grosso, estendendo-se até as missões jesuíticas do Rio Grande do Sul.

A Paulistânia era enorme e difícil de administrar. A exploração do ouro e a necessidade de acompanhá-la de perto levou a Coroa a criar, em 1720, a capitania de Minas Gerais. A divisa da nova capitania passava pelo rio Sapucaí, pelo rio Grande e, a partir deste, subindo a serra da Canastra até o rio Paranaíba (não incluindo a região que é hoje o Triângulo Mineiro), pelo sul e o sudeste de Minas Gerais.

Novas modificações de administração territorial aconteceriam ainda no começo do século 18, como a incorporação temporária da vila de Parati, o desmembramento de Santa Catarina em 1738, a criação das capitanias de Goiás e de Mato Grosso, em 1748, além da anexação da capitania de São Paulo à do Rio de Janeiro entre 1748 e 1765, quando ela volta a ganhar autonomia. Em 1822, as capitanias se tornaram províncias, e da província de São Paulo ainda foi desmembrada a do Paraná, em 1853.

Em toda essa área de desenho político, não é sem propósito assumir que se escondem variantes de uma mesma cozinha, desenvolvida e sedimentada na totalidade da Paulistânia. Resumidamente, a Paulistânia é o vasto território de ocupação original bandeirante — que triplicou a área da colônia americana reservada a Portugal pelo Tratado de Tordesilhas, de 1494, em comparação ao Tratado de Madri, de 1750 —, onde se formou uma sociedade bastante distinta das demais áreas de ocupação do Brasil, com baixa participação das etnias negras, e que se consolidou basicamente através da economia de subsistência.

Mais do que um território fechado, a Paulistânia foi um tecido de caminhos que se entrecruzaram, formando uma rede tênue que cobria das Missões guaranis ao médio rio São Francisco, das fronteiras do Paraguai e das minas de Corumbá a São Vicente, de Vacaria à feira de muares de Sorocaba. Esses caminhos foram abertos, ao longo dos primeiros séculos, por indígenas e seus descendentes, os mamelucos, durante o período ou ciclo de apresamento indígena, busca de riquezas do sertão e caça aos negros fugidos dos engenhos do Nordeste; ou, ainda, como rotas dos tropeiros que abasteciam as minas.

Estudos recentes trazem novas cores a esse quadro quando mostram, para além do território da Paulistânia, que os mesmos fatores atuaram no envolvimento de outros grupos tribais, como os jê, quando das excursões dos bandeirantes paulistas na ocupação do médio São Francisco e do rio Verde Grande, onde o propósito era estabelecer currais em ocupações estáveis, e não apenas dar caça aos indígenas e negros fugidos dos engenhos.[4] O tipo humano que resultou desse longo processo de expansão territorial, unificando populações muito distantes entre si, é o que a literatura chama de caipira.

Dar conta de um território assim desenhado pela história significa se aproximar dele através de um novo olhar, classificando-o segundo uma lógica capaz de nos situar melhor diante do que buscamos, isto é, a formação paulatina da cozinha caipira. Isso se dá através do traçado de uma nova cartografia, fruto de um esforço recente do Instituto Brasileiro de Geografia e Estatística (IBGE), elaborando o *Atlas das representações literárias de regiões brasileiras*,[5] que fixou os subespaços do que chamamos de Paulistânia. O estudo delimitou, inclusive, o sertão de leste, abrangendo o sul de Minas, o Vale do Paraíba e o Vale do Rio Doce, que tomamos como a região de formação original da cultura caipira que, ao longo dos séculos, expandiu-se pela Paulistânia.

A metodologia do IBGE pode ser considerada inovadora. Identificando a presença de espaços geográficos e históricos referidos na literatura, inclusive ficcional, ela os toma como unidades de investigação e mostra como foram articulados e incorporados ao que hoje chamamos Brasil, em vez de partir do todo, reparti-lo e estudá-lo sem nexos com o restante. O IBGE chama esses espaços de sertões, e sua percepção como tais não se refere apenas à sua distância do litoral, como era usual nos primeiros tempos. Considera, ainda, a ausência ou presença tênue do Estado, ou seja, das instituições representativas do poder metropolitano na colônia. De fato, quando as bandeiras saíam de São Paulo de Piratininga, Taubaté ou São Vicente para adentrar o sertão, elas estavam entrando no território completamente dominado pelos grupos indígenas, onde não havia "lei nem rei", e a ação dos colonizadores, a par da apropriação de riquezas, consistia também na fixação de vilas, povoações, às quais aos poucos se agregavam todos os tipos de autoridade civil e eclesiástica, processando-se da coleta de impostos à salvação de almas.

Com esse aporte metodológico, temos material e condições suficientes para delimitar geograficamente o mundo caipira, sendo que a ideia-síntese de Alfredo Ellis Júnior teve a virtude de passar por cima das sucessivas divisões político-administrativas que contrapõem a culinária caipira paulista à mineira ou à goiana, e assim sucessivamente, impedindo que se veja a floresta por focar as árvores. O *Atlas* do IBGE em que nos baseamos avançou, qualificando vários tratos da Paulistânia, pela identificação de histórias particulares. Assim, temos, como área de expansão da culinária caipira, a partir do sertão de leste e dentro da Paulistânia, os vários sertões descritos a seguir.

OS SERTÕES DA PAULISTÂNIA

SERTÃO DE LESTE

Esse pedaço do território brasileiro refere-se ao conjunto fisiográfico formado pelo vale do rio Paraíba do Sul, que segue entre as serras do Mar e da Mantiqueira, prolongando-se até o vale do rio Doce, em meio a uma formação florestal contínua que abarca também a atual Zona da Mata mineira. Essa denominação, porém, muitas vezes incluía no mesmo sertão áreas dos atuais estados de São Paulo, Rio de Janeiro, Minas Gerais e Espírito Santo, como os sertões da Mantiqueira, dos rios Pomba e Doce, e outros.

A ocupação colonial originou-se nas capitanias de São Vicente e do Rio de Janeiro — inicialmente, em Parati, de onde se seguia pelo Caminho Velho até as minas e, mais tarde, no século 18, pelo Caminho Novo, que começava na cidade do Rio

de Janeiro. A difícil transposição da Serra do Mar fez com que se adotassem, primeiramente, os caminhos dos indígenas — os peabirus — até o planalto. As primeiras descobertas de ouro, no final do século 17, acabaram por fixar os aventureiros em pontos do interior planaltino.

SERTÕES DO OURO E CURRAIS

É a região para a qual convergem os influxos de civilização partidos dos sertões de leste e dos sertões da Bahia. A descoberta do ouro no fim do século 17, nos ribeirões do Carmo, do Ouro Preto e de Sabarabuçu, tornou esses lugares núcleos de colonização no interior dos sertões habitados por indígenas. Ao longo do século 18, a região fez-se densamente povoada, multiplicando-se vilas, termos e arraiais onde estavam presentes a administração da Coroa, o trabalho escravo e várias especializações, o que levou à formação de uma classe média ligada ao abastecimento e aos serviços urbanos.

Essas minas gerais vão se povoando, ligando caminhos e vilas, conectando-se com o litoral e com o reino. A partir de outro polo, as extensas fazendas de gado dos grandes colonizadores baianos — os Garcia d'Ávila e os Guedes de Brito — expandem-se pelo rio São Francisco e pelo rio das Velhas, mais próximos às minas. Com o estabelecimento das rotas comerciais entre as minas e os currais baianos, uma terceira região, Curral d'El Rei e entorno, que no início foi ocupada pela ocorrência de ouro, também se consolida na atividade criatória, destinada ao abastecimento da região das minas gerais.

SERTÕES DO OESTE

MINAS DE CUIABÁ E DE MATO GROSSO

O começo da ocupação se deu com o espraiamento das bandeiras paulistas em busca de ouro e indígenas, impulsionadas pela dificuldade de ocupação do sul do território mato-grossense, dominado pelos indígenas guaicurus. A descoberta do ouro no rio Caxipó-Mirim leva, em 1719, à fundação do arraial do Senhor Bom Jesus de Cuiabá, tornado Vila Real em 1727, que, até meados do século 18, pertencia à capitania de São Paulo. Essa área compreendia o sertão entre Cuiabá e Vila Bela (Mato Grosso) e abarca o encontro de três biomas (floresta amazônica, pantanal e cerrado), formando fronteira com os domínios coloniais espanhóis.

MINAS DE GOYAZES

A área que corresponde ao centro-norte do atual estado de Goiás e vai até a área central do estado do Tocantins foi ocupada a partir da descoberta de ouro, na primeira metade do século 18, que levou à formação de uma série de arraiais, em especial a Vila Boa de Goiás (atual Goiás, ou Goiás Velho), no alto curso do rio Vermelho, onde se encontrava o principal veio de mineração.

PANTANAL

Corresponde à bacia hidrográfica do alto Paraguai, sujeita a inundações periódicas e onde, desde meados do século 18, se concentrou a pecuária extensiva itinerante, graças às pastagens naturais. Cenário de conflitos entre espanhóis, portugueses e indígenas, cresceu em importância no século 19. A bacia do alto Paraguai se consolidou como rota de ligação entre São Paulo e a mineração em Cuiabá, integrando uma rede comercial alimentada especialmente pelas monções.

ERVAIS MATO-GROSSENSES

Essa área pertenceu à Espanha, tendo sido ocupada nos séculos 16 e 17 por missões jesuíticas espanholas. A produção da erva-mate, controlada pelos padres espanhóis, assim como os conflitos entre indígenas e bandeirantes, dificultaram a sua ocupação, e ela foi por muito tempo uma região evitada. Em razão do decréscimo da mineração em Cuiabá e no alto Guaporé, e da migração intensa para o Triângulo Mineiro em busca de novas terras para a pecuária, porém, foi se dando a ocupação gradativa dos Campos de Vacaria, no sul do atual estado do Mato Grosso do Sul. Essa ocupação tornou-se mais sistemática após 1870, com o término da Guerra do Paraguai.

SERTÕES DE PASSAGEM
Sertão da Farinha Podre
Assim era chamada a região que corresponde ao atual Triângulo Mineiro, delimitada pelo rio Grande, pelo rio Paranaíba e pela serra da Canastra.

Como não apresentava ocorrências significativas de ouro e era habitada pelos temidos caiapós, constituiu-se por muito tempo como uma região de passagem, área estratégica de trânsito entre São Paulo e o sertão dos Goyazes, cortada pelo Caminho do Anhanguera (o bandeirante que passou pela região no fim do século 17 rumo ao Oeste e que descobriria as minas de Goiás). Os viajantes costumavam deixar aí seus pertences para aliviar a carga nas viagens e, ao voltar, encontravam os alimentos em estado de deterioração. Foi por isso que esse território passou a ser conhecido como sertão da Farinha Podre, epíteto que perdurou por mais de um século.

Os primeiros núcleos de povoamento estabelecidos a partir de 1748, especialmente Rio das Pedras, Santana e Lanhoso, consistiam, basicamente, em aldeamentos de indígenas bororos trazidos de Mato Grosso para ajudar a combater os caiapós. Mas outro caminho ainda ligaria Goiás ao restante da colônia, longe das terras paulistas: em 1736 foi criada a Picada de Goiás, estrada real que ligava Vila Boa a Vila Rica e São João del Rei, passando pelo norte da capitania mineira e distante do sertão da Farinha Podre.

Mas foram os aldeamentos ao longo do Caminho do Anhanguera que desenharam o povoamento da área.

Sertão dos Garcias
Região formada nas primeiras décadas do século 19, como parte do processo de abertura de novas terras e expansão para oeste a partir do Triângulo Mineiro e de São Paulo, estendia-se pela área delimitada pelo rios Aporé, Paranaíba, Pardo, Paraná, Camapuã, Coxim e Taquari, sendo hoje parte do território do Mato Grosso do Sul.

A atual porção noroeste do estado nunca se incorporou efetivamente à economia colonial, mas, a partir de 1718, serviu de passagem para as rotas monçoeiras, unindo São Paulo às minas sem gerar fixação de população. Até 1755, era frequentada por paulistas apenas para a escravização de indígenas.

Área dos caiapós, passou a ser conhecida como sertão dos Garcias a partir de 1820, quando começou a receber colonizadores brancos, como a pioneira família Garcia, originária do arquipélago dos Açores e proveniente do sertão da Farinha Podre.

REGIÃO DA ALTA SOROCABANA E PONTAL DO PARANAPANEMA
O oeste paulista, ou planalto ocidental paulista, limita-se à calha do rio Paraná, tendo sido ocupado pela expansão cafeeira no estado de São Paulo, na última década do século 19 e na primeira década do 20.

Antes, esteve ligado à atividade pecuária dos mineiros, como estrada boiadeira e extensão dos campos de engorda de Mato Grosso, o que provocou o surgimento de pousos em seu trajeto. A valorização das terras, associada às estradas boiadeiras, reforçou-se com a chegada dos trilhos da estrada de ferro Sorocabana, no início do século 20, gerando os confrontos finais com os indígenas caiapó.

JALAPÃO

Apesar de parte da capitania de Goiás, o sertão do Jalapão (que constitui hoje o estado de Tocantins) esteve mais articulado com as regiões Norte e Nordeste, na divisa com Bahia, Piauí, Pará e Maranhão, do que com São Paulo e Minas Gerais. Por essas zonas de contato, caracterizou-se sempre como área animada apenas pelo trânsito de mercadorias e deslocamento de boiadas, uma vez que a mineração dos sertões goianos não conseguiu criar condições para uma ocupação intensa, desestimulada pela distância dos centros comerciais e pela presença indígena.

AS FASES DA OCUPAÇÃO

Se o espaço da Paulistânia pode ser nuançado como anteriormente, coube ao historiador paranaense Ernani Silva Bruno, em *Viagem ao país dos paulistas* (1966), pôr ordem temporal ao conjunto de informações sobre a conquista territorial, dividindo-a em fases, segundo suas características principais: tempo dos pioneiros (1500-1580), tempo da caça ao bugre (1580-1640), tempo da busca do ouro (1640-1730), tempo do comércio de gado (1730-1775) e tempo da indústria do açúcar (1775-1822).

Como já referimos antes, seguindo outras fontes, de São Paulo partiram as expedições de apresamento dos guaranis das missões do Guairá e do Tape, ao sul, entre 1580 e 1640; depois de 1640, e após o apresamento de outros grupos, até os sertões de Corumbá, e dos sertões de Goiás até o rio São Francisco. Também das guerras do Nordeste participaram os mercenários paulistas, e avançaram pelos sertões de Cataguases, pelo rio das Velhas, acima do rio Doce, entre 1658 e 1720. Ao tempo da mineração, formou-se o já mencionado Caminho Velho, com duas rotas, partindo de Parati e Taubaté, que se encontravam em Guaratinguetá e seguiam para

Baependi, Carrancas, São João del Rei e Conselheiro Lafaiete, até atingir Ouro Preto. Em seguida, abriu-se o Caminho Novo sobre antigo *peabiru*; partindo do Rio de Janeiro, ele se bifurcava, passando por Juiz de Fora e Carandaí, para chegar a Conselheiro Lafaiete, ou por Valência, Bom Jardim e Madre de Deus para encontrar o Caminho Velho em São João del Rei.

Já as monções, expedições fluviais empreendidas nos períodos propícios à navegação, traçaram outros fios nessa imensa rede: partindo de São Paulo, pelo rio Tietê, chegaram a Corumbá, seguindo para Bom Jesus de Cuiabá e Camapuã pelo rio Pardo. Por fim, tivemos os caminhos dos tropeiros (que também eram chamados de *birivas*) que, no século 18, ligavam a feira de Sorocaba a Faxina (hoje Itapeva), Castro, Lapa, Campo dos Curitibanos, Lages e as regiões de Vacaria e Viamão. Já no século 19, esses caminhos sofreram uma inflexão para oeste, seguindo de Ponta Grossa para Guarapuava, Palmas, Chapecó, Palmeiras das Missões e Santo Ângelo, no Rio Grande do Sul.

Na periodização sugerida por Silva Bruno, ressalta-se que primeiro houve a ocupação da zona costeira, em torno de São Vicente e Santos; a transferência de população branca, mamelucos e indígenas escravizados para o campo de São Paulo de Piratininga aconteceria apenas em torno de 1560. Em 1580, há relatos de população também no povoado de Parnaíba, somando ao todo uns quinhentos moradores brancos e uns mil bugres mansos. O litoral e o planalto se comunicavam pela trilha dos Tupiniquins, que partia de Perequê, seguia para Piaçaguera e galgava a serra por picadas que a cada momento "se tinham que redescobrir e refazer, por olvidadas ou perdidas".[6]

Nessa primeira fase, os bandeirantes comiam basicamente o que os nativos ofereciam — a caça, a pesca e a coleta, além dos produtos de suas roças — e utilizavam os utensílios que eles manufaturavam, como canastras, igaçabas para água, panelas e

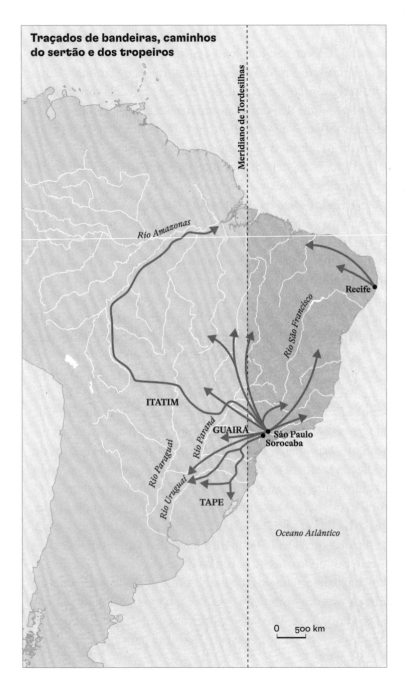

cuias, cumbucas para guardar farinha, redes e samburás, além de canoas de casca de árvores. Silva Bruno ainda assinala que, nessas poucas terras ocupadas, foi se expandindo a cultura do milho e da mandioca, para atender ao acréscimo de população, depois em competição com o cultivo da cana-de-açúcar, do arroz e do trigo e com a criação de bois — além de cultivos que foram se fazendo de uvas, figos, maçãs, romãs, marmelos, pêssegos, nozes, ginjas, amoras, melões, melancias, banana-da-guiné e nativa (pacová). Quase se reduzia apenas a isso o rol de alimentos disponíveis no primeiro e no segundo séculos.

No geral, amoldou-se o colonizador à dieta do bugre, especialmente pela adoção da farinha de pau — cozida de modo a ficar dura, na forma de pequenos pães enrolados em folhas que resistiam à água da chuva e dos rios — e da farinha de guerra, mais seca, utilizada nas viagens e expedições. Assim, como escreveu Sérgio Buarque de Holanda, "a ação colonizadora realizou-se em São Paulo por um processo de adaptação contínua a condições específicas do ambiente americano, não se enrijando logo em formas inflexíveis, mas retrocedendo a padrões rudes e primitivos".[7]

O ciclo seguinte — tempo de caça ao bugre, até 1640 — é o do bandeirismo predador, que traçou caminhos e devastou terras que seriam fracamente povoadas, ou povoadas apenas mais tarde, além de incorporar, em ritmo lento, uma boa massa de indígenas nas empreitadas colonizadoras. A partir de São Paulo, para noroeste, fundaram-se os povoados de Parnaíba (hoje Santana de Parnaíba), Itu e Jundiaí; para oeste, o núcleo que viria a ser Sorocaba. Como observou o historiador Capistrano de Abreu, Mogi e as vilas do vale do Paraíba apontavam para as futuras Minas Gerais; Jundiaí, para Goiás; e Parnaíba e Itu, para Mato Grosso. Esses seriam os eixos de internação nos territórios a descobrir.

Antes que esses movimentos se consolidassem, registra-se que, do fim do século 16 a meados do 17, deu-se o declínio completo da indústria do açúcar na região, a intensificação de certos cultivos — notadamente do milho e do feijão —, o renascimento da cultura do trigo, do qual se fazia pão, além do estabelecimento da fundição do ferro e de um próspero comércio de indígenas escravizados, que eram vendidos para as capitanias do Rio de Janeiro, da Bahia e outras do Nordeste. Ir e vir no sertão trazendo e vendendo indígenas era o que sustentava a vida dos paulistas.[8]

Por essa época, nas vilas mais importantes — Ubatuba, São Sebastião, Itanhaém, Iguape, Cananeia, Mogi das Cruzes, Parnaíba, Jundiaí, Itu —, vai se formando uma arquitetura urbana, com poucas casas de pedra e cal, além das igrejas, predominando edificações grandes de taipa de pilão, cobertas de palha, que abrigavam os bugres em famílias, cada uma com seu fogo e suas redes, em um espaço comum. Na dieta dessa gente, fixava-se a preferência pelos produtos da mandioca e do milho, como a canjica — milho grosso quebrado em pilão —, à qual não se acrescentava sal, e pela utilização do mel de abelha e dos *paus de digestão*, como os grelos de samambaias, raízes e tubérculos.

No terceiro ciclo sugerido por Silva Bruno — o tempo da busca do ouro, entre 1640 e 1730 —, dá-se o adensamento populacional da capitania, seja pelo afluxo de reinóis, em consequência da perda do comércio asiático que fez do Brasil um destino privilegiado, seja pela descoberta das minas no território central. É também um período em que muitos paulistas, acompanhados de sua gente — agregados e indígenas —, marcham para regiões distantes de São Paulo, chegando até os sertões do rio São Francisco e os campos do Piauí, já nos últimos decênios do século 17. A criação de porcos e bois se multiplicava, como ao sul, nos campos de Curitiba, em cujos sertões também se procurava ouro.

Se a descoberta das minas atraiu população, também despovoou o território paulista, deslocando roças e povoados país adentro. A partir da formação de núcleos estáveis, estes passaram a se articular com sítios de criação e rancharias (lugares onde se pernoitava, pois neles só havia um pequeno pasto, e que ficavam a uma jornada de distância uns dos outros), promovendo a fixação de sesmeiros e posseiros e originando, com o tempo, bairros, freguesias, povoações e fazendolas.

Outros roteiros se abriam também nas viagens de volta, como no retorno de Cuiabá, subindo o Tietê até a foz do Piracicaba; outros preferiam o Paranapanema e subiam até o salto de Itu, onde deixavam as canoas e se embrenhavam mato adentro, por treze dias, para atingir Botucatu e, com mais oito dias, chegar a Sorocaba. Ou seja, foi o ouro, basicamente, que impôs a irradiação dos paulistas — cujas viagens às minas de Cataguases consumiam então cerca de dois meses — e do seu modo de vida, ensaiado no primeiro e no segundo séculos no espaço restrito do litoral, do planalto de Piratininga e do vale do Paraíba.

Nas palavras de Silva Bruno,

nessa etapa da história paulista mantiveram-se em linhas gerais a estrutura da sociedade e o estilo de cultura que haviam se elaborado no tempo remoto do pioneirismo e da conquista e, em seguida, na época do bandeirismo e do apresamento. Sociedade e cultura cujos lineamentos resultavam da presença e da adaptação de moradores procedentes de Portugal e de Espanha às condições específicas de uma nova área geográfica. Do intercurso sexual e do entrosamento econômico desses povoados com os bugres nativos [...]. Da formação da casta dos mestiços chamados mamalucos. Essa sociedade e essa cultura foram, no entanto, afetadas, em suas características de menor significação [...] pela circunstância de se ter incorporado à população da capitania uma regular quantidade de reinóis [...] e uma população também regular de negros procedentes da África ou de outras áreas da América Portuguesa.[9]

No período da mineração, São Paulo e Rio de Janeiro passaram a viver basicamente para o abastecimento da atividade mineradora. Milhares de negros escravizados, portugueses vindos do reino em busca de riqueza e uma burocracia agrandada nas cidades mineiras desenharam a dinâmica populacional e a produção de mercadorias para esse novo mercado em expansão.

Enquanto a Coroa impedia que se plantasse nas imediações das minas, a região toda funcionou como uma força centrípeta a atrair tudo o que se produzisse e que pudesse lá chegar em lombo de burro.

Desenvolveu-se o tropeirismo, os gêneros de primeira necessidade encareceram, as mercadorias produzidas para outras cidades, como São Paulo, eram desviadas para lá por atravessadores, e a falta de mantimentos em outras localidades se generalizou. Ao mesmo tempo, essa escassez de alimentos estimulava a expansão da produção e a abertura de novas fazendas de gado nas margens do São Francisco, tudo visando abastecer as minas. Do ponto de vista da culinária, não foi um período de grandes transformações, exceto pela nova dinâmica urbana concentrada nas cidades do ouro em Minas Gerais, que, então, tinham recursos e poder para atrair mercadorias de toda parte, inclusive do exterior. Fome, carestia e fausto se combinavam de maneira inédita no país. Essa situação durou cerca de cem anos, estendendo-se por quase todo o século 18.

Resumidamente, a partir da periodização proposta por Ernani Silva Bruno, podemos sintetizar a trajetória da formação da sociedade caipira em ao menos três grandes etapas: o primeiro período é o que acabamos de tratar, de expansão territorial em busca das riquezas do interior, desde a mão de obra indígena até as drogas do sertão e os minerais preciosos, e que vai dos primeiros tempos até a descoberta do ouro em Minas Gerais, seguindo mais ou menos até 1720; o segundo é o desmembramento da capitania de São Paulo, quando esta foi destituída da região mineira e chegou a ser extinta, em 1748; e, por fim, o terceiro inicia-se com o esgotamento das minas, a partir de fins do século 18.

O segundo período começa em 1720, com a divisão política da então capitania de São Paulo e Minas de Ouro em duas: a capitania de São Paulo e a capitania de Minas Gerais, que passou a ter seu próprio controle administrativo.

Esse desmembramento representou um forte golpe contra São Paulo, que ficava sem a importância econômica de antes e passava a ser vista apenas como fonte de despesa para a Coroa, encaminhando-se para a própria extinção. O governo, aliás, já pretendia desmembrar as regiões de Mato Grosso e Goiás (que antes faziam parte dessa grande capitania), por causa do ouro encontrado em Cuiabá. Dessa maneira, em 1748, por meio do *Alvará de extinção da capitania de São Paulo*, oficializava-se a supressão do governo local, ficando o território vinculado ao Rio de Janeiro e transferindo-se a documentação do governo e as forças militares para a vila de Santos.

A ausência de governo local acarretou o esvaziamento demográfico e econômico de São Paulo, tornando seus habitantes dependentes das atividades das tropas e das monções. Quando, porém, foi assinado, em 1750, o Tratado de Madri, que demarcava os territórios português e espanhol na América do Sul, as disputas em torno das missões jesuíticas na região dos Sete Povos das Missões levaram à Guerra Guaranítica, com o ataque de indígenas armados requerendo a rearticulação das forças dos paulistas. Os conflitos duraram até 1756. As preocupações do governo português que haviam levado à extinção da capitania acabaram revertidas, o que gerou a necessidade da sua restauração, em 1765.[10]

Mais ou menos nessa mesma fase, sobretudo entre 1730 e 1775 (que Silva Bruno classificou como o tempo do comércio de gado), tem início um refluxo de gente que, com a decadência da mineração, voltou das zonas do ouro e teve de procurar novas atividades, reconvertendo-se, em grande quantidade, às atividades agrícolas ou à pecuária. Em fins do século 18, começa, então, a se delinear o terceiro período da formação da sociedade caipira. Tanto o norte de Minas, na região das Gerais, quanto o território de Goiás rapidamente se converteram em zonas agrícolas de subsistência. Saint-Hilaire, por volta de 1816, relata os esforços de aclimatação de plantas europeias nos distritos diamantinos, bem como o incremento da criação de gado:

> Não há, entretanto, muito tempo que os habitantes de Vila Rica começaram a criar o gado. Eles não sonhavam outrora senão com a procura do ouro, esquecendo-se das ocupações rurais; mas o esgotamento das minas, ou a dificuldade de suas explorações, obrigou a procurar outras fontes de riqueza. Quando de minha viagem, um colono [...] possuía já mais de mil bovinos e fabricava carne-seca; outros proprietários faziam manteiga, e, se uma parte do queijo que se vende em Vila Rica vem de S. João d'El Rei, uma outra parte é produto do leite das vacas criadas nos arredores mesmo da capital de Minas.[11]

Áreas antes pouco ocupadas foram reforçadas com novo contingente de braços, e regiões não ocupadas se incorporaram ao sistema produtivo. Nos vales do Paraíba e do Paraitinga, o povoamento se deu de modo mais adensado, formando-se novos núcleos, como São José dos Campos, São Luís (hoje do Paraitinga), Aparecida e Caçapava.

No caminho para as minas, por sua vez, em torno do povoado de Atibaia, formou-se Bragança. Surgiu Campinas do Mato Grosso (depois Vila de São Carlos e, posteriormente, apenas Campinas), onde arranchavam os viajantes que seguiam para Goiás. A oeste, Constituição (atual Piracicaba) e Botucatu. No vale do Ribeira de Iguape, em meados do século 18 formaram-se as povoações de Iporanga e Xiririca (hoje Eldorado). Essa ampla rede de povoações foi, aos poucos, absorvendo os excedentes que se produziam em sítios e fazendas, antes articulados com as atividades comerciais de suprimento das minas e dos núcleos maiores, ou ainda relacionados com as exportações para o reino. Esse comércio estendeu tentáculos mais e mais longos, incorporando a pecuária que se fazia no Rio Grande do Sul, com gado e muares das pradarias que se espalham pelo Uruguai e pela Argentina, por meio do que Alfredo Ellis Júnior chamou de ciclo do muar — isto é, a atividade econômica que consistiu em fornecer transporte para as mercadorias, ligando pontos bem distantes do território com a ajuda do tropeirismo.

Assim, nessa vasta extensão, e em especial no chamado sertão de leste, foram se formando, ao longo dos caminhos, pequenas roças e sítios que normalmente abasteciam os exploradores e, depois, os tropeiros com os víveres necessários para seguirem viagem. Nesses postos, e nos arraiais e vilas que se formaram a partir deles, criaram-se porcos e plantaram-se feijão e abóbora. Tornaram-se referências obrigatórias para quem viajasse pelos sertões: era nesses locais que as expedições chegavam, se arranchavam, se abasteciam. E repetia-se o movimento.

Quando chega o início do século 19, já havia núcleos especializados na produção de víveres, como atesta documento de 1808 emitido pelo capitão-geral Antonio José da Franca e Horta aos comandantes e capitães-mores, requisitando mantimentos para uma visita emergencial do príncipe regente: toucinho, carne de porco, feijão e milho deveriam vir de Mogi das Cruzes, Jacareí, Pindamonhangaba, Guaratinguetá e Lorena; porcos vivos, toucinho, carne de porco salgada, milho e feijão, de Cunha e São Luís (hoje do Paraitinga); bois, farinhas de trigo e de milho, feijão, de Curitiba, Castro, Lages, Sorocaba, Itapeva e Itapetininga;

farinha, carne, peixe salgado, milho, feijão e aves vivas de São Sebastião, Ubatuba, Vila Bela (atual Ilhabela), Iguape, Cananeia, Paranaguá, Antonina e Guaratuba.[12]

Em 1836, o "ensaio estatístico" feito por Daniel Müller na província de São Paulo mostrava que já havia uma interessante variedade na produção agrícola, sendo apenas o milho e o feijão cultivados de forma homogênea em quase todas as regiões. Nesse período, o volume de milho produzido ainda era consideravelmente maior que o de café — cerca de 93 mil toneladas contra menos de 9 mil —, mas também se cultivavam cana, tabaco, algodão, chá (na cidade de São Paulo) e se comercializavam aguardente, rapadura e animais.[13]

Do ponto de vista político-administrativo, aos poucos as autoridades foram tomando medidas para reunir e fixar os caboclos que viviam "entre as brenhas como feras", agregando bugres vadios, mamelucos e caboclos brancos, elementos sem residência fixa, que viviam em sítios volantes, com a fundação de novas vilas, onde poderiam viver civilmente. O conde de Azambuja, ao percorrer as imediações de Mogi das Cruzes, ainda em meados do século 18, se deu conta da existência de inúmeros sitiantes que passavam os dias se balançando nas redes, cachimbando, e "mandando (n)os seus criados carijós, adquiridos pelo sertão".[14] Era gente que vivia em sítios fora das fazendas, e "a vila é pequena, como todas as que vi na comarca de São Paulo, porque a maior parte dos moradores assiste nos seus sítios".[15]

Também os aldeamentos indígenas que haviam superado essa condição se converteram em povoados decadentes, como Guarulhos, onde já não se distinguiam os indígenas dos caboclos. Os fazendeiros mais abastados, além dos escravizados carijós ou africanos, contavam com a sujeição de elementos de uma classe intermediária, sem regalias, mas próxima a eles, formada por agregados de todo tipo, especialmente brancos pobres, mamelucos ou indígenas libertos, sem papel ou função definida nas fazendas, ficando à sombra dos senhores para expedientes temporários de qualquer tipo. E, ombreando com o prestígio dos fazendeiros, estavam os tropeiros ou donos de tropas cargueiras, que contribuíam para valorizar o comércio. Nas casas dessas vilas já se observavam algumas alterações arquitetônicas, com o desaparecimento da capela e do cômodo de hóspedes que caracterizavam a casa bandeirista e o surgimento das cozinhas, em um corpo anexado aos fundos da casa. Quanto à alimentação que aí se preparava, não havia grandes modificações em relação ao período anterior, surgindo, porém, referências aos peixes — como aos enormes jaús, que eram pescados, salgados e então reduzidos a postas —, aos patos bravos, todos do Tietê, adiante de Porto Feliz, e ao consumo de içás torradas e outros "bichos imundos e coisas asquerosas".[16]

O tropeirismo, sempre lembrado como elemento formador, reforçou os vínculos interiores que estabeleceu entre vários pontos do território. Além do Caminho Velho e do Caminho Novo para as minas, dá-se destaque à feira de gado e muares de Sorocaba. Entre 1731 e 1750, passaram por lá, provavelmente, cerca de 2 mil muares por ano; em torno de 1800, 10 mil por ano; em 1845, 50 mil; de 1855 a 1865, cerca de 100 mil; a partir de 1875, por causa do uso crescente da estrada de ferro, o número decresceu, chegando a 5 mil em 1900. Assim, o ciclo do ouro foi apoiado no muar, como também a pecuária dos pampas e a própria dinâmica econômica posterior à decadência do ouro. Ernani Silva Bruno acredita que esse "ciclo do muar" influenciou até a economia do Alto Peru, de Mendoza, Santa Fé e Córdoba, além de Colônia do Sacramento.

No sertão de leste, tudo isso terminou após a decadência do vale do Paraíba, o avanço do cultivo do café para o Oeste paulista, ainda no fim do século 19, e o surgimento da rodovia Dutra, nos anos 1940, e da estrada litorânea (BR-101) nos anos 1970, que desarticulou a economia caiçara quando a região se especializou em turismo litorâneo.

O que sobrou, então, foi a cultura caipira, cuja existência hoje é mais ideológica, ou imaginária, do que real. Essa sociedade e essa cultura são vistas, em especial a partir dos anos 1950, majoritariamente, como rurais, em oposição ao dinamismo urbano que surgia; atrasadas, em oposição à cultura moderna que se americanizava; e indesejadas sob qualquer ponto de vista. Na mesma proporção, sua culinária foi sendo abandonada, soterrada pela comida industrializada, pelos hábitos dos imigrantes europeus e, claro, pelo solene desprezo que o Brasil moderno devota ao seu passado indígena. Os indígenas eram vistos, no começo do século 20, como inimigos do progresso e da civilização, tendo muitos intelectuais advogado seu extermínio, como de fato aconteceu com os kaingang em Bauru, quando da abertura das terras para a cultura do café, puxando a expansão da ferrovia.

O que, no entanto, ficou para trás dessa história toda? O que nos importa é que, ao longo desses trajetos básicos dos primeiros colonizadores e daqueles que supriram as minas, restaram sítios e fazendas onde predominou um modelo de produção. Ele está baseado em posses que, dispersas mas vizinhas, formavam os bairros rurais. Neles, a produção central sempre foi o milho, que, preparado de várias maneiras, chegava à mesa diretamente — sobretudo a partir de preparações derivadas de sua farinha, em técnica emprestada dos indígenas — ou indiretamente, sob a forma de porcos, galinhas e outros animais alimentados com ele.

O milho se firmou como alimento básico não por opção gastronômica. Na forma de farinha de milho — cuja produção se avulta a partir do século 18, graças à introdução dos monjolos, que permitiram um salto grande de produtividade —, porém, foi fundamental para permitir a expansão das viagens por terras ainda não "civilizadas".

É fácil entender isso se compararmos o milho à mandioca. Esta exigia, para sua cultura, o transporte de vasta ramagem que deveria ficar enterrada no solo por doze a dezoito meses, de modo a fornecer a matéria-prima para a farinha. Além disso, a mandioca não se dava bem no solo do planalto, ficando seu uso mais restrito ao litoral.

O milho, ao contrário, era fácil de transportar em sementes e, uma vez plantado, já fornecia alimento em quatro meses. Tornado farinha de milho, isto é, pilado e torrado, oferecia algo que se podia comer diretamente, sem maiores preparações, como um pão do sertão. Assim, como registrou Sérgio Buarque de Holanda,

A existência da farinha de milho paulista está em grande parte associada, ainda hoje, à presença do monjolo. Por sua vez o monjolo é privilégio, no Brasil, de uma extensa zona, que parece ter o Estado de São Paulo como núcleo, e que se estende, ou se estendeu em tempos não muito longínquos, do centro de Minas ao norte do Rio Grande do Sul, incluindo partes de Goiás e Mato Grosso. Informes dos primeiros decênios do século passado [19] já indicam a existência tanto da farinha de milho como do monjolo, em pontos distanciados entre si, mas situados dentro dessa área.[17]

A superioridade das farinhas de milho e mandioca em relação à farinha de trigo era evidente nos primeiros tempos. Contra o cru do trigo, que sempre exige tratos culinários complexos, além de ser suscetível à deterioração por causa da umidade, avultavam a praticidade e a adaptação das farinhas de milho e mandioca, já cozidas e carregando, em si, uma preparação que as tornava aptas ao consumo imediato, sem precisar passar por novas transformações.

Em suma, ao longo dos três períodos de formação da culinária caipira, gestou-se uma sociedade interior cuja dinâmica temporal representou uma fonte constante de modificações, causadas por demandas que iam surgindo, mas que, ao mesmo tempo, foi capaz de reforçar os laços com a terra, consolidar os modos de produzir e o próprio gosto pelo que se comia, fosse proveniente dos hábitos indígenas ou do aporte dos reinóis. Tudo isso foi sintetizado naquele espaço de produção e consumo onde viviam os caboclos, sempre com poucos recursos e tendo que improvisar soluções de vida, em muitos casos bastante originais. Essa unidade de produção e consumo, em geral frouxamente articulada com a sociedade envolvente, é o que se denomina "sítio", e o capítulo seguinte é dedicado a ele.

Sítio, o ranchinho à beira-chão

Até agora, tratamos da formação e da expansão da sociedade caipira pelo vasto território da Paulistânia como o resultado de um processo de movimentação, apropriação territorial e submissão das populações indígenas à lógica do escravismo colonial. É hora de mudarmos de perspectiva, fixando-nos mais na formação e no desenvolvimento das unidades de produção familiar, responsáveis pela agricultura de subsistência que deu suporte e viabilizou o empreendimento de conquista: o sítio.

Saint-Hilaire esclarecerá tratar-se de palavra que se usa para as "propriedades de gente de poucos recursos", distintas das fazendas.[1] Não é, porém, apenas a extensão das terras que o define. Como vimos, é só a partir do século 18 que se estabiliza a adaptação criativa do colono ao território brasileiro, com seu cuidado de estabelecer, aqui e ali, as seleções e condições de produção do que viria a ser o arsenal de matérias-primas que, tratadas de determinadas maneiras, hoje denominamos cozinha caipira. Dessa perspectiva, relativiza-se também a importância bruta da herança indígena, pois é preciso analisar o caminho pelo qual seus traços foram fixados como soluções alimentares de um novo tipo para os colonos europeus.

Especialmente o milho, o feijão e a abóbora logo ocuparam lugar de destaque na alimentação dos colonizadores; os usos que fizeram desses ingredientes, porém, foram bastante originais. Não é demais repetir, o milho serviu de alimentação humana e animal, sendo uma grande solução adaptativa. Como vimos anteriormente, os indígenas o utilizavam em várias preparações culinárias, mas o uso que se fixou com grande destaque entre os bandeirantes foi a farinha de milho. O feijão, por sua vez, embora corrente entre os indígenas, não tinha a importância que veio a ganhar entre bandeirantes e colonos. Por fim, o porco, que substituiu várias caças das dietas indígenas, tinha a seu favor a produção da banha, que seria usada para frituras e para conservar carnes confitadas, funções que nenhuma caça supria. Nesse sentido, o porco serviu para desbancar o que antes havia sido função do moquém indígena como técnica de conservação.

Por tudo isso, e procurando situar um ponto em que se possa articular as receitas, ou modos de fazer alimentos, com a dinâmica econômica de ocupação do território, elegemos o sítio como espaço privilegiado do ponto de vista histórico e metodológico — o lugar onde, ao mesmo tempo que se materializam as relações sociais mais gerais, o homem interage diretamente com o ambiente, conformando-o ao ideal de vida possível.

SEDENTARIZAÇÃO E FORMAÇÃO DO SÍTIO

Pelos antigos caminhos das minas, e outros que articulavam os sertões da Paulistânia, distribuíam-se os sítios estabelecidos por moradores que, antes, haviam suprido os viajantes dos víveres necessários para seguir viagem, oferecendo inclusive hospedagem, além de farnel.[2] Com a decadência das minas, tornaram-se unidades de subsistência familiar, às vezes formando bairros rurais, um conjunto de sítios, não raro de parentes ou compadres, que só saíam para ir às vilas mais próximas quando precisavam de serviços da justiça, para ir à igreja ou em datas festivas, como quermesses ou celebrações do calendário católico. Na maior parte do tempo, porém, viviam entregues a afazeres ligados às criações e às culturas agrícolas básicas, provendo-se de quase tudo e recorrendo aos vizinhos para fazer mutirões nos roçados ou auxiliar na matança do porco.

Maria Arminda do Nascimento Arruda, que procurou entender a dinâmica da economia rural mineira após o esgotamento do ouro, fala nas inversões que aconteceram então. A primeira delas é a inversão da mineração para a agricultura, quando a população das minas desertou. A segunda inversão ocorre quando os indivíduos partem de vários centros mineradores para criar fazendas no sertão. A terceira, quando essa dispersão acaba gerando uma agricultura próspera, capaz de abastecer os mercados litorâneos e o Rio de Janeiro, o que se mede pelo crescente movimento dos tropeiros oriundos de Minas com destino à Corte, levando, sobretudo, queijo e toucinho, como descrito com frequência pelos viajantes do século 19.

Assim, de espaço antes abastecido pelos víveres que vinham de São Paulo, do Rio de Janeiro e da Bahia, os centros mineradores se tornam difusores de uma nova economia de produtos de subsistência.[3] Em poucas palavras, a região das minas de ouro teve um duplo papel: primeiro como força centrípeta, atraindo para si várias formas de riqueza e condicionando a produção de excedente dos sítios, onde era possível; em seguida como força centrífuga, espalhando sua cultura e sua força de trabalho pelos arredores próximos e distantes e ampliando o espaço ocupado por sítios e fazendas especializados na alimentação de subsistência.

A mola propulsora dessa virada foi a fazenda mineira, caracterizada por sua diversificação e voltada para a produção para consumo próprio ou, no máximo, na região onde se instalava, sem conexões com mercados distantes. Para Arruda, "a fazenda mineira não era um negócio: tinha colheitas mercantilizáveis, mas nunca se especializou em produzir para o mercado; as suas decisões econômicas somente parcialmente foram determinadas por força do mercado".[4] Esses traços essenciais, formados no fim do século 18, consolidaram-se no século 19 e, segundo Arruda, em muitos casos ainda permaneciam inalterados no século 20.

Isoladas e semelhantes a aldeias de tamanho reduzido, as fazendas "abasteciam a vizinhança de artigos de primeira necessidade, carne-seca, carne de porco e toucinho, farinha de mandioca e de milho, rapadura e cachaça, fumo, óleo, tecidos grosseiros e fios de algodão, café e vários chás de caparrosa e folha de laranja".[5]

De modo similar, mas em menor escala, os sítios eram explorados pelos agricultores e suas famílias, eventualmente com a ajuda de uns poucos escravizados — que eram quase totalmente ausentes das regiões onde dominava a pecuária. Já os homens demasiado pobres sujeitavam-se a cultivar terras alheias como agregados, trabalhando alguns dias por semana.

Ora, temos então ao menos dois momentos marcantes na constituição dessas propriedades produtoras de subsistência chamadas sítios: o primeiro, em meio às tropelias da conquista, nas rotas dos viajantes que adentravam pelo sertão, indo apresar indígenas, dar combate a escravizados rebelados ou em busca de metais preciosos; o segundo, depois do esgotamento das minas, quando nesses caminhos vão se formando pequenos ajuntamentos humanos, sob a forma de vilarejos, fazendas ou bairros rurais de sitiantes, em uma reversão da urbanização que a mineração havia criado inicialmente. Apesar das diferenças na ocupação da terra, uma mesma dieta vai se desenhando, unindo tempo e espaço.

O SÍTIO E O CAIPIRA

A própria palavra *sítio*, que no passado designava lugar, passou, a partir do século 18, a ser associada a um tipo de propriedade e de produção, como registraram o Morgado de Mateus, na já mencionada carta ao Marquês de Pombal, em 1766, e Saint-Hilaire, em suas viagens a Minas Gerais e São Paulo entre 1816 e 1822. Esse viajante opôs *sítio* a *fazenda* como forma de diferenciar o status social do proprietário ou morador. Saint-Hilaire identificou, aliás, três tipos de sítio: o sítio-pouso, de beira de estrada, encontradiço nas rotas dos tropeiros que vinham do sul em direção às minas; o sítio ligado à produção da cana-de-açúcar; e o sítio voltado basicamente para a produção de subsistência, sem qualquer produto importante para a venda.

Outro autor que se preocupou em diferenciar sítio e fazenda foi Caio Prado Júnior,[6] em 1935. Para ele, fazenda poderia tanto ser uma propriedade média, a fazendola, de até 240 hectares, trabalhada essencialmente por mão de obra assalariada, com participação eventual do proprietário, quanto uma grande propriedade, acima daquela área, com agricultores contratados apenas. Já o sítio seria a pequena propriedade, de até 60 hectares, com produção de subsistência ou para o mercado local, controlada pelo próprio dono, o sitiante, e sua família. Na forma que nos interessa aqui, o sítio é a propriedade comandada pessoalmente pelo lavrador e sua família, visando primordialmente à subsistência, podendo ou não direcionar excedentes eventuais ao mercado.

Historicamente, a categoria social que gerou o sitiante foi o agregado — na definição de Oliveira Vianna,[7] gente que, pela desimportância social, não mereceu doações de terra e vivia nas proximidades sociais das grandes propriedades, como moradores ou foreiros. Habitavam choupanas, fora do perímetro das senzalas e da terra fértil, sem ter "quase nenhum trabalho", e viviam de caça, frutos e cereais, levando uma vida "frugal e indolente". Saint-Hilaire também procurou definir essa gente:

> Os pobres, que não podem ter títulos, estabelecem-se nos terrenos que sabem não ter dono. Plantam, constroem pequenas casas, criam galinhas, e, quando menos esperam, aparece-lhes um homem rico, com o título que recebeu na véspera, expulsa-os e aproveita o fruto de seu trabalho. O único recurso que ao pobre cabe é pedir, ao que possui léguas de terra, a permissão de arrotear um pedaço de chão. Raramente lhe é recusada tal licença, mas como pode ser cassada de um momento para o outro, por capricho ou interesse, os que cultivam terreno alheio e chamam-no agregados só plantam grão cuja colheita pode ser feita em poucos meses, tais como o milho e o feijão, não fazem plantações que só deem no cabo de longo tempo como o café.[8]

Assim, até meados do século 20, o sitiante era considerado independente, por se sustentar com sua própria lavoura e com a ajuda dos vizinhos, sendo geralmente pobre e sem estudo, e também por isso uma figura estigmatizada, do ponto de vista da elite agrária ou urbana.

Na obra *Ruídos da memória,* a historiadora Marina Maluf analisou um livro de memórias deixado por Floriza Barbosa Ferraz, mulher de um fazendeiro que se estabeleceu em uma grande propriedade de café na região de Lençóis Paulista, interior de São Paulo, na última década do século 19. Ao descrever seus vizinhos, Floriza registrou a presença de apenas três famílias que, mesmo tendo uma pequena e ainda incipiente plantação de café, como ela, eram tidas como "gente de fino trato", de sobrenome e passado conhecidos. "Os outros, os pequenos proprietários ou sitiantes, condenados pela grande lavoura a viver em sua órbita ou ao desaparecimento e a uma eterna itinerância sertão adentro, são por isso essencialmente desenraizados",[9] explica Marina Maluf sobre a percepção de Floriza acerca dos sitiantes que, por não terem raízes tanto familiares quanto na propriedade que tocavam, seriam "outros", ou o "pessoal rude da roça", sem raízes, dispostos a mudar de endereço quando aquela terra se esgotasse.

Mesmo assim, em outros pontos de seu relato memorialístico, Floriza reconhecia não só a existência dos sitiantes próximos como uma convivência frequente com eles, o que parece contradizer o fato de não os ter considerado entre as famílias vizinhas de sua fazenda. Ao se mudar com o marido para a região, Floriza contava, por exemplo, que o casal procurou

> fazer amizade com os pequenos vizinhos sitiantes, sendo o Nhô Joaquim Bento um dos primeiros que conhecemos [...]. Todos eles eram caçadores de veados, de capivaras e pescadores do Rio Tietê, assim como do Ribeirão dos Patos, de onde nos traziam de vez em quando peixes gostosos. Era raro o domingo que não apareciam em nossa casa com o picuá cheio de presentes. Os esperávamos sempre com prazer, apreciávamos sua franqueza e sinceridade. Conosco resolviam as suas pequenas dificuldades e problemas.[10]

Essa relação entre fazendeiro e sitiante, de certa forma ambígua — ora próxima, ora distante —, não deixa de ter como pilar o reconhecimento das diferenças essenciais entre eles, que vinham se consolidando pelo menos desde o início do século 19 e que extrapolavam as condições financeiras. Se, antes, o mundo rural era muito mais abrangente do que o urbano, ao longo daquele século começou a acontecer uma inversão, o que contribuiu também para distanciar os modos de vida de um universo e de outro. Por terem não só propriedades maiores, mas também e principalmente acesso muito mais recorrente às cidades, tanto para comerciar o café e outros produtos quanto para se prover de mercadorias, educação e cultura, os fazendeiros se reconheciam como essencialmente diferentes dos sitiantes — que, encerrados em suas unidades autossuficientes de produção, sem estudo e sem capital, se adequavam cada vez mais ao já estigmatizado epíteto de caipira. Naqueles fins de século 19, os modos de vida dos sitiantes já não faziam parte do normal da rotina no campo e muito menos nas cidades: o fato de serem caçadores e pescadores do rio Tietê servia a Floriza como um indicativo da diferença entre ela e aqueles que, francos e sinceros, vinham até sua fazenda para resolver problemas que, sozinhos, por não terem conhecimento suficiente, não conseguiriam.

Caipira é um termo cuja etimologia não é muito precisa e sua fixação na língua escrita data apenas do século 19. Hoje é cheio de significados, muitos deles pejorativos; mas certamente se referia, já no início do século 19, a essa gente afeita na lida com o mato, com os roçados, enfim, os habitantes rurais da Paulistânia. O caipira descende dos antigos mamelucos que, se no período da expansão bandeirante tiveram papel de liderança nas expedições, por causa de seus amplos conhecimentos dos caminhos e do trato com os indígenas (inclusive no que diz respeito aos dialetos), acabariam sendo marginalizados no período posterior às conquistas. Saint-Hilaire, procurando traçar uma genealogia do caipira em São Paulo, menciona os "antigos mamelucos" marginalizados:

Desprezados pelos brancos de raça pura, os antigos mamelucos não deviam sentir grande desejo de permanecer na cidade. Chefiados por homens audaciosos, muitos se espalharam por toda parte do Brasil, tornando-se responsáveis pelas descobertas que imortalizaram o nome dos paulistas; outros, menos empreendedores, não quiseram provavelmente afastar-se de sua terra natal e se dedicaram à agricultura. Os mamelucos [tinham] também a sua indolência e apatia, e esses defeitos deviam naturalmente ser encontrados em alto grau naqueles que não tinham tido coragem de se aventurar pelos sertões [...] os citadinos têm pouca consideração por eles, designando-os pelo injurioso apelido de caipiras.[11]

Em certo sentido, e até pela presença fraca do negro — a quem usualmente se atribuíam as mazelas da nossa civilização — fora das minas, fez-se do caipira o contraponto do que se pretendia como país moderno. Esse fato, que hoje poderia ser apenas uma curiosidade histórica, indica a origem de um juízo depreciativo que, ao longo do tempo, continuará a revestir a culinária formada aí a partir do século 19.

O general Couto de Magalhães, por exemplo, já explicava em seus escritos que, na cidade de São Paulo de sua infância, em meados do século 19, a formiga tanajura era "vendida em tabuleiros pelas ruas", sendo iguaria apreciada tanto pelas camadas mais pobres, ou rurais, quanto "pelas melhores famílias" da capital. Depois, a elite foi se distanciando dessa comida popular, e ele registra como exemplo a apresentação de uma peça em um antigo teatro do Pátio do Colégio, em comemoração a um Sete de Setembro, entre 1830 e 1840, quando um estudante de direito se levantou na plateia para declamar um poema que produziu grande bafafá:

Comendo içá, comendo cambuquira
Vive a afamada gente paulistana
E aquelas a que chamam caipira
Que parecem não ser da raça humana[12]

Monteiro Lobato registrou, no início do século 20, uma certa hipocrisia da elite paulistana, que comia de modo afrancesado em público porque "manducar leitão assado" já não era considerado de "bom-tom". E a ideia de que o caipira representava o atraso civilizatório foi explorada por Euclides da Cunha já na introdução de *Os sertões*, quando afirma que "o tabaréu e o caipira simplório serão em breve tipos relegados às tradições evanescentes, ou extintas [...]. Retardatários hoje, amanhã se extinguirão de todo".[13] Em um artigo para *O Estado de S. Paulo*, intitulado "Fazedores de desertos" (1901), ele ainda retratou o caipira, em sua "grandeza decaída", como herdeiro das raças indígenas, responsabilizando-o por ter praticamente destruído a vegetação e o solo do Vale do Paraíba.[14]

Essa aversão ao caipira, que já se nota no século 19 e no começo do século 20, segue até pelo menos os anos 1960. Registre-se, como exemplo, o primeiro estudo sobre uma comunidade caipira, escrito pelo sociólogo Emilio Willems (1905-1997), sob o título *Cunha: tradição e transição de uma cultura rural*, em 1947. O fato é que, em vez de se sentirem agraciados pelo estudo, os cidadãos de Cunha ficaram irritados com a classificação de caipiras que o livro explorava, a tal ponto que o autor teve que mudar seu título, na segunda edição, para algo mais abstrato e neutro, desterritorializando Cunha: *Uma vila brasileira*. Como observou um analista, "a irritação dos cunhenses com o trabalho de Willems, por ter definido Cunha como uma comunidade caipira [...] bem expressa o peso discriminatório que essa designação ainda tem e indica, ao mesmo tempo, a importância do estudo do mundo caipira". E acentuou que é "através da análise da desagregação do seu mundo que se pode, justamente, observar os efeitos da transformação e expansão do capitalismo desta parte do país".[15] Mas, felizmente, vários jovens auxiliares de Willems tornaram--se importantes pesquisadores da cultura caipira, em especial Carlos Borges Schmidt, Gioconda Mussolini e Paulo Camilher Florençano — este último, responsável pelo melhor apanhado de receitas da culinária tradicional do Vale do Paraíba, que utilizamos como uma das fontes da parte "A cozinha dos caipiras".

A denominação pejorativa, porém, entranhou-se na própria cultura popular de modo duradouro. Conforme explica Carlos Rodrigues Brandão,

> enquanto os pescadores do litoral usam para si próprios, com ênfase de orgulho, o nome caiçara, entre os lavradores tradicionais do Vale do Paraíba o termo caipira é depreciativo, evitado, ou então usado para designar "o povo antigo". Ao nome que se evita preferem usar sertanejo, quando se fala de alguém que vive ainda, como entre Cunha e São Luís do Paraitinga, na beira das florestas que despencam pela Serra do Mar, até o litoral. Prefere-se, melhor ainda, usar o termo lavrador que, tão antigo quanto caipira, define para ele próprio o camponês paulista através de seu trabalho, o lugar de sua honra.[16]

O SÍTIO PORTEIRA ADENTRO

Olhando os sítios por dentro, a casa caipira também foi se transformando com o tempo. À semelhança do que aconteceu nos vilarejos, foi passando de simples choupana coberta com folhas de palmeiras a moradia com caráter mais definitivo, cujo aparato circundante expressava a maior ou menor prosperidade do proprietário. Prensas de mandioca, curral, queijaria e paiol para estocagem de milho, entre outras benfeitorias, foram elementos que se desenvolveram e agregaram à moradia, no intuito de criar a unidade mais autônoma possível para, mesmo no isolamento, produzir os víveres necessários a uma vida conveniente.

A casa do sitiante ou caipira aparece frequentemente em relatos de viajantes no início do século 19 ou antes; descrevem-na como um abrigo de palha, com paredes de pau a pique, ou mesmo varas não barreadas, em geral com três peças básicas, que servem de moradia e depósito dos produtos de subsistência. Ao se instalar em uma propriedade, como dono ou parceiro, o sitiante construía um barracão, ou rancho, provisório, em pau a pique não barreado, que somente depois de estabelecida a plantação era trocado por uma habitação definitiva. Mesmo assim, em alguns pontos do estado de São Paulo, em um período mais recente, a nova casa não seria muito diferente da primeira:

A primeira casa do sitiante pioneiro [ao chegar às terras] não passa, às vezes, de simples barracão, com telhado apoiado sobre estaca. Quando há maior esforço em prol de relativo conforto, o barracão não é aberto, recebendo paredes de pau a pique. Uma vez "aberto" o sítio e "formada" a plantação, o sitiante trata então de construir nova moradia, com caráter definitivo. [...] Na Alta Araraquarense, embora existam matas, são elas pobres em essências preciosas, de onde a quase ausência de serrarias; em consequência, predomina a casa de pau a pique. Na estrutura o sitiante emprega troncos semilavrados de angico ou aroeira, espécies resistentes, sendo o teto suportado por galhos presos em forquilhas. As paredes são construídas com troncos retos — preferivelmente de palmeira guariroba, muito abundante na região — e ripado de taboca, espécie de taquara. As paredes podem ser em seguida barreadas [...]. O telhado é frequentemente de telhas, que o sitiante importa, pois o sapê é muito raro na região e o "capim-de-cavalo", usado nas casas provisórias, é de curta duração.[17]

Carlos Lemos, que fez um estudo minucioso da moradia paulista, utilizando informações contidas em inventários e testamentos — isto é, sobre coisas que eram herdadas e, portanto, tinham valor naquela sociedade —, acentua elementos de simplicidade mesmo nas casas das vilas e pequenas cidades, ou em fazendolas. Diz ele:

A casa bandeirista da roça era uma casa pulverizada, toda fracionada em inúmeras construções-satélites do núcleo familiar, cada qual com sua especialidade [...]. Ao lado da casa principal de moradia propriamente dita ficava o telheiro da cozinha geral; os quartos para agasalho dos criados subalternos dos hóspedes importantes, sobretudo tropeiros e arrieiros; os depósitos de gêneros, os paióis, o moinho de trigo ou milho, a casa de fazer farinha, o monjolo de fazer canjica, o galinheiro, o curral de tirar leite, a moenda de fazer garapa para a rapadura e para a cachaça e o pomar cheio de "árvores de espinho" (cítricos em geral), de bananeiras, marmeleiros e parreiras. Tudo isso protegido por valados, por cercas de madeira ou por muros de taipa. E não nos esqueçamos das casas dos negros, como eram chamados os índios administrados [...]. Essa fragmentação em esparsas edículas à volta da casa está mais para a sistemática indígena do que para a tradição europeia.[18]

A casa, porém, é apenas o núcleo do sítio. Também fazem parte dela os elementos externos, como o depósito, a fossa, a bica d'água, o galinheiro, o chiqueiro, a casa de farinha (ou "tráfico"),[19] o pomar, a horta. "A casa, com suas várias dependências, habitação e benfeitorias, forma [...] um conjunto, nitidamente marcado pelo pequeno pomar que o rodeia, pela cerca que o separa dos pastos ou, nos casos mais simples, pelo pequeno terreiro limpo e varrido que o circunda."[20]

Atrás da moradia, ficava a horta, inicialmente com a plantação obrigatória daquelas ervas indispensáveis para o equilíbrio dos humores do corpo humano, conforme rezava a medicina galênica, que foi uma diretriz ideológica da saúde até avançado o século 18. Foi por essa razão que se firmaram elementos básicos e indispensáveis para a culinária, como a salsinha, a cebola, o alho, a hortelã, o repolho, a couve, o nabo, a cenoura, além dos temperos. Segundo a concepção galênica, o alho era usado largamente para a limpeza do corpo, embora considerado excessivamente "quente"; a cebola era apreciada pelas suas propriedades diuréticas; a salsinha, por purificar o sangue; o louro, por ser digestivo e hepático; o limão e o alecrim, por serem refrescantes, e assim por diante. A horta era, na verdade, uma farmácia viva.

Em espaço contíguo à horta, em geral havia o pomar, com os cítricos, a mangueira, o marmeleiro, o tamarineiro e a jaqueira, além de outras frutas da terra, domesticadas pelos indígenas, como a goiaba, a jabuticaba, o cambucá etc. Mais afastados um pouco estavam o galinheiro e o chiqueiro. Estes dependiam do tamanho da criação, do número de animais, que, por sua vez, dependia do número de pessoas na família ou do comércio eventual com vizinhos. Quando não havia galinheiros, as galinhas eram criadas soltas, ciscando, sendo recolhidas à noite, ou colocadas para dormir em jacás longe do solo, para evitar ataques de gambás e lagartos. Botavam os ovos no mato, nos chamados *nindês*, uma corruptela de "ninho deles". Cabia especialmente às crianças administrar os nindês, recolhendo os ovos frescos todas as manhãs, sem nunca tocar em um mesmo e antigo ovo que era deixado no local para que os animais reconhecessem onde botar. Os demais eram recolhidos frescos, para que não fossem devorados por predadores. Portanto, só se construía o galinheiro quando havia aves em grande número, que ficavam presas por proteção e também para evitar que ciscassem a horta em suas andanças.

É preciso atentar para a importância fundamental do porco na vida do sítio. Esse animal, presente na alimentação no Mediterrâneo e na Península Ibérica desde a Antiguidade, tornou-se, no mundo cristão, um verdadeiro signo religioso, uma vez que seu consumo era vedado aos mouros e judeus. No Brasil, onde aportou logo nos primeiros tempos após o descobrimento, o porco acompanhou o movimento da colonização, uma vez que, além da carne, sua banha era fundamental como recurso de conservação. A famosa carne na lata, antes de vir a ser considerada uma iguaria gastronômica, era a forma de conservação dos excedentes de carne por excelência. O porco serviu também como importante elemento de cooperação e festa: um animal de grande porte era sempre excessivo para uma família, gerando mutirões de matança do porco em que, com a cooperação dos vizinhos, as partes eram transformadas em conserva e embutidos, e os restos, em sabão. Nessas ocasiões de trabalho para a transformação e divisão dos pedaços do porco, armava-se uma festa sempre memorável ao longo de todo um dia. Era também um raro momento de convivência entre pessoas que usualmente viviam isoladas.

Com o tempo, surgiu uma série de raças de porco autenticamente brasileiras, todas criadas para valorizar a banha (que, para fins de classificação e preço, era medida em dedos de espessura, de um a cinco). Elas foram caindo em desuso nos tempos modernos, quando a preferência se deslocou para as raças com menos banha e maior proporção de carne. Assim, datam dos primeiros tempos da colonização os ascendentes ibéricos dos porcos canastra, caruncho, nilo, piau, pirapitinga e caruchinho, além das misturas erráticas dessas raças, que povoaram chiqueiros Brasil afora até o advento e a hegemonia do *landrace* e assemelhados, mais próprios para a indústria moderna de carnes. Como exceção, registre-se o monteiro, antigo porco doméstico que se asselvajou e hoje vive solto no Pantanal; segundo se crê, escaparam dos chiqueiros ou foram abandonados durante a Guerra do Paraguai.

Quando havia também umas tantas reses, que permitiam o fabrico de queijos, o soro que sobrava do processo era utilizado para alimentar os porcos, assim como a *lavagem*, composta por sobras de vegetais da horta, do pomar ou da própria refeição da família. Porcos criados com lavagem teriam, segundo se acreditava, uma carne de sabor especial.

Diante da casa havia, ainda, o terreiro. Nele, podia-se secar o café colhido dos poucos pés que havia na propriedade, ou secar e bater o feijão que seria estocado até a nova safra. No terreiro, aconteciam, ao fim da tarde, as conversas dos adultos e as brincadeiras das crianças; ali, organizavam-se as festas de São João, que reuniam parentes e vizinhos. Era, enfim, o espaço da modesta vida social dos moradores.

Um pouco mais distante, circundando esse núcleo, estavam as plantações: o milho consorciado com o feijão ou a abóbora, o pequeno cafezal, o pasto para as vacas e um ou outro cavalo ou burro. O viajante inglês John Mawe, ao descrever os sítios dos arredores da cidade de São Paulo no início do século 19, fez um retrato vivo do que se cultivava e se criava nesses locais:

Plantas alimentícias crescem em grande profusão e variedade. Aqui se encontra uma raiz, tipo bulbo, muito procurada, chamada cará, comparável à melhor batata [...] desenvolve-se até cinco polegadas de diâmetro e constitui, cozida ou assada, ótimo alimento. Encontram-se também excelentes repolhos, legumes para salada, nabos, couves-flores, alcachofras e batatas; as últimas, embora muito boas, são pouco apreciadas, a batata-doce é muito procurada pelos nativos. Milho, feijão, ervilhas e toda espécie de legumes desenvolvem-se de maneira maravilhosa. Frangos são baratos, [...] leitões [...] e mantas de toucinho, curado à moda do país [...], perus, gansos, e patos abundam, a preços razoáveis, os últimos, da variedade Moscovo, muito grandes, pesando cerca de dez a quatorze libras [...]. O gado, em geral, é bom, considerando-se o pouco cuidado dispensado à sua alimentação, nas pastagens boas, engordam razoavelmente.[21]

Mais além, nas capoeiras de mato, em torno dos riachos, os moradores podiam caçar pequenos animais de pelo ou de pena usando armadilhas, como as arapucas, ou com espingardas e o auxílio do cachorro, ou pescar nos remansos dos cursos de água. Assim, surgiam à mesa os tatus, as pacas, as pombas, as perdizes, as codornas e nhambus, os lambaris, os cascudos, as piabas, os mandis ou os dourados — importantes fontes de suprimento proteico que, com o tempo, vai se reduzindo ao obtido com o consumo dos animais domésticos.

No conjunto, a casa, a horta, o pomar, o galinheiro, o chiqueiro, o estábulo para as vacas e a queijaria, o pasto e as plantações, os campos de caça, tudo permitia a sustentação de uma vida modesta para a família, sem muitos aportes externos, produzindo, às vezes, algum excedente que se podia comercializar nas vilas próximas. Esse é o modelo do sítio onde se desenvolveu e se consolidou a cozinha caipira, dos primeiros séculos da conquista até o início do século 20.

Na divisão do trabalho, grosso modo, cabia ao homem produzir a matéria-prima in natura e à mulher produzir a transformação dos alimentos. Cuidar dos roçados, do pasto e da manutenção das instalações cabia ao homem. Já o cuidado com a horta e o pomar e a alimentação das galinhas e, eventualmente, dos porcos eram funções femininas. O zelo e a dedicação feminina eram medidos pelo terreiro limpo, pelas panelas areadas — quando chegou o alumínio —, pela cozinha asseada e arrumada, pela feitura constante de bolos e biscoitos para as crianças ou visitas, pela elaboração de queijos e requeijões, pelos filhos banhados e de roupa limpa ao fim da tarde. Tudo isso durou até a transformação do caipira em colono das fazendas, quando a provisoriedade do vínculo com o proprietário e o fato de viver em casa que não era sua desenvolveram nele a convicção de que não valia a pena cuidar do entorno, e nem plantar uma árvore frutífera sequer.

NA COZINHA DO SÍTIO

A casa do sítio, nos caminhos para as minas de ouro, resumia-se, em geral, a uma moradia de taipa de pilão com uma divisão elementar de cômodos — um ou dois quartos separados de uma sala, um corredor sem janelas que levava à cozinha anexa. Atrás, um poço e a casinha, ou banheiro, além do forno para assar, todos elementos que gravitavam em torno do corpo da casa. A cozinha, em especial, que nos interessa mais de perto, era muito simples. Isolada, quando não separada do corpo principal da casa, era voltada para o exterior e quase sempre suja e descuidada, mesmo em fazendas. No entender de Carlos Lemos, em seu estudo *Cozinhas etc.*, "como os demais brasileiros, [os paulistas] pouca importância dava[m] à cozinha, sempre situada em compartimentos de má feitura, sendo raros os exemplos bem construídos, com o mesmo material da casa grande".[22]

No início do século 19, John Mawe, viajando pelos arredores da cidade de São Paulo, constatava:

As casas dos lavradores são miseráveis choupanas de um andar, o chão não é pavimentado nem assoalhado e os compartimentos são formados de vigas trançadas, emplastadas de barro e nunca regularmente construídas. Para dar uma ideia da cozinha, que deve ser a parte mais limpa e asseada da habitação, o leitor pode imaginar um compartimento imundo, com o chão lamacento, desnivelado, cheio de poças d'água, onde, em lugares diversos, armam fogões, formados por três pedras redondas, onde pousam as panelas de barro, em que cozinham a carne; como a madeira verde é o principal combustível, o lugar fica cheio de fumaça, que, por falta de chaminé, atravessa as portas e se espalha pelos outros compartimentos, deixando tudo enegrecido pela fuligem. Lamento ter de afirmar que as cozinhas das pessoas abastadas em nada diferem destas.[23]

No quadro *Cozinha caipira* (1895), o pintor paulista Almeida Júnior visou obviamente acentuar os elementos de pobreza desse espaço da casa, deixando evidentes os poucos móveis e utensílios com os quais os sitiantes lidavam no dia a dia. É nesse ambiente de carência que o pintor retrata uma mulher representando o imortal gesto indígena de catar feijão, de cócoras, na urupema apoiada sobre o chão de terra.

Durante muito tempo, foi mesmo de cócoras que se cozinhou no sítio. A influência indígena era clara nesse gesto, bem como em outros aspectos, como o modo de cultivar a terra, e mesmo de fabricar panelas e potes de barro, antes da adoção dos utensílios de ferro. Além da cerâmica, os indígenas também influenciaram o desenvolvimento do fogão caipira, a partir daqueles feitos de tucunduva, cupinzeiros abandonados. Ou de pedras quentes, ou de trempe suspensa sobre o fogo, até se chegar ao modelo estável que conhecemos como fogão caipira a lenha, com trempe e, eventualmente, forno e chaminé.

A cozinha, lembra Carlos Lemos, "quase que ao ar livre, começou a personalizar-se foi em torno da trempe, das três pedras formando triângulo com a fogueira dentro, em volta do jirau e do fumeiro". Às vezes, "grande luxo — as pedras serão colocadas em um canto, em cima de uma espécie de mesa ou tijolos",[24] e então irá evoluir para o fogão a lenha que se generalizou por volta do início do século 19, e que hoje evocamos, nostálgicos.

Com o fogão assim construído, será possível deixar de cozinhar de cócoras e passar a cozinhar em pé. Sobre o fogão ou ao seu lado, aparece o jirau, que é uma evolução do moquém, ou muquém, utilizado pelos indígenas para pendurar os cestos sobre os fumeiros: "o jirau-fumeiro foi o grande conservador de alimentos no Brasil antigo".[25] Nele também são mantidas as rapaduras embrulhadas em palha de milho, o sal, o milho de pipoca e o comum, o toicinho em mantas salgadas, a linguiça e outros mantimentos. "No interior de São Paulo, no Vale do Ribeira, em Iguape principalmente, encontramos jiraus enormes, quase que constituindo um sobrado sobre os fogões. Jiraus alentados e altos, acessíveis somente por meio de pequenas escadas."[26]

Além da evolução do jirau, Lemos destaca a evolução da cerâmica, "orientada pelo indígena, quem traçou as diretrizes até hoje reconhecidas", conformando o ofício dos oleiros. Indígenas "fazedoras de panelas" abundavam em São Paulo até o início do século 19.[27] Do mesmo modo, a prensa de espremer mandioca ralada para farinha incorpora-se à moradia rural, ao lado dos telheiros e próxima à cozinha.

> Assim, o índio foi dando a sua contribuição à zona de serviço da casa brasileira com o empréstimo de pratos então desconhecidos e respectivas técnicas de manipulação, além de ensinar aos colonos brancos maneiras de cocção e modos de improvisar fogões. Fogões de trempe, de pedras de sustentação das panelas. O uso da pedra como meio de cozimento — como suporte de panelas ou como fonte de calor, depois de aquecida em fogueiras, foi generalizado entre o gentio da terra, como atestam os vários viajantes e cronistas de outros tempos.[28]

Com a evolução dos fogões, estes passaram a ocupar o puxadinho que era a cozinha, sendo deixado do lado de fora apenas o forno romano, no qual se podia fazer o pão e assar biscoitos e carnes em ocasiões especiais.

Dentro desse sistema próprio e autossuficiente dos sítios, a cozinha funcionava a partir do que se colhia na horta e no pomar — as frutas eram transformadas, principalmente, em conservas de açúcar, na forma de marmeladas, compotas, geleias e licores. De modo geral, em sítios ou fazendas comia-se sempre a mesma coisa: feijão-preto misturado com farinha de milho e toucinho, acompanhado de arroz, couve ou, ainda, um pedaço de carne de porco assada.[29] Galinha com arroz também era comum, assim como a canjica (sem sal ou açúcar) para a sobremesa e, eventualmente, doces. É novamente John Mawe quem descreve as refeições caipiras do início do século 19:

> O pão é muito bom e a manteiga tolerável, mas usada raras vezes; exceto no café da manhã e no chá à noite. Prato bastante comum, no almoço, é uma variedade de ervilhas, muito gostosa, denominada feijão, cozida ou misturada com farinha de mandioca. O almoço [...] consiste, em geral, numa quantidade de verduras fervidas com carne de porco gorda, ou bife, uma raiz da espécie da batata e uma galinha recheada, com excelente salada, seguida por grande variedade de deliciosas conservas e doces. Tomam muito pouco vinho às refeições. A bebida usual é a água.[30]

Se essa pequena unidade produtiva for tomada como a célula de formação da culinária caipira, conforme acreditamos, é então possível entender como suas transformações no tempo — de simples roçados volantes a unidades mais estruturadas, com rudimentos de artesanato e mecanização para suprir mercados próximos — vão impactando a culinária, que incorpora as soluções alimentares cambiantes depois estampadas no receituário que reconhecemos como caipira.

As gorduras vão sendo substituídas — de banha para manteiga e margarina. A farinha de milho cresce em importância ao ser feita em monjolos, mais produtivos do que os antigos pilões indígenas. O uso generalizado do açúcar implementa a produção de conservas de frutas e licores; a marmelada, produto de origem judaica, popular na colônia — a ponto de ser o principal item de exportação paulista para a Europa —, se transforma em marmelada de goiaba, de consumo local. De sorte que tudo vai aos poucos, em uma coleção de pinceladas — acrescidas ao quadro às vezes com séculos de distância —, formando o que, visto de hoje, identificamos como culinária caipira aninhada no sítio.

Essa unidade de produção e consumo se diferenciará no amplo espaço da Paulistânia conforme a natureza circundante mais próxima — incorporando, no Sul, o pinhão, no Centro-Oeste, o pequi, e assim por diante —, sem perder suas características básicas, derivadas da forma de ocupação, da relação originária com os indígenas e do fluxo de relações externas, em razão da distância que os separava dos centros econômicos mais influentes e da especialização produtiva em função das demandas.

Produtos do sítio que ganharam cidadania

Seria reducionismo restringir a dieta caipira à fixação do milho, do feijão e da abóbora como herança indígena. Quando se chega ao fim do século 19 e a agricultura começa a ser pensada como algo que merecia a atenção de técnicos especialistas, uma enorme gama de plantas, indígenas ou aclimatadas, já havia sido incorporada à dieta caipira, formando plantações ou reproduzindo-se de forma espontânea.

Um excelente estudo do engenheiro Huascar Pereira, desenvolvido em 1925 para a Secretaria da Agricultura do Estado de São Paulo, permite um retrato do que havia de disponibilidade alimentar quando a sociedade caipira, estabilizada, começou a declinar. Huascar Pereira compôs um dicionário da flora paulista, indígena e aclimatada,[1] em quase oitocentas páginas, em que lista os principais vegetais úteis sob vários aspectos. A relação a seguir, sintetizada com base nessa publicação, destaca as espécies e variedades então existentes dos alimentos mais comuns na dieta paulista. Serve também para nos darmos conta da perda de diversidade que a agroindústria nos impôs nos últimos cem anos. Seria de grande valia, ainda, se contássemos com levantamentos semelhantes nos outros estados que compõem o território da

Paulistânia. Assim, poderíamos aquilatar o quanto a soja e o gado fizeram da diversidade botânica comestível terra arrasada. Além disso, o estudo permite imaginar as combinações culinárias mais variadas a partir das coleções de abóboras, bananas, feijões, várias espécies de mirtáceas e assim por diante. De tal sorte que uma receita atual é sempre uma aproximação grosseira do sabor que se desfrutava nos tempos da culinária caipira. Registre-se, também, que muito da diversidade da flora destinava-se a usos medicinais — a exemplo das inúmeras variedades de alecrim —, tendo sua utilização se transformado ao longo do tempo. Essas mudanças de uso, aliás, são objeto dos estudos das Plantas Alimentícias Não Convencionais (Pancs), hoje em voga.

Eis, mediante o levantamento de Huascar Pereira, a lista abreviada e exemplificativa de plantas comestíveis, limitada aqui às espécies e variedades usuais:

1. AMENDOIM: comum, do Mato Grosso, rasteiro.

2. ABÓBORA: baleia, cheirosa, chila, d'água, de Goiás, de Minas, do mato (duas espécies), do mato de Minas, doce, enxuta, grande, jerimu, melão, menina, moranga, verde, abobrinha do jardim.

3. BANANEIRA: anã, anã gigante, curta, da abyssinia, da cayena, da china, da Índia, da terra, bananeira de chifre, de São Tomé, do Taiti, do brejo, do Maranhão, farta-velhaco, figo (ou marmelo), maçã, nanica, ouro, prata, preta, roxa.

4. BATATA: brava, cenoura, da terra, de caboclo, de embery, enfieira, de escamas, de perdiz, de porco, do ar, doce amarela, doce branca, doce roxa, inglesa, ovo, pedrinha, tupinambá.

5. COQUEIROS (PALMEIRAS): amargoso (guariroba), aracury (catarro), babunha, bacaba, bocaiuva (macaúba), buriti, carandaí (carnaúba), catulé, ceriba, curuá, da Bahia, da quaresma, do mato, guaguaçu, guriry, indaguaçu, patiá, piassaba, pindoba, tucum, yatahy.

6. MANDIOCA: açá (mandiocuçu), aipim amarela, aipim manteiga, paraguaia brava, Barra Bonita, brava, folha larga, globo, mansa, palma, prata, rosa, sertã, vermelha.

7. MANGA: augusta, bourbon, carlota, espada, itamaracá, itaparica, rosa.

8. MARMELEIRO: marmelo bravo, de cheiro, de Portugal, do campo, do mato, do sertão, do Japão.

9. MILHO: Assis Brasil, branco americano, bravo, cateto, cristal, dente de cavalo, ferro, indiano, miúdo, morango, pipoca, pipoca amarelo, pipoca redondo, pipoca roxo, quarentena, roxo, vermelho.

10. MIRTÁCEAS: a) araçás: bravo, cagão, carne de vaca, coroa, de pedra, Pernambuco, de São Paulo, tinguijar, de umbigo, do campo, do mato, felpudo, grumichaba, guaçu, mirim, piroca, pitanga, poca, vermelho, roxo; b) jabuticabas: branca, de cabinho, de coroa, do mato; c) guabirobeiras: do campo, do mato, do Rio Grande, felpuda, mirim; d) goiabeiras: branca, de índia, de macaco, do mato, goiabinha; e) cabeluda; f) cagaiteira; g) cambucás: cambucá, cambucá preto; h) cambuí: amarelo, vermelho, de cachorro; i) pitangas: pitanga, de cachorro, do mato.

11. FEIJÃO: anão, argila, bacamarte, boi de capoeira, bomba preto, bomba vermelho, branco alemão, branco manteiga, branco baixo, branco redondo, bugrinho, caboclo, canário, caracol, carrapato, carrapatinho, cavalo, chocolate, coco, da Índia, da Flórida, de corda, de vara, de porco, do papa, enxofre, espada, fava de Belém, frade, fígado de galinha, fradinho, escuro, miúdo, gitirana, grande, grão-de-bico graúdo, grão-de-bico miúdo, beiço, listado, manteiga amarelo, manteiga branco, manteiga rajado, miúdo vermelho, mulatinho, preto, toscano.

12. CÍTRICOS: a) laranjas: abacaxi, abóbora, amarga, azeda, bergamota, boceta, cravo, da china, da terra, de umbigo, do céu, do mato, do sul, doce, lima, lisa, mandarina, melancia, natal, pera,

prata, rosa, seleta, seleta branca, serra d'água, tangerina, taranja; b) limas: da pérsia, de umbigo; c) limões: bravo, da Sicília, da Índia, do campo, do mato, doce, francês, galego.

13. PIMENTAS (*Capisicum*): cayena, cereja, cumarim, da terra, de cheiro, do diabo, do mato, malagueta.

Essa simples enumeração de espécies e suas variedades demonstra quão mais rica era a flora comestível, em comparação com a dos dias de hoje. A conversão da agricultura em um ramo da indústria moderna acabou por alterar de modo intenso a própria disponibilidade de matérias-primas utilizadas. Basta observar, por exemplo, que, de quase vinte variedades de abóbora, hoje se encontram nos supermercados no máximo três; de vinte de banana, quatro; de sete de manga, apenas três, e, mesmo assim, variedades novas desenvolvidas no exterior. Só por esse detalhe, vê-se que, na maioria das receitas apresentadas na Parte II deste livro, perdeu-se, para sempre, a dimensão do sabor que é, em geral, atributo de uma variedade específica. Razão material, concreta, que atesta o quanto é imaginária a antiga cozinha caipira.

Os animais domésticos também foram substituindo, paulatinamente, a caça. Esta sobreviveu mais tempo apenas no litoral, na culinária caiçara, até a abertura das estradas de lazer no século 20. Já os porcos, quase sempre selecionados pela capacidade de geração de banha, acabaram fixando várias raças, notadamente a canastra, derivada de raça portuguesa alentejana; o caruncho, de tipo asiático e de pequeno porte; o nilo ou nilo--canastra; o piau, desenvolvido no sul de Goiás; o pirapetinga, da zona da mata mineira e do Espírito Santo; e o casco-de-mula, importado dos Estados Unidos na segunda década do século 20.[2] As raças de galinha, embora não haja estudos sistemáticos a respeito, também se desenvolveram, talvez com predominância dos animais tipo índio (da Índia), altos e esguios, que estão na origem do frango caipira e de sua típica higidez da carne — atributo que, ao mesmo tempo, o levava a servir como esporte nas tradicionais brigas de galo, que chegaram a ser proibidas pelo presidente Jânio Quadros, em 1961.

Tendo essa variedade de elementos como pano de fundo, expressando os roçados, o pomar e as criações reunidas no sítio, convém nos aprofundarmos um pouco em alguns deles, de modo a destacar aquilo que se fixa com o trabalho miúdo dos sitiantes caipiras.

O TRATO DO MILHO

O indígena guarani cultivava inúmeras variedades de milho, para usos distintos, sendo a mais importante a *avati eté*, o "milho verdadeiro", que tinha funções rituais ligadas ao batismo das crianças e, ao que parece, deu origem ao milho-crioulo dos caipiras. Como sua plantação e cultura eram relativamente fáceis, chegando a dar duas safras por ano, o milho serviu de base da alimentação caipira, como havia sido dos guaranis.

Vários produtos eram obtidos do milho-verde recém-colhido, tanto na dieta indígena quanto na caipira. Desta última, restaram bastante presentes o curau, a pamonha, o bolo de milho e os mingaus. É o milho seco, entretanto, que se constitui em matéria-prima de maior importância histórica, seja porque esteve associado à conquista do sertão, seja porque é dele que, de fato, derivam os principais elementos da dieta caipira.

Para triturar o milho e fazer a farinha, o caipira usou inicialmente o pilão, como o indígena, e só depois o monjolo. Quando da chegada dos europeus, o pilão já era usado em uma ampla área da América do Sul, por diversos grupos indígenas: na costa do

Brasil, pelos tupinambás; no sul, pelos guaranis e os cainguás; na área boliviana, pelos chiriguanos e os guaraiús; na vertente amazônica, pelos jurunas, os chipaias, os amanajés, os auetós, os apiacás, os parintins e os oampis; na área maranhense, pelos tembês.

A importância do uso do pilão na transformação dos alimentos era tão grande que aparecia em mitos de alguns povos, conforme o relato reproduzido por Baldus: "Então, a filha do urubu-rei transformou-se em mulher. Havia muito milho em casa. Ela tirou os grãos das espigas, pisou-os no pilão, colocou um pote no fogo e fez todo o trabalho de uma mulher".[3] No pilão, basicamente se pilava o milho mole, de forma grosseira, para obter a farinha/massa que seria aproveitada nos primeiros séculos de colonização, ainda que de forma mais restrita, pelos portugueses. Para construir seus pilões, os indígenas escavavam troncos de madeira, construindo vasos nos quais os alimentos a serem pilados seriam acondicionados. A mão do pilão, também feita de madeira, era utilizada para socar o milho no vaso. Os tamanhos variavam conforme a necessidade, desde os pequenos, para macerar alguns temperos, até os maiores, utilizados para o preparo de milho pilado.

Já o monjolo, que substituirá o pilão, se estrutura em uma trave de madeira apoiada a um tronco vertical, que tem em uma das extremidades o soquete e na outra uma parte côncava, a concha. O conjunto funciona perto de uma queda natural de água, que enche a concha, fazendo a trave abaixar com seu peso; quando a água escoa, o soquete cai sobre o milho como um martelo, quebrando-o. A operação se repete até que se obtenha uma farinha grossa (canjica e quirera) ou uma farinha fina (fubá), utilizadas de diferentes maneiras e às vezes torradas em um tacho, no fogão da cozinha ou em outro, construído com esse propósito, junto ao monjolo.[4] O milho também pode ser decorticado no monjolo e posto de molho na água para amolecer; depois disso, repete-se o gesto de pilar para obter-se uma pasta úmida que se transformará, pela torra, em farinha de milho beiju.

O monjolo talvez seja a técnica mais representativa entre os variados processos de preparação do milho no Brasil, sobretudo na área que englobava São Paulo e uma vasta região de expansão nos primeiros séculos de colonização. O monjolo se impôs, entre outros fatores, devido à sua eficiência em processar quantidades maiores de milho e com mais rapidez que o pilão. A importância dessa engenhoca nos sítios caipiras decorre da sua extraordinária presença na vida dos bandeirantes, que necessitavam do milho processado em farinha para seguir viagem, fixando-o para sempre como traço essencial da culinária. Essa técnica foi útil no momento em que a farinha de milho teve papel mais importante para os paulistas nas entradas para o sertão, e na posterior descoberta das minas no interior do país.

Vários viajantes fizeram relatos do funcionamento dos monjolos nas zonas mineradoras durante o século 18. Descrevendo seu funcionamento, e o tipo de farinha que produzia, em um dos documentos setecentistas encontrados no arquivo de Caetano de Costa Matoso, ouvidor-geral da comarca de Vila Rica de 1749 a 1752, observa-se que:

Lança-se o milho aos pilões [monjolo] a quebrar, e quebrado, que é o mesmo que tirar-lhe o cascabulho de fora, limpo dele, se deita de molho, por cinco ou seis dias em água fria, aonde azeda alguma coisa. Passado estes dias, se tira e deita nos pilões, segunda vez, onde se soca, mói e desfaz, e dali se tira e lança em uns fornos de cobre ou tachos onde se torra e fica servido de alimento como pão e de mais uso nestas Minas que da mandioca.[5]

Entre os pesquisadores, há uma série de controvérsias sobre a origem e a difusão desse equipamento. Sérgio Buarque de Holanda, que destaca o papel do milho na expansão paulista e busca identificar sua origem e utilização, diz que os portugueses já usavam um aparelho semelhante, chamado de "pio de piar os milhos", que se parecia com o monjolo de pé brasileiro na estrutura básica, mas era acionado pela força humana. Em Portugal, era utilizado para o tratamento do milho-miúdo ou milho-alvo (*Panicum miliaceum, Lin.*). Ao mesmo tempo que o milho americano se expandia por Portugal e por toda a Península Ibérica, o milho-miúdo foi recuando e o monjolo de pé, desaparecendo.

Antes da grande expansão do milho (principalmente em forma de farinha) iniciada no século 17 e consolidada no século 18, alguns viajantes citam que os indígenas da região paulista utilizavam sobretudo o milho assado ou o milho-verde, além das cauinagens. Havia também a produção de farinha obtida no pilão, mas esse alimento não foi tão difundido quanto se acredita. É apenas a partir do século 18 que a farinha de milho ganha importância, com os deslocamentos massivos das bandeiras e a necessidade de alimentar grandes contingentes de indígenas escravizados e animais.[6] Desse modo, temos que a aculturação alimentar do reinol na Paulistânia envolve tanto a tradição guarani quanto o aproveitamento dessas técnicas, à sua maneira, também como estratégia de conquista territorial.

No meio rural caipira, além dos pequenos monjolos dos sítios, movidos a tração hidráulica, acabaram por se desenvolver casas de farinha de milho, chamadas modernamente de fecularias, das quais sobreviveram alguns exemplares, agora movidos a eletricidade, no interior de São Paulo, no sul de Minas Gerais e no Paraná.

O FEIJÃO

Quase sempre consorciado com o milho — pois os vegetais "quentes" devem ser plantados entremeados com os "frios" —, o feijão é, na verdade, o nome vulgar de diferentes espécies vegetais e de um sem-número de variedades. Em 1929, por exemplo, a Secretaria da Agricultura contabilizou 67 variedades de feijões no estado de São Paulo.

A espécie *Phaseolus vulgaris*, ou feijão comum, é cultivada em todo o território nacional, mas há ainda o feijão-de-corda, da espécie *Vigna unguiculata*, e o feijão-guandu ou andu, da espécie *Cajanus cajan*, principalmente em sua variedade arbórea, também de grande difusão. Algumas fontes listam como feijões várias espécies próprias para alimentar os animais, e outras utilizadas como adubo em cafezais, muitas delas tidas como nocivas à saúde humana. Para complicar ainda mais, dificultando a abordagem nominativa, uma única variedade de feijão pode receber nomes distintos.

Precisamos, também, acrescentar a essa lista as favas, já que as variedades da *Vicia faba* não raro são incluídas na grande classe dos feijões, e as fronteiras entre elas são percebidas mais nas diferenças de uso culinário do que por qualquer outro atributo. Há, porém, variedades chamadas de favas que, do ponto de vista da botânica, são feijões. É o caso da *Phaseolus lunatus L.*, conhecida como fava-belém, feijão-farinha, mangalô-amargo e feijão-de-lima. Essas falsas favas, originárias da Guatemala, não se dão bem em climas frios e são cultivadas principalmente nos estados do Nordeste, onde apresentam grãos de formatos, tamanhos e padrões bem variados. As favas, na percepção popular, são feijões que não dão caldo, ou que têm sabor amargo. Algumas espécies de fava em uso no Brasil são de origem pré-colonial; objeto de sucessivas domesticações, do México à Amazônia, se difundiram a partir dos territórios do Peru e da Bolívia. A essas espécies, somaram-se aquelas de origem europeia e africana. Hoje, do ponto de vista da aparência, o conjunto de feijões apresenta uma imensa gama de tamanhos e cores, podendo-se estabelecer um gradiente que vai do branco ao preto, passando pelo amarelo, o verde, o marrom e o vermelho, sem falar dos rajados, de várias cores e tamanhos. Essa diversidade, infelizmente, é apagada pelas estatísticas, dificultando o estabelecimento de uma relação clara dos diferentes feijões e seus usos regionais.

Não é fácil encontrar menções às variedades dos feijões em fontes coloniais, embora deles muito se fale. Em 1652, um inventário feito em São Paulo chegou a indicar as variedades de feijões deixadas por Fernão Roiz de Castro em Santana de Parnaíba: "80 alqueires de feijão [sic] pretos e brancos".[7]

No início do século 17, o padre Antonio Ruiz de Montoya registrou em seu *Bocabulario de la lengua guarani* a maneira como os indígenas aludiam ao feijão e fez referência, no verbete, a uma boa variedade de feijões, como os redondos, os grandes, os pequenos, os amarelos e os pintados.

Nesse tempo, o feijão era sempre alimento de importância básica na dieta. Assim escreveu o padre Manuel da Fonseca, referindo-se ao jesuíta Belchior de Pontes, que viveu entre 1644 e 1719: "Era o seu comer parco e vil, usando as mais das vezes de feijão e canjica". O feijão custava, na época, em São Paulo, seis vezes menos que o arroz. Seu custo módico, a facilidade de acondicionamento, a durabilidade e a resistência a pragas contribuíram para fazer dele um gênero valioso nas expedições sertanistas, como observou Sérgio Buarque de Holanda: "E não haverá talvez exagero em supor-se que à mobilidade tradicional da gente de São Paulo se relaciona em parte o papel singularmente importante que ele [o feijão] veio a ter em sua dieta alimentar".[8]

A forma mais comum de preparo, nas expedições ao sertão feitas pelos bandeirantes — e, posteriormente, pelos tropeiros —, era cozinhá-lo em uma trempe improvisada. Como registrou Saint-Hilaire durante sua viagem por Minas Gerais, em 1816, ao falar do tocador que guiava sua tropa e era responsável pela alimentação: "[ele] acende o fogo, arma em redor três bastões que se unem superiormente, amarra-os e suspende um caldeirão na tripeça, onde põe a cozinhar o feijão-preto destinado ao jantar e ao almoço do dia seguinte".[9]

Cozinhava-se o feijão com toucinho e sal (quando havia); depois de pronto, era costume misturar a ele farinha de milho, formando uma pasta que seria chamada de feijão-tropeiro, virado de feijão ou mesmo tutu, receitas de base semelhante (feijão com farinha), que só bem mais tarde, já no século 20, se diferenciariam umas das outras, nos complementos na hora do preparo e acompanhamentos no prato. Essa receita básica de feijão acabou sendo adotada por toda a gente do planalto de Piratininga, o que explica o fato de o tutu e o virado (hoje tidos, respectivamente, como feijão mineiro e à paulista) terem se tornado pratos bastante característicos da Paulistânia.

A partir do século 19, especialmente em registros, nos jornais, dos preços dos gêneros produzidos nas províncias e vendidos no Rio de Janeiro, os feijões de Minas Gerais e São Paulo aparecem especificados, conforme a variedade, como feijão-preto ou feijão-mulatinho. Saint-Hilaire refere-se com frequência ao feijão-preto com toucinho encontrado em seu roteiro para as minas, como mencionado acima. E o feijão-mulatinho, embora praticamente nunca apareça nos relatos de viajantes e memorialistas, era certamente a variedade mais comum em São Paulo no século 19. Referindo-se à vida cotidiana em uma fazenda abastada do Vale do Paraíba, em meados do século 19, a memorialista Noêmia Bierrenbach lembra que:

As refeições de uma família fazendeira, de recursos médios, constavam de: pela manhã às 5 horas e o mais tardar às 6 horas um copo de leite fresco e ainda quente com açúcar refinado [...]. Ia-se após as tarefas habituais até a hora do almoço, entre as 9 e 10 horas. Comidas habituais: feijão-mulatinho, que se misturava com torresmo e farinha de milho ou de mandioca; esta comumente era de Parati, o arroz miúdo e avermelhado vinha de Iguape e o grande e branco vinha das ilhas Carolinas.[10]

A preferência pelo mulatinho, no entanto, a certa altura também foi pressionada pelo preço dos feijões cultivados. Falando da aceitação dos feijões brasileiros na França, um jornal registrou: "Os feijões de maior cotação são os de cor amarela (café com leite), conhecidos pela denominação 'chevriers', seguindo-se os brancos, depois os de cores claras, depois o nosso mulatinho, que lá conserva esse nome e, finalmente, o preto, que no mercado francês tomou o nome de mulato".[11] E é interessante acrescentar aqui a sensibilidade de Antonio Candido, que estudou uma comunidade caipira do interior de São Paulo no fim dos anos 1940 e início dos 1950, a essa questão do tipo de feijão:

> Os tipos de feijão plantados são o bico-de-ouro, o bico-de-ouro-cotó e o mulatinho, preferidos também para consumo em toda a zona. Tentou-se o cultivo do roxinho, de melhor preço que os outros; foi todavia abandonado por exigir terra de muito boa qualidade e ser menos certo no rendimento ("enjoado para dar" — dizem os caipiras). Como acontece em toda a área Paulistânica, não há o feijão-preto — objeto de verdadeira repulsa da parte dos parceiros.[12]

Seja como for, o feijão, o milho e a abóbora — associados inclusive no plantio — formam o tripé vegetal da cozinha caipira. Plantado anualmente, à época da colheita, "depois de bem secas as vagens ao sol, é também debulhado por sova, só que em lugar de ser batido contra uma trave, como o arroz, bate-se nele com um porrete roliço e pesado até que as vagens se abram. Vem em seguida a 'bateção' [processamento para retirada da película dos grãos], pelo mesmo sistema adotado para o arroz".[13]

Grosso modo, o feijão, mesmo nas preparações simples, oferece dois tipos de associações: a temperos vegetais (cuja base são cebola, alho e louro); e a pedaços de carne e/ou couro de porco. As associações com o porco levam o nome de *feijão gordo*, significando, com isso, nutritivo; sem a proteína animal, é chamado de feijão magro. A vantagem do feijão gordo sobre o magro é que constitui uma refeição completa, quando acompanhado pelo arroz; o feijão magro, por sua vez, exige, além do arroz, a mistura propriamente dita, ou seja, o acompanhamento de um ingrediente de sustância, como uma carne. O feijão gordo extremado, ou seja, incluindo várias carnes e partes do porco, embutidos etc., leva o nome de feijoada; sendo preto o feijão, feijoada brasileira.

O ARROZ

Quando os mouros ocuparam a Península Ibérica, em torno do ano 700, pondo fim ao reino visigótico, os campos de Valência foram especializados na cultura do arroz, o que se consolidou por volta do ano 1200, com a conquista do território por aragoneses liderados por Jaime I. Assim, já ao tempo dos descobrimentos o arroz era de uso corriqueiro nos costumes alimentares portugueses e espanhóis. Apesar disso, estava longe de ter a presença culinária que viria a ganhar nos séculos posteriores. Seu uso é relativamente tímido tanto nas receitas do *Libro de cozina* (1525), de Ruperto de Nola, quanto nas de *Arte de cozinha* (1680), de

Domingos Rodrigues, que o utilizam especialmente em comidas caldosas, além do arroz-doce. No que tange à introdução no Brasil e ao uso nos primeiros tempos, é ainda mais difícil seguir seus passos.

Nos primeiros tempos da colonização, ao menos duas espécies de arroz eram conhecidas dos portugueses: *Oriza glaberrima Steud*, africana, muito cultivada na costa da atual Guiné-Bissau; e *Oriza sativa*, asiática, que deu origem às variedades europeias, como o arroz-de-veneza, chamado em Portugal de arroz-vermelho ou arroz-da-terra, e, mais tarde, também à variedade norte-americana, branca, conhecida como Carolina. O arroz-selvagem encontrado no Brasil logo nos primeiros séculos, sobretudo nas regiões dos atuais estados do Pará e do Mato Grosso, era chamado de *auati*, *abatiapé* ou *abatii* pelos tupis, o que quer dizer milho-d'água, mas também era conhecido como vermelho. Daí a confusão, entre historiadores, na hora de identificar se o primeiro arroz cultivado em maior escala na colônia teria sido o vermelho português ou o vermelho silvestre, nativo (hoje, descarta-se por completo que o arroz usado comumente no Brasil seja uma domesticação do arroz brasileiro).

O mais provável é que o arroz tenha sido introduzido no Brasil, como cultivo, via Cabo Verde, e que sua variedade fosse a europeia, de Veneza — ainda que haja a possibilidade, também, de que fosse a africana, *Oriza glaberrima Steud*. Chegou primeiro à Bahia, em 1530, e depois a São Vicente, por volta de 1550, e se espalhou pelas respectivas regiões, mas a produção não foi muito significativa pelo menos até o século 18.

No Maranhão, o mesmo arroz europeu deve ter chegado com a colonização açoriana, que teve início por volta de 1619. Ali, o arroz-de-veneza foi substituído, em 1766, por imposição oficial, pelo Carolina, mais branco e menos quebradiço e que passara a ser preferido pelo mercado europeu. Desde 1755, com a constituição da Companhia Geral do Grão-Pará e Maranhão, pelo Marquês de Pombal, e a chegada de escravizados da Guiné, a produção de arroz já era a principal economia de exportação da região.

No Rio de Janeiro, era cultivado pelo menos desde o início do século 18, já que data de 1753 ou 1766 a instalação da primeira fábrica de descascar arroz da capitania. De fato, entre 1768 e 1791, o Rio o exportava em larga escala para Lisboa, e, a partir de 1792, também para o Porto, chegando a ser, nessa época, o segundo principal exportador brasileiro de arroz, depois do Maranhão.[14]

No caso de Goiás, são praticamente inexistentes os registros sobre a chegada da cultura de arroz — que se tornaria tão forte ali, sobretudo entre o século 19 e o início do XX. É possível, no entanto, apontar três hipóteses sobre o início desse cultivo na região. A primeira é que ele tenha sido introduzido pontualmente, no período da mineração, a partir do Maranhão, na mesma rota que levou escravizados[15] para Goiás — embora o caminho, pelo rio Tocantins, nessa área indígena, fosse difícil, a ponto de esse trânsito ser proibido. A segunda é que teria chegado vindo da Bahia, pelo Caminho do Sertão, que também servia de rota ao transporte de escravizados. Por fim, uma terceira é que tenha vindo com os paulistas que chegavam pelo Caminho Velho, levando mercadorias, durante o período da mineração — ou que iam se instalando em roças esparsas, no meio do percurso, até as minas de Goiás e Cuiabá.[16] Esta parece ser a hipótese mais plausível, ainda que, de qualquer maneira, a produção de arroz só tenha se desenvolvido de fato com o fim da mineração.

Em São Paulo, ele já era cultivado em São Vicente em meados do século 16: entre 1550 e 1557, o frei Gaspar Madre de Deus[17] faz menção ao arroz em casca. Mas há muita divergência entre os historiadores quanto a haver ou não arroz na cidade de São

Paulo entre o período em que foi introduzido, em São Vicente, e as primeiras referências oficiais, que ocorrem somente no fim do século 18. Essa lacuna fez com que Otoniel Mota afirmasse, em sua obra *Do rancho ao palácio: evolução da civilização paulista*, de 1941, e, apoiado nele, Antonio Candido, em *Os parceiros do Rio Bonito*, de 1964, que não houve consumo de arroz em São Paulo antes do fim do século 18.

Sérgio Buarque de Holanda, no entanto, polemiza com Otoniel Mota em artigo pouco citado, "O arroz em São Paulo na era colonial", de 1947, apresentando evidências que mostram que o arroz sempre foi cultivado e consumido na capitania:

Sobre o cultivo e o consumo de arroz em São Paulo há escassas notícias nos documentos paulistas da maior parte da era colonial. O fato parece tanto mais estranhável quando a presença desse cereal, trazido de Cabo Verde, ao que consta, já nos primeiros tempos da colonização, é assinalada, por depoimentos merecedores de crédito, no litoral vicentino, em meados do século 16. Sabe-se mesmo que, em 1552, ao regular-se a mercê dos dízimos e primícias de toda a costa, ficou expressamente estipulado que não entraria no caso o arroz de São Vicente. É isso, conforme se lê em textos da época, devido a ser ele "a principal coisa depois do açúcar" [...].

Parece perfeitamente claro, entretanto, que a expressão incompreensível para o autor [Otoniel Mota, que se refere a uma ata do Conselho de 1691 segundo a qual não se fiscalizava o arroz "por não ser de uso"] indica apenas que em 1691, em São Paulo, não era costume taxarem-se preços para os mantimentos aludidos. De modo que, pretendendo fazê-lo, o almotacé agiria abusivamente, quer dizer, contra o uso consagrado da terra. Por outro lado, a simples presença dessa advertência só é explicável se admitirmos que no São Paulo seiscentista ou, mais exatamente, de fins do século 17, eram consumidos todos os gêneros alimentícios [...] arroz inclusive. Conclusão: comia-se arroz em fins do século 17.[18]

Para Holanda, um edital de 1730 da Câmara de São Paulo que ordenava a venda de arroz apenas depois de taxação é suficiente para afirmar que o produto já fazia então parte da dieta paulista, embora só haja notícia de produção para exportação no fim do século 18. Por longo período, o arroz foi cultivado apenas para subsistência, sem visar à exportação, porque não havia em São Paulo "máquinas para a descasca do arroz mais aperfeiçoadas que o pilão de mão ou o monjolo, que dão produto escasso e sem grande valor mercantil".[19] No Rio, essas máquinas foram introduzidas em 1753, 1756 ou 1766, de acordo com vários autores, possibilitando exportações já desde 1768.

Também para os historiadores Francisco Vidal Luna e Herbert S. Klein, em trabalho sobre a escravidão africana na produção de alimentos na província paulista, São Paulo sempre produziu arroz para consumo familiar e abastecimento local, até pelo menos o início do século 18, quando passou a abastecer as regiões de minas, Goiás e Minas Gerais. A agricultura "interna", no entanto, nunca deixou de existir, apesar de pequena, já que os recursos suficientes para a importação de escravizados e o aumento da produção só passaram a existir durante o ciclo da mineração. Segundo esses autores, milho, arroz e feijão sempre foram cultivados em São Paulo, havendo também a produção especializada de tabaco, aguardente e erva-mate, e a criação de animais, principalmente porcos para toucinho. Eles acrescentam, ainda, que "em 1804, o elevado percentual de 86% dos agricultores [paulistas] proprietários de escravos dedicava-se à produção de 'alimentos' [...]. Nesse mesmo ano [1829], se incluirmos todos os proprietários de escravos, mesmo os que não se dedicavam à agricultura, os que produziam 'alimentos' ainda compunham metade do total de senhores e controlavam 40% dos escravos".[20]

Contra esse pano de fundo, o arroz também encontrava seu tratamento no sítio. Conforme relata Nice Lecocq Müller, era plantado em pequenas quantidades e, depois de colhido e seco ao sol, debulhado pelo sistema de sova, ou seja, batido contra um banco ou grade. A palha era então retirada do grão no pilão, e o arroz, jogado para cima em peneiras sem furos (*apá*) até que o vento carregasse os resíduos restantes. Feito isso, estava pronto para consumo. Algumas regiões tinham outras tradições no processamento do arroz. Para separar os grãos, por exemplo, os sitiantes de Iguape "organizam então mutirões, nos quais o arroz é debulhado dançando-se sobre ele o 'fandango'".[21]

A MANDIOCA

Os guaranis desenvolveram um trato com a mandioca que é bastante distinto daquele que se observa na Amazônia, descrito em capítulo anterior. Consistia em cozinhar a mandioca em pedaços, deixá-la secando ao sol e então pilá-la para obter a farinha. Mas os caipiras não herdaram essa forma, fazendo-a semelhante ao modo que se encontra nas outras regiões do país. De fato, para além do seu consumo como legume, a mandioca só é transformada em farinha no sítio quando este se encontra em área muito isolada, distante dos mercados onde é possível comprar a farinha pronta, uma vez que o processo de produção é moroso e exige muito trabalho.

Mesmo assim, em sítios no Vale do Ribeira observa-se um conjunto de equipamentos denominado *tráfico*, constituído pela roda, a prensa e o forno. Revestida com uma cinta de cobre, a roda apoia-se em uma base de madeira que, em uma das pontas, dá assento a uma das duas pessoas necessárias para operar a estrutura. Uma delas manuseia uma manivela que aciona a roda, enquanto a outra, sentada, passa a mandioca por ela até raspá-la por completo. Um recipiente de madeira embaixo da roda recebe a massa resultante da raspagem, que é então colocada no tipiti e apertada na prensa até que se extraia o suco. Na região da Baixada do Ribeira, segundo Müller, existem duas variedades de prensa: de fuso, presente entre Iguape e Sete Barras, e de cunha, encontrada no baixo Ribeira. "A de fuso, como o nome indica, consta de um fuso que desce e aperta o tipiti, sendo torcido, por meio de um pau transversal, colocado perto de sua base. A 'de cunha' consta de uma tábua colocada em chanfraduras dos suportes verticais e que desce e aperta o tipiti à força de cunhas ali introduzidas."[22]

Depois de prensada, a massa de mandioca é seca ao sol e levada ao forno, um fogão de barro com um tacho de cobre raso na parte superior. Mexida contínua e demoradamente com uma colher de pau, a farinha é torrada no tacho e, só então, fica pronta para o uso.

A BANHA E AS GORDURAS SUBSTITUTAS

No sentido inverso ao movimento que resultou na ampla aceitação do milho indígena pelo colonizador, houve a aceitação da banha de porco pelo colonizado.

Antes da banha, as gorduras usadas pelos indígenas provinham de plantas, frutos, peixes, tartarugas e mesmo larvas. Frei Vicente do Salvador registrou que, de muitas espécies de palmeiras, os nativos "comem os palmitos e o fruto, que são uns cachos de cocos, e se faz deles azeite para comer e para candeia".[23] Na região de Minas Gerais, Saint-Hilaire observa, sobre os indígenas malalis:

Um dos petiscos favoritos desses índios é um grande verme branco que se encontra no interior dos bambus quando estes florescem, e que tem o comprimento de meio dedo indicador (bicho da taquara). Os índios cozinham essas larvas, e delas extraem uma espécie de gordura muito fina e delicada com a qual preparam os alimentos.[24]

Nos registros coloniais, há muitas referências à gordura obtida do peixe-boi e de jaús e outros peixes. Como conta Fernão Cardim, a gordura era utilizada para "cozinhar e frigir peixes". Mais importantes, porém, eram a manteiga e o azeite obtidos dos ovos de tartaruga, "um importante ramo do comércio entre as capitanias do Pará e Rio Negro", como assinala o ouvidor Francisco Xavier Ribeiro de Sampaio; segundo ele, da banha da tartaruga se extraía ainda outra manteiga, "na verdade excelente".[25] Também Spix e Martius se referem a esse produto, com mais detalhes:

A manteiga de tartaruga, depois de esfriar, é guardada em grandes potes de barro, embrulhados em folhas de palmeira ou entre casca de árvore, e assim é levada ao mercado. É tanto mais saborosa e pura quanto mais depressa se desenterram os ovos e quanto mais frescos forem. Com o devido preparo, a manteiga perde inteiramente o cheiro de tartaruga, mas conserva algum sabor de graxa, com o qual só mesmo o paladar do índio pode acostumar-se.[26]

No século 19, no entanto, a banha de porco será celebrada por vários viajantes como a "única gordura do Brasil", sendo produzida por sitiantes e comercializada em toda parte — atividades que vão tomar vulto até a sua industrialização, a partir de meados do século. Como registrou o colono suíço Thomas Davatz, nos arredores de Limeira, interior de São Paulo, "os alimentos são cozidos ali somente com banha e toucinho de porco, uso a que os europeus têm de se habituar mal chegam à terra, visto como não se emprega [...] nenhuma outra espécie de gordura ou azeite com esse fim".[27]

Desse modo, vê-se que as soluções para o consumo de gordura eram várias no Brasil, representando a criação ampla de porcos uma espécie de "colonização" das próprias gorduras, conforme adotadas, com destaque, pela Paulistânia. Discorrendo sobre a situação de extrema pobreza dos habitantes do norte de Minas, escreveu Saint-Hilaire: "Cozinha-se sem toucinho, *que constitui o alimento ordinário dos brasileiros do interior*, e nem todos os proprietários são suficientemente ricos para adicionar carne ao feijão".[28] E, de fato, o Brasil da época já consagrara totalmente a banha de porco como principal ingrediente, adotando um costume corrente em Portugal, inclusive na doçaria.

Até a virada do século 20, os cadernos de receitas exigiam a banha de porco em uma infinidade de preparos, de salgados ou doces.[29] Esse uso, em razão da ampliação do mercado interno, explica por que havia, por volta de metade do século 19, uma especialização na produção da banha destinada ao comércio. Conforme explica Heitor Ferreira Lima, assim como o café, o fumo da Bahia (que passava a ser exportado para a Europa) e o mate do Paraná, a pecuária crescia em importância naquele período, "particularmente o charque e a banha do Rio Grande do Sul, que se expandiram grandemente no mercado interno".[30]

É certo que a banha também era muito produzida no interior de São Paulo no fim do século 19, mas tinha comercialização apenas local, restrita aos bairros rurais e às cidades vizinhas, ou nem isso: destinava-se mais à subsistência. No Rio Grande do Sul, com os primeiros imigrantes alemães, deu-se início à produção de banha para fins comerciais, pois sua venda gerava renda muito superior à obtida com o milho em grão. Por volta de 1872, as exportações gaúchas já atingiam volume anual de 100 toneladas.

Os pequenos produtores da região passavam a vender a banha bruta a comerciantes, que a armazenavam e entregavam a refinarias; estas, por sua vez, a processavam e embalavam, deixando-a pronta para a venda a outras províncias do país. Em trabalho sobre a história da suinocultura no Rio Grande do Sul, Karin Inês Lohmann Terhorst e José Antonio Kroeff Schmitz afirmam que "os proprietários dessas refinarias eram, na maioria das vezes, comerciantes que passaram a investir neste ramo"[31] e acabaram por abastecer boa parte do mercado brasileiro, incluindo a Paulistânia, pelo menos até as primeiras décadas do século 20.

Após ter sido alçada de produto de consumo familiar, nos sítios, à condição de commodity, a banha se consolidou como gordura quase exclusiva em usos culinários. Tão popular e amplo era seu uso que a produção interna, muito adstrita à subsistência, não atendia às demandas urbanas, forçando o aumento da comercialização com o Rio Grande do Sul e também da importação dos Estados Unidos: em 1895, a banha chegou a ser o principal item comprado desse país, seguido pela farinha de trigo. Em 1889, o jornal conservador *Sentinela da Monarquia* trouxe o que talvez tenha sido a primeira crítica à importação da banha de porco dos Estados Unidos pelo Rio de Janeiro, motivada pela preocupação com a banha do Rio Grande do Sul, que começava a ganhar mercado e corria o risco de perdê-lo. Dizia o jornal: "A banha da província é preferida à dos Estados Unidos, que o que menos contém é banha de porco, sendo em parte feita de gordura de reses, com pouca mistura de banha suína".[32]

A popularidade da indústria da banha é atestada por duas propagandas de empórios do interior de São Paulo, publicadas em jornais das décadas de 1880 e 1890, que destacam a venda de banha de barril, vinda dos Estados Unidos, e de lata, do Rio Grande do Sul.[33] Nessa onda, surge a figura emblemática, encarnada em Francisco Matarazzo, do industrial que, ciente da necessidade de importação, decide abrir uma fábrica para produzir banha de porco em Sorocaba e, em seguida, também em Capão Bonito, com matéria-prima adquirida em sítios de criação suína na região de Itapetininga, no interior de São Paulo. "A indústria da banha foi o ponto de partida para o sucesso de Matarazzo", avalia a pesquisadora Alzira Alves Abreu. Depois das duas primeiras fábricas, ele fundou uma terceira "em Porto Alegre e 'inundou' o Brasil com uma novidade: a banha em lata, já utilizada nos Estados Unidos".[34]

Assim como os demais produtos que passaram a ser feitos pela cada vez mais multifacetada indústria de Matarazzo (incluindo tecidos e óleo de caroço de algodão), a produção de banha de porco cresceu; ainda assim, não era suficiente para abastecer o mercado interno paulista, que continuava, simultaneamente, a importar dos Estados Unidos e do Rio Grande do Sul. Porém, no início do século 20, a produção de banha para comercialização no Brasil, que já parecia pouca para a grande demanda, começava a enfrentar problemas. Tendo, aparentemente, consolidado o seu triunfo nas cozinhas e no mercado, um novo capítulo da história da banha surge quando ela começa a ser, gradativamente, expulsa da alimentação brasileira. Três fatores foram essenciais nessa transformação: a peste suína, a intensificação das campanhas sanitaristas e o crescimento da indústria dos óleos vegetais.

A peste suína, que começou nos anos 1930, chegou ao auge em 1946, abalou a produção de banha de Minas Gerais, São Paulo, Paraná, Santa Catarina e, principalmente, do Rio Grande do Sul, a única região que, na época, ainda se dedicava a competir com o mercado norte-americano. Esse estado, que um dia havia se dedicado integralmente às criações de porco de banha, já convivia com mudanças na suinocultura: desde os anos 1930, os criadores gaúchos passaram a importar dos Estados Unidos porcos de raças apropriadas à produção de carne.[35] A peste suína tomou, então, conta dos rebanhos, o que levou à intensificação da importação de banha americana (e aos consequentes aumentos de preço e de falsificações) e fez com que muitos industriais, a exemplo de Matarazzo, tivessem de enfrentar a desqualificação do uso culinário da banha, que passou a ser vista como anti-higiênica, produto de porcos doentes. O próprio Matarazzo tratou de se dedicar mais a outras gorduras, como o óleo de semente de algodão (da marca Sol Levante), que ele já produzia desde a virada do século 20.

Ao mesmo tempo, a partir do início do novo século também se intensificavam as campanhas sanitaristas, feitas por instituições federais e estaduais, para tentar controlar as doenças endêmicas que acometiam a população mais pobre (como a doença de Chagas e a ancilostomose, ou amarelão), com a expansão do saneamento básico e ações voltadas à divulgação de medidas de higiene. Esse movimento ganhou fôlego com o uso que Monteiro Lobato fez do personagem Jeca Tatu, criado por ele em 1914. De caipira preguiçoso, doente e inútil, o Jeca passou, alguns anos mais tarde, a ser tratado como vítima da falta de saneamento da zona rural, transformando-se em exemplo dos discursos sanitaristas do escritor: nos almanaques lançados (e amplamente distribuídos) pelo farmacêutico Cândido Fontoura para vender seus produtos (como o famoso biotônico), divulgavam-se medidas higiênicas que poderiam ser tomadas pela população. Em dezembro de 1919, na esteira da gripe espanhola que se espalhara pelo mundo nos anos anteriores, o governo federal fundou o Departamento Nacional de Saúde, que daria ainda mais força à campanha sanitarista.

Em meio a esse contexto, as técnicas artesanais empregadas no manuseio dos porcos para a produção de banha passaram a ser encaradas como pouco higiênicas, e isso ainda antes do avanço da peste suína. Desde os anos 1910, já era possível encontrar nos jornais e nas revistas anúncios de produtos que se autodenominavam "sucedâneos" da banha e prometiam ser mais saudáveis e higiênicos do que a gordura do porco. Na época, os métodos ditos industriais começavam a ser considerados mais assépticos e, portanto, menos perigosos para a saúde do que os artesanais. A indústria da propaganda, que também se intensificava, garantia ampla divulgação de novidades como a manteiga ou a gordura de coco Brasil, de aceitação facilitada pela semelhança com a textura da banha verdadeira. Em um dos anúncios ilustrados que ocupavam uma página inteira da popular revista *Vida Moderna*, a gordura de coco era apresentada como a solução para a guerra que parecia existir contra o criador e seu rebanho de porcos doentes. Na interessante gravura, porquinhos aparecem marcados pelas frases "Meu toucinho está infecto!" e "Estou cheio de micróbios!". No alto da página, lê-se: "Manteiga de Coco Brasil versus Toucinho" e, logo abaixo: "10 mil réis. Os fabricantes da manteiga de coco 'Brasil' oferecem a quantia acima, a quem provar, mediante minuciosa e avalizada análise, que a mesma contém outras quaisquer matérias gordurosas, a não ser o óleo próprio da noz do coco".[36]

A menção à ausência de outras gorduras misturadas ao produto foi destacada como qualidade, no anúncio, exatamente porque as denúncias de falsificação da banha de porco em lata já se faziam comuns. Adulterações, como a adição de fécula de batata ou sebo de boi, para fazer a banha render mais, se tornavam alvo das campanhas sanitaristas e transformavam a gordura suína em algo perigoso, aos olhos da população. Saúde e higiene eram palavras-chave na divulgação dos sucedâneos que, produzidos em larga escala pela indústria nascente e, por isso, de custo baixo, passaram gradativamente a ser preferidos à banha.

Sucedâneos muito bem-aceitos foram os óleos vegetais, que também contribuíram para distanciar a banha das cozinhas. Com a crescente industrialização e a procura por novas gorduras, o mercado internacional de óleos vegetais, em expansão desde o início do século 20, impulsionou também o mercado brasileiro, que começou com produtos feitos do caroço de algodão e do amendoim, vendidos em escala nacional. Somente nas quatro primeiras décadas, foram criados os óleos de caroço de algodão das marcas Sol Levante (1904), das Indústrias Matarazzo, Salada (1929), da Sanbra/Moinho Santista,[37] e Saúde (1938), da Anderson Clayton; e óleos de amendoim das marcas Vida (1942), da J. B. Duarte, e Rubi (1942), das Indústrias Rubi. Óleos compostos, que misturavam matérias-primas — caroço de algodão e amendoim —, também apareceram nessa época, a exemplo do óleo A Patroa (1939), da Swift do Brasil, e do popular óleo Maria (1942), da J. B. Duarte. Nos anos 1950, começam a se multiplicar as marcas e as sementes das quais se extrai o óleo, com destaque para o girassol, o milho e, a partir da década seguinte, a soja.

A chegada da peste suína, portanto, apenas sacramentou uma tendência que já vinha relegando a banha de porco ao segundo plano, nas cozinhas da Paulistânia. Mesmo com a invenção da vacina para a peste, no fim dos anos 1940, o estrago já havia sido feito: os óleos vegetais, assim como as novas gorduras, a exemplo da de coco e mesmo a margarina — que começava a tomar o espaço da manteiga —, vão ganhando as prateleiras dos empórios e a preferência da população.

Inicialmente, a produção de manteiga restringia-se a Minas e Goiás, e no início do século 20 ela já era fabricada para o comércio atacadista, com destaque para a Aviação, marca surgida em 1920. Antes disso, o uso no meio rural era relativamente comum, pois as fazendas e fazendolas possuíam máquinas centrífugas manuais para extração do creme de leite, e este, batido em batedeiras também manuais, resultava na manteiga. Já a margarina foi inventada na França, em 1869, pelo doutor Mège-Mouriès, químico que descobriu o princípio da saponificação. Por volta de 1880, seu consumo já era grande, e ela sofria a oposição dos fabricantes de manteiga, que a taxavam de falsificação. Só na década seguinte o novo produto ganharia legitimidade e mercado de forma irreversível. No Brasil, as mesmas indústrias que se dedicaram à expansão do óleo de caroço de algodão também investiram na produção de margarina, que tinha o próprio óleo como um de seus ingredientes de base. A Sanbra/Moinho Paulista, com a margarina Delícia (criada em 1959), e a Anderson Clayton, com a Saúde (lançada em 1938), seriam as principais concorrentes nesse setor. Antes disso, no entanto, uma tentativa de introdução no mercado foi feita pela chamada Companhia Brasileira de Margarina, que lançou a marca Eka em 1930, com propaganda intensa nos jornais paulistas. Em um desses anúncios, a marca chegou a doar 20 mil bolos feitos com a margarina[38] para que as donas de casa pudessem comprovar o quão similar à manteiga ela era no preparo dos doces.

Enquetes feitas em 1940 e 1941 pelas alunas do Curso de Auxiliares em Alimentação, em São Paulo, procuravam identificar os hábitos de consumo alimentares da população, inclusive as gorduras que eram utilizadas. O apurado indicava que ainda se usava manteiga à mesa e, na cozinha, banha. Por outro lado, nas informações aferidas junto a 5.053 pessoas, os resultados indicavam que também se usava óleo de caroço de algodão na cozinha — e, o que é surpreendente, por mais gente do que a banha. Da população com a maior renda, 388 pessoas declararam consumir óleo de algodão e 217, banha. No segmento de renda mais baixa, 306 pessoas disseram consumir óleo de algodão, enquanto 212 usavam banha.[39]

A gordura utilizada nas receitas de frituras e de outros preparados também nos diz, aproximadamente, sobre a época de sua fixação. Observa-se, inclusive, que algumas receitas usam, na lista de ingredientes, apenas a palavra "gordura", sem especificar qual, ou seja, tomam como equivalentes os diferentes tipos, o que também indica que pertencem a um período de transição.

O CONSUMO NA CIDADE

Como sugeriu Gilberto Freyre, a alimentação paulista era, no período colonial, mais variada e sadia do que a dos habitantes das cidades do litoral do país. Na vila de São Paulo, o milho havia superado a mandioca, o feijão se firmara como prato característico dos moradores e se desenvolvera o gosto por frutas silvestres e produtos dos roçados dos indígenas no sertão. Também por influência destes, difundiu-se a estima pelo angu de fubá, a farinha de milho e a canjica. E, por causa da demanda das minas, havia mais interesse em criar porcos do que vacas, cuja carne, embora fosse comercializada, era objeto de preocupação e fiscalização persistentes da Câmara, que considerava as condições de abate e venda precaríssimas. Também havia constantemente falta de carne fresca na cidade.

Até pelo menos fins do século 19, a comida principal dos moradores da vila de São Paulo era o frango, o leitão assado ou cozido, e as ervas, tudo "acepipado com um condimento que excitava o apetite", conforme escreveu Hercule Florence, acrescentando que a farinha de mandioca ou de milho era preparada "com muita perícia".[40] Das caças, comiam-se a perdiz e o faisão, além da jamperna, do jacu, do macuco e do mutum, que, apanhados novos, eram fáceis de criar, como as galinhas.

Havia certa abundância de gêneros nos sítios — ou chácaras, como se dizia — situados na própria cidade e arredores. Nas ruas, petiscos eram vendidos pelo menos desde meados do século 18.[41]

Em determinado momento desse mesmo século, proibiu-se na cidade o comércio de milho-verde, produto que as autoridades alegavam ser "prejudicial ao povo, dele se originando uma porção de doenças".[42] Datam também dessa época referências às padeiras, mulheres livres e pobres, ou escravizadas a serviço de seus senhores, que recebiam da Câmara uma licença específica — concedida exclusivamente ao sexo feminino — para comercializar pães de trigo.[43] Em fevereiro de 1746, uma delas, Josepha de Souza, foi convocada a explicar às autoridades por que não estava fornecendo o devido pão aos moradores da cidade.[44]

Em 1773, a necessidade de delimitar um local específico para a venda de mantimentos na cidade parecia se resolver com a implantação das chamadas Casinhas, instaladas na rua que ganharia esse nome, nas proximidades do Pátio do Colégio (hoje rua do Tesouro). Inicialmente, foram construídos ali sete pequenos cômodos onde eram vendidos gêneros básicos, em especial o milho, o arroz, o feijão e o toucinho. As Casinhas foram alvo da atenta observação de Saint-Hilaire no início do século 19; ele não deixou de notar a diferença entre os frequentadores do local durante o dia e os que ali passavam ao cair da noite:

Não devemos esperar encontrar nessas lojas limpeza e ordem. São todas escuras e esfumaçadas. O toucinho e os cereais e a carne ficam ali atirados de qualquer jeito, misturados uns com os outros [...]. Não há em São Paulo outra rua mais frequentada do que a das Casinhas. Os agricultores das redondezas vão ali para vender seus produtos aos comerciantes, e os consumidores ali vão para comprá-los das mãos desses últimos. [...] Ao cair da noite a cena se modifica. Os burros de carga e os compradores cedem lugar a prostitutas de ínfima classe, que para ali afluem atraídas pelos camaradas e os lavradores, que elas tentam prender em suas malhas.[45]

Enquanto os mantimentos de maior vulto (milho, feijão e toucinho) eram encontrados nas Casinhas, as quitandeiras — mulheres livres, mas pobres, ou escravas de ganho — tinham permissão para vender pelas ruas, além de seus quitutes, legumes, verduras e frutas. Os sitiantes, que comercializavam diretamente com os taverneiros das Casinhas, também faziam parte desse mercado informal das ruas. Mais do que hortaliças, vendiam peixes de rio, especialmente lambaris e cascudos, e até mesmo palmito.

O memorialista Francisco Assis Bueno, que passou sua juventude em São Paulo em meados do século 19, se recorda bem dessa divisão de funções entre os ambulantes — caipiras e quitandeiras — e o comércio nas Casinhas:

> Para a venda de gêneros alimentícios, hortaliças, frutas etc., não haveria mercado. Tudo era vendido pelas ruas, pelas pretas de tabuleiro, ou pelos caipiras (matutos), que vinham com seus cargueiros dos sítios circunvizinhos. O mesmo se dava com as tropilhas carregadas com mantimentos, vindas de mais longe, como de Cotia, de Juqueri, de Nazaré etc., quando os atravessadores não as cercavam fora da cidade. Somente as carregações de toicinho e de carne de porco salgada é que iam para as casinhas, carreira de casebres, que ocupava um dos lados da travessa fronteira ao Mercadinho, a qual se chamava por isso rua das Casinhas. De noite, os caipiras que ali estacionavam batucavam a toque de viola, cantando as suas modinhas, admiráveis como demonstração de espontânea fluência com que o octossílabo e a trova saem da boca do povo. Exemplo: "Ai, nhanhã, mecê não sabe/ como está meu coração/ está como noite escura/ na maior escuridão".[46]

Mesmo com o estabelecimento das Casinhas, eram constantes as reclamações da população, publicadas nos jornais, acerca dos altos preços ou mesmo da escassez de um ou de outro ingrediente básico, como o feijão, por causa da ação dos atravessadores. Posicionados nas entradas da cidade, onde se concentravam os tropeiros e caipiras, eles adquiriam as cargas e revendiam os mantimentos na cidade da maneira que desejavam. Havia, por isso, uma constante dificuldade de abastecimento, que a Câmara tentava resolver por meio de ordens e posturas, em particular a respeito da venda de carne e peixe — seja concentrando os vendedores em determinadas praças, seja simplesmente proibindo-os de mercadejar pelas ruas. Também recorriam à regulação da pesca, proibindo que fosse realizada nas épocas de piracema (quando os peixes preparam a desova) ou que se usassem certas formas de captura, como os cipós venenosos indígenas (timbós).[47]

Nem sempre, porém, era possível fiscalizar a execução dessas determinações a contento, tanto mais no que se referia a itens pequenos, como frutas e legumes, comercializados diretamente pelos caipiras ou pelas quitandeiras.

No começo do século 19, os atravessadores sobrepujaram o comércio das Casinhas, monopolizando o negócio do abastecimento da cidade, como ressalta o historiador João Luiz Máximo da Silva. Negócios pequenos, as Casinhas transformaram-se em meros pontos de vendas, e não davam conta do abastecimento da cidade. "Os pequenos vendedores e quitandeiras eram a parte mais fraca do elo envolvendo atravessadores que monopolizavam o comércio dos principais gêneros alimentícios."[48]

Em uma tentativa de unir o comércio realizado nas ruas com aquele que era feito em estabelecimentos próprios, em um lugar só — e também de aumentar a oferta de produtos de acordo com a crescente demanda —, foi concretizado em 1867 o plano de construir um mercado central, com a abertura deste na Várzea do Carmo (o Mercado Municipal, como o conhecemos hoje, seria inaugurado em 1933, na mesma região da cidade). Ao lado dele, funcionava o chamado Mercado dos Caipiras, que perdurou até meados do século 20 e era restrito à venda miúda: hortaliças, legumes, frutas e peixes.

Mesmo após a inauguração do mercado central, as quitandeiras continuavam a ter papel essencial no abastecimento de alimentos e no comércio de rua de São Paulo. Presentes na memória de muitos autores que escreveram sobre a cidade oitocentista,[49] essas mulheres se concentravam em pontos movimentados, como os largos de algumas igrejas centrais e a frente dos teatros, e ofereciam, em suas bandejas iluminadas a vela de sebo, porções de pinhão quente, içá torrada, cuscuz de bagre, amendoim torrado, pamonha e peixe frito — quitutes quase sempre triviais do universo caipira, e diferentes daqueles que as quitandeiras de Salvador, Rio de Janeiro e outras cidades ofereciam, mais relacionados à cozinha de base africana.[50]

Com a chegada da ferrovia, a urbanização das antigas chácaras da cidade e a abertura de novos bairros e ruas, foi se formando uma separação mais marcante entre a vida urbana e a rural. Nas três últimas décadas do século 19, São Paulo, enriquecida graças à economia do café e aberta à imigração em massa, passou por mudanças muito drásticas. Nos arredores do Triângulo, a região formada hoje pelas ruas Direita, São Bento e Quinze de Novembro, nas proximidades da Sé, hotéis com salas de refeições, restaurantes, cafés e confeitarias afrancesadas, boa parte dirigidos por estrangeiros, começaram a ser inaugurados, fortalecendo o hábito nascente de comer fora de casa. Em seus cardápios, já havia espaço para peixes de mar e camarões, que o trem trazia de Santos com mais facilidade,[51] além de conservas de anchova, lagosta e até ostras em latas importadas, disponíveis nos armazéns,[52] e da cerveja inglesa e dos vinhos português e espanhol[53] (embora se plantasse uva na cidade e na província, o vinho local não era muito consumido, exceto em infusões e como remédio).

Ainda que acessíveis apenas a uma parte da população endinheirada, e talvez destinados a jantares especiais, mais do que às refeições do dia a dia, latas de ervilha e aspargo, patê de fígado de ganso, amêndoas, nozes e outros alimentos que nada tinham a ver com a culinária caipira passaram a ser encontrados nos empórios, e apareciam com frequência crescente nos anúncios de jornal. Em 1890, o leite e a manteiga fresca também já eram entregues na própria casa dos consumidores.

A higiene passou a ser uma preocupação marcante nesse período, e as comidas feitas e vendidas por quitandeiras pobres — e agora também por ex-escravizadas — se tornaram alvo de suspeita e repulsa.[54] No fim do século 19, decaiu o número de mulheres vendeiras nas ruas, enquanto crescia a presença de ambulantes estrangeiros, que ofereceriam em seus carrinhos sorvete e até pizza assada.

✳

Pelo exposto até aqui, o sítio aparece como o vértice do desenvolvimento da culinária caipira por várias razões. É nele que se dá a seleção e a fixação de plantas comestíveis existentes em São Paulo, no início do século 20, e que ganham destaque alguns ingredientes da culinária e suas transformações — os produtos do milho, o arroz, o feijão, a mandioca e a banha, aos quais poderíamos acrescentar uma infinidade de outros. No sítio, um tipo de arquitetura vai se consolidando, sobretudo a cozinha e seus apetrechos, e condicionando o modo de cozinhar que lhe será típico. Portanto, é uma trajetória longa e cheia de vicissitudes a armação e a fixação da culinária caipira, desde o seu surgimento até o início do seu desaparecimento, com a adoção predominante de modos de vida modernos, de feição urbano-industrial.

Algum raciocínio arqueológico deve ser ativado, uma vez que são poucas as evidências, ao longo de tantos séculos de tropelias e de "involução", conforme sugere Darcy Ribeiro. Para que se possa estabelecer uma linha cumulativa na qual as comidas vão se depositando, como hábitos recorrentes, no leito da vida, é preciso completar muitas lacunas com conjecturas. É especialmente difícil preencher as lacunas relativas ao comer, que, por ser uma atividade corriqueira, nem sempre merece uma pausa de reflexão. Por outro lado, recorrendo à literatura, especialmente ao se analisar uma cultura iletrada, há quase sempre a tentação de deduzir do que se planta e se colhe aquilo que se come — em um exercício de imaginação para reconstruir o passado culinário ali mesmo onde as matérias-primas existiam.

Quando a alimentação assume a forma de mercadoria, porém, a produção se destina a satisfazer necessidades de pessoas que podem estar localizadas a enormes distâncias, de sorte que o que se produz nem sempre coincide com o que se come. E, ainda que coincida, isso não quer dizer que seja preparado da mesma maneira. E há que se considerar, ainda, as discrepâncias temporais entre o período a que se refere uma receita, por exemplo, e hoje. O modo como os mais antigos — do nosso ponto de vista — comiam não é o mesmo daqueles que lhes antecederam séculos. As próprias matérias-primas disponíveis mudaram. Saint-Hilaire, por exemplo, encontrou, próximos a Itu, pés de pequi[55] — coisa que há muito não existe. Encontrou também, ao norte de São Paulo, um espécime anão de pequi, que se conhecia pelo nome curioso de fruto inglês.[56] De forma que podemos supor, sempre, longos períodos de transição nas formas de comer, que passam pelas receitas e se perpetuam, como a nos dizer que sempre foi assim — sem terem sido.

São pequenos detalhes, mas em quantidade suficiente para nos fazer duvidar das generalizações sobre a culinária brasileira, e a caipira em particular. Esse é o problema do enfoque analítico a partir de coleções de receitas, pois elas refletem a época em que foram registradas e as influências externas que sofreram, mas raramente são fiéis aos tempos pretéritos. Nesse sentido, cada receita deve ser tomada como única, como solução ad hoc de alimentação e gosto, antes de se tornar um hábito que, por sua vez, fixa de modo recorrente uma preferência. Outra dimensão do problema diz respeito às transformações imperceptíveis para os que cozinham em uma determinada época. Tome-se um só item, como as gorduras, que vimos: quando as observamos em um período mais longo, percebem-se as mudanças. Nos primeiros tempos, as gorduras utilizadas eram de tartaruga, de vaca, de porco; depois, vieram as gorduras vegetais, que foram deslocando para fora da culinária, ou de várias receitas, a banha; mas, se todas elas aparecem em um velho caderno de receitas, temos a tentação de acreditar que sempre foi assim. Por isso, cumpre fazer essa advertência antes de entrarmos na parte seguinte deste livro.

PARTE II

A cozinha dos caipiras, contada por seus ingredientes e modos de fazer

O objetivo da segunda parte deste livro é apresentar o que se comia no mundo caipira antes do seu declínio, no século 20. No fluxo da vida, comemos várias vezes ao dia, condicionados por vários desejos, inclusive de sabores, mas também pelo que está disponível em produtos naturais e por como sabemos transformá-los em comida. Já sugerimos antes que esses modos são, inicialmente, indígenas guaranis e portugueses de várias procedências, nos espaços da Mata Atlântica, dos Cerrados e dos campos do Sul. Na vivência comum e forçada entre indígenas e brancos, o uso do milho se generalizou, embora, no começo, os portugueses achassem que ele se destinava sobretudo aos animais (entre os quais incluíam os bugres), assim como legumes (mandioca e abóbora) e frutas. De sua parte, os indígenas aprenderam a comer carne de gado — aproveitando as carcaças abandonadas nos campos do Sul pelos espanhóis mercadores de couro[1] e, assim, inventando o churrasco —, a criar e comer porco, e a fritar em larga escala.

Esse processo, que alguns chamam de miscigenação, resultou na comida dos mamelucos e, em decorrência, dos caipiras propriamente ditos. Assim, são transações localizadas em diferentes territórios e tempos que vão se aproximando e unificando, de forma a constituir esse conjunto que chamamos cozinha caipira.

AS RECEITAS MODERNAS E AS CAIPIRAS

Para ter uma ideia mais aproximada do que se comia na tradição caipira, faremos um voo rasante sobre os modos de fazer adotados nessa cozinha, isto é, sobre suas "receitas". Entre aspas, porque muitas vezes não foram concebidas como um conhecimento a ser transmitido a terceiros, mas extraídas de textos de observadores que relatam modos de vida sem se demorar sobre a cozinha propriamente dita.

Para quem sabe cozinhar, basta a referência à associação entre ingredientes e a indicação de um modo de submetê-los ao fogo para se ter uma receita. Se tomamos os textos de Montoya, ou do padre Franz Müller, por exemplo, o que resulta é, porém, um mergulho na cozinha guarani no qual não há uma só receita. Indígenas não produzem receitas, uma vez que seus conhecimentos se transmitem de forma oral, ou são fruto da observação.

As receitas, como as conhecemos hoje, emergem em um mundo letrado e assumem, no século 20, uma forma bastante padronizada: indicam os ingredientes, estabelecendo quantidades (parecem sugerir que, quanto mais precisas, mais factíveis são); as formas de cocção; o tempo; e, por fim, detalham o modo de fazer passo a passo. Assumem, desse modo, um caráter imperativo. Mas raramente o leitor leigo consegue distinguir o que há de objetivo nelas, ou aquilo que remete a um universo cultural não culinário.

Uma receita se refere ao modo como alguém fez um alimento em determinada época e condições técnicas e gustativas. É a "minha maneira" de fazer, o que não quer dizer que não se possa atingir o resultado perseguido usando outros procedimentos assemelhados ou uma quantidade menor de açúcar ou gordura. O fogão a lenha, a gás ou de indução são fontes de calor que, sabendo-se dosar, são equivalentes. Então, sempre é preciso traduzir uma velha receita para as cozinhas das quais dispomos; e, seguramente, hoje sabe-se lidar melhor com o fogão a gás do que com os antigos, a lenha. Não admitir isso é dar, nas receitas, um peso maior à tradição que à factibilidade. Pode-se entender que as pessoas prefiram os rituais antigos; mas fazer disso um obstáculo à fruição de uma comida que surgiu no passado é estultice. Não é preciso ter um fogão a lenha para fazer um bom feijão.

Por outro lado, gostamos muito da maneira como Elizabeth David ensinou aos ingleses a cozinha francesa, dando às receitas a condição de ilustração de hábitos culinários, e tornando-as mais expressivas do que a forma prática como se generalizaram no século 20. Como ela mesma diz, "uma tradição florescente de culinária local exige também produtos locais genuínos; as cozinheiras e as donas de casa têm que ser respaldadas pelos fazendeiros produtores de laticínios, pelos criadores e açougueiros que trabalham com carne de porco, pelos agricultores que cultivam hortaliças e frutas, pois senão a culinária local simplesmente recua para o reino do folclore".[2] Ou seja, não se trata de buscar apenas contextualizações históricas, mas também culinárias. Esse é o nível de compreensão desejado, aquele que o pesquisador deve procurar com afinco, muito mais do que uma quantificação exata de ingredientes. O cozinheiro de hoje que faz uma receita antiga precisa saber o que está articulando sobre o fogo, uma vez que ele é o último elo de uma cadeia que pode ter começado muito longe no tempo e no espaço.

E não adianta dedicar-se com afinco às receitas tidas como antigas ou autênticas. Paul Bocuse, cabeça da nouvelle cuisine francesa, ironizou, nos anos 1970, o que entendemos por receita e exatidão de ingredientes. Lembrou que, quando mudamos de moinho fornecedor de farinha de trigo, mudam também as especificidades do uso; se quisermos atingir um resultado pré-conhecido, será necessário adaptar todas as receitas à farinha de trigo do novo fornecedor. Daí, conclui, as receitas não passam de proporções entre ingredientes, ficando o ajuste fino por conta dos cozinheiros (pratos, pires, punhados, como aparecem nos livros antigos, são, portanto, informações suficientes). Bocuse achava que sequer as temperaturas de forno sugeridas nas receitas seria possível reproduzir, tal a imprecisão da medição. Hoje, ao menos, temos instrumentos muito precisos de controle da temperatura. Até para fazer as coisas mais tradicionais a cozinha evoluiu.

O sentido das receitas reunidas a seguir é sua contextualização; seguimos princípios que permitiram agrupá-las em conjuntos coerentes com a história da culinária caipira, isto é, apoiados no substrato histórico comum, em ingredientes partilhados e, tanto quanto possível, em processos de execução assemelhados. Nesse sentido, o conjunto diverge bastante das formas usuais de apresentar receitas brasileiras como típicas. Um exemplo é o arroz com pequi goiano. A ocorrência do pequi cobre todo o cerrado, que não se restringe a Goiás: como vimos, ele era usual, nos séculos 18 e 19, na cidade paulista de Itu, segundo Saint-Hilaire. O mesmo ocorre com o arroz: presente nos hábitos alimentares da Paulistânia especialmente a partir do século 18, não ficou confinado às fronteiras do atual estado de Goiás, mesmo que tenha permanecido aí de modo mais persistente.

Também os equipamentos utilizados na cozinha caipira sofreram transformações. Destacam-se em especial as panelas, inicialmente feitas de barro, por indígenas e, depois, por negras oleiras, antes do advento da panela de ferro; os fogões, que evoluíram do tucuruva para várias formas de trempe, passando pelo fogão de chão, de taipa ou de jirau, até chegar ao fogão de poial ou de rabo, que conhecemos como fogão a lenha. Cada um deles, é claro, exigia diferentes habilidades para manipular o fogo.

Algumas receitas parecem guardar técnicas próprias de um passado bem distante, talvez mais próximo das indígenas, como alguns bolos feitos em panelas, sobre a chama do fogão, e cobertos com uma tampa metálica (testo), sobre a qual se dispõem brasas. Esses calores que vêm de cima e de baixo lembram de perto uma das formas de cocção dos guaranis, além de parecer indicar uma época anterior à difusão dos fornos entre nós.

PROBLEMAS DE CLASSIFICAÇÃO

Este livro é também uma oportunidade para refletir sobre o próprio sistema de classificação de pratos da tradição brasileira que não se alinham automaticamente com a tradição europeia, vinda primeiramente via Portugal e, depois, em razão da influência francesa, sobre a culinária das elites no mundo todo.

O sistema francês de classificação é aplicado à maior parte dos livros ocidentais de receitas, que as agrupam ora por momentos da refeição (entradas, saladas, sopas, pratos de carne, sobremesas), ora por processos de transformação, permitindo uma compreensão mais sintética de todas. Por exemplo, os molhos. São mais de quatrocentos no sistema francês, e podem ser divididos segundo os *fonds* de que partem (de ave, de peixe, de bovinos etc.), os elementos de ligação (amido, manteiga) ou ao que se destinam. Já a gastronomia molecular reduz os molhos, estruturalmente, a apenas vinte e poucas fórmulas, tomando-as como combinações de sistemas dispersos.[3]

Nas culinárias populares brasileiras, essas classificações não funcionam; em primeiro lugar, porque o ritmo da refeição não é o mesmo que o da grande tradição ocidental. Segundo, porque a originalidade torna uma série de pratos inclassificáveis. Por exemplo: como situar a paçoca de amendoim — por si só uma categoria de preparação tipicamente não francesa —, que é doce e salgada ao mesmo tempo? Há, claro, conjuntos coerentes, como seria possível considerar a cozinha de azeite baiana, ou tudo aquilo que deriva do uso da farinha de mandioca. Mas essas farinhas são tantas, e há tantos modos de fazê-las, que é de duvidar da eficácia de tentar tomá-las em sua diversidade, indo além da comum e da puba. O que perseguimos, aqui, reflete esses problemas no universo restrito da cozinha caipira. E certamente o leitor terá muitas objeções a fazer, mostrando, na prática, a dificuldade da empreitada.

Nosso modo de organizar a culinária mantém, tecnicamente, a lógica ocidental-francesa, embora derive de um momento bastante influenciado pelo interesse nacionalista, quando se reuniam receitas e ingredientes sob grandes rubricas étnicas — indígena, africana e portuguesa. Esse é o modelo sugerido pela obra de Câmara Cascudo e seus seguidores. Há, aí, claro, certa contradição entre o princípio étnico e a síntese nacional acrescida das dimensões regionais. Quando se impôs a lógica das cozinhas regionais, o agrupamento de pratos parecia depender ainda mais de critérios uniformes e espaciais.

Mais recentemente, a ênfase voltou a recair sobre ingredientes, agora relacionando biomas e espécies nativas às culinárias regionais. Subjacente a esse modo de investigação está, implícito ou explícito, o modelo francês do terroir. E são raros os exemplos de investigação que enfatizam técnicas. Se atentarmos para um simples procedimento — digamos, o corte dos peixes no Pará —, veremos que ele compreende várias técnicas, o corte popoca ou macarapopoca, o quitinhado, o talhado, o retalhado, o tique-tique. Na mesma região, o beiju se multiplica em variados tipos: beiju cica, beiju mole, beiju meleque, beiju bocinha. Nada disso é compilado em livros sobre técnicas brasileiras, simplesmente porque elas não são consideradas relevantes — como é, por exemplo, a técnica de cortar legumes *en julienne* na cozinha francesa. Também nunca dedicamos atenção aos fermentados (especialmente aqueles que utilizam saliva humana!), ao moquém e assim por diante. As possibilidades de classificação dos alimentos são muito mais amplas; dependem tanto da criatividade dos investigadores quanto do significado útil que possa validar uma síntese qualquer.

A falta de um critério mais sólido de classificação da culinária brasileira dificulta seu desenvolvimento, pois sabemos que, quando se atinge a compreensão dos princípios subjacentes a vários pratos, há um nítido avanço do conhecimento e, portanto, surgem novas possibilidades de pesquisa e de preparações.

Tudo isso sugere a necessidade de amarrar amplas classes de alimentos "por dentro", reunindo pratos que pareciam afastados e contrapondo agrupamentos, de modo a elaborar uma forma nova de compreendê-los. Esse caminho pode ser muito útil aos cozinheiros brasileiros: encontrar eixos que permitam situar uma boa gama de pratos, indicando linhas de desenvolvimento surgidas ao longo da história de formação da culinária brasileira. Esses eixos poderiam ser vários, como o uso do fogo — percorrendo as formas de utilizá-lo desde o Rio Grande do Sul até o interior da Amazônia.

Podemos também seguir os contrastes entre o seco e o molhado (ou caldoso), entre a farinha e o ensopado, que iluminam boa parte da culinária dos territórios que queremos percorrer. No que concerne ao alimento, o desafio de desenvolver certas formas de trabalho longe de casa — durante uma viagem que se prolongava por vários dias, por exemplo — encontrou respostas nas tradições indígenas, como se nota, na crônica colonial, no elogio da "farinha de guerra" e seus usos. Assim, para consumir em casa, reservaram-se os cozidos feitos em grandes recipientes, dos quais era possível se servir a qualquer hora do dia; no campo ou na mata, preferiram-se os alimentos secos de matulagem, transportados em embornais ou marmitas. Isso quer dizer que a experiência de vida, mais do que qualquer outro fator, serviu para organizar o repertório culinário — assados, cozidos e empanados — dos conquistadores e dos naturais da terra, se interpenetrando de modo a resultar nas duas grandes vertentes: a cozinha seca e a cozinha molhada.

Evidentemente, essas duas grandes diretrizes culinárias da vida prática expressam várias técnicas de cocção. Na cozinha sedentária, em boa parte das cidades e vilas do litoral, nos engenhos de açúcar e outros locais onde havia atividades baseadas no trabalho escravo, prevaleceram as moquecas, os picadinhos, os mingaus, os refogados e os cozidos de todo tipo. Nos sertões, durante a conquista, bem como nos campos onde imperava a lida do gado pelos homens livres e pobres, as formas culinárias que se desenvolveram foram as paçocas, o cuscuz, os virados, o baião de dois. Difundidas pelo tropeirismo, estão presentes até hoje na memória nostálgica dos mineiros e paulistas.

Assim, ao construir essa dualidade em contextos diferentes, o que procuramos é relativizar a tese da adoção generalizada das técnicas de cocção do colonizador como ponto de partida da nossa culinária moderna. Ao contrário, sugerimos que a cozinha portuguesa, ao encontrar aqui uma culinária de potaria, de cozidos, a par com os assados no moquém — assim como a farinha de mandioca e a farinha de milho, substitutos adequados para o pão na função de reter ou absorver os caldos —, foi sobredeterminada pela cozinha indígena, que facilitou as soluções alimentares do empreendimento da conquista.

A tese de que as técnicas portuguesas se combinaram com ingredientes nacionais — constituindo a base do que, com o tempo, viemos a chamar cozinha brasileira — se expressa na ideia de que a farinha de mandioca ou de milho, na condição de pão da terra, teria feito papel semelhante ao do pão europeu na configuração de pratos. As técnicas europeias teriam absorvido, no Brasil, ingredientes nativos, bem como aqueles trazidos da África, adaptando-se ao Novo Mundo e ampliando, assim, sua própria universalidade. Esse ponto de vista bastante comum marcou a interpretação da relação entre o Novo Mundo e a velha Europa. Mas podemos perguntar se não teria ocorrido justamente o contrário. Teria o gosto europeu se submetido às práticas culinárias locais? Terá a mandioca se tornado o pão da terra, ou terá o pão sido abandonado em favor dos bolos indígenas de milho? Entre os dois pontos de vista, pesa a mesma diferença que há quando se fala de vencedores e vencidos.

Ora, a unidade das cozinhas é uma construção até certo ponto arbitrária, uma espécie de decantação histórica de práticas alimentares recorrentes, sobre as quais, um dia, alguém se debruçou para colocar ordem. É preciso, entretanto, conhecer uma grande quantidade de objetos empíricos antes de tentar qualquer classificação. Isso porque a classificação como simples reunião de objetos assemelhados possui pouca utilidade: moquecas, garrafadas e assados não são, em si, classes com grande poder explicativo. É um ato tão arbitrário quanto foi, um dia, reunir em uma mesma classificação seres que voam, apartando-os daqueles que andam sobre a terra ou vivem na água. São classificações que, carentes de unidade interna, assemelham-se a coleções de museu que reúnem, por exemplo, vasos do mundo todo.

Em meio a todas essas dificuldades, optamos por agrupar as receitas distribuindo-as conforme dois eixos — ingrediente de destaque e técnica principal — e, secundariamente, por contextos de uso. Daí temos, de contextos mais específicos, o desjejum e a comida coletiva. Então, podemos reconhecer conjuntos, como as comidas secas e em outras formas de conserva; o milho e sua versatilidade; os legumes da horta (feijão, abóbora, jiló etc.); as sopas, os ensopados e os escaldados; os refogados; as frituras; os assados; o uso do açúcar (doces, licores). Não raro encontraremos o uso de mais de uma técnica, como a salga, a reidratação e o cozimento da carne, o que torna esse esforço relativo, em meio a outras possibilidades classificatórias.

Assim, se criamos uma classe chamada "O milho e sua versatilidade", é porque temos consciência de que, dentro dela, é possível distinguir vários milhos e contextos a que se destinavam. O milho-verde, cru, domina em seu período de maturação, quando o cabelo seca e ele está pronto para o consumo — entre dezembro e janeiro, coincidindo com o período de festas cristãs de fim de ano e com o antigo ritual do milho guarani. Essa especificidade acabou por se desfazer, à medida que foram surgindo variedades de milhos precoces, de sorte que hoje tem-se milho-verde praticamente o ano todo. Outro grupo é delimitado pelo uso da farinha de milho, tipo beiju, cozida no preparo e seca, tão importante como reserva alimentícia na expansão bandeirante que era transportada sertão adentro. Por fim, o uso do milho seco e cru, cujo grão descascado e moído, em diferentes granulações, dava origem à canjica, à quirera e ao fubá — este último, em especial, tão importante na alimentação na região das minas, sobretudo pelo angu que sustentava os negros escravizados.

＊

Vale registrar os problemas que enfrentamos na redação do conjunto de receitas reunidas aqui. Sua origem é variada.[4] Diante de fontes tão diversas, datadas de épocas distantes umas das outras, foi forçoso buscar uma forma de escrita que representasse um mínimo denominador comum, retendo elementos que permitissem a um cozinheiro experiente executá-las hoje. Esse modo de descrever receitas, aliás, não é novo. Foi adotado na França, na década de 1970, no âmbito do *Inventarie du patrimoine culinaire de la France*, trabalho monumental conduzido pelo Conseil National des Arts Culinaires, do Ministério da Cultura do país, que resultou em uma vasta coleção de livros monográficos sobre a alimentação em cada departamento (estado) francês. Nessa obra, especialidades individuais, que decorrem de um saber local, não foram consideradas, tendo havido, portanto, um esforço de reconstrução da tradição para além das idiossincrasias das fontes.

Evidentemente, nosso livro não ensina a cozinhar. Receitas são registros de como alguém elaborou um prato, e também desafios. Se fôssemos nós mesmos a traduzir as receitas para o léxico culinário moderno, o leitor certamente perderia muito dos aspectos subjetivos implicados, o que seria um claro prejuízo.

Por fim, antes de listar o rol das receitas, de modo a facilitar seu entendimento e, sobretudo, da repetição e das constantes que apresentam, convém chamar atenção para um aspecto relevante da organização culinária e de seus componentes: os temperos.

Conhecemos os populares curries e os identificamos com a Índia, embora tenham sido criados pelos ingleses para sintetizar o modo como percebiam os sabores frequentes na culinária indiana. Desde então, generalizaram-se alguns outros temperos compostos tidos como nacionais. É o caso do chinês *hung liu*, ou cinco perfumes — geralmente composto de anis-estrelado, cravo, canela chinesa e pimenta de Sichuan, erva-doce —, do *quatre épices* francês e de uma série de outros do Oriente Médio. A Península Ibérica gerou o *sofrito*, e nós, brasileiros, algo semelhante que não possui um nome.

Era costume em São Paulo, antes do advento dos temperos industriais, fazer-se uma conserva amassando juntos sal, cebola, alho e cheiro-verde. Guardada em um vidro, tinha uso quase universal: servia para refogar desde o simples arroz até as carnes mais elaboradas. Há algumas pequenas variações: em Minas

Gerais, acrescentam-se pimentões verdes, por exemplo. Todo refogado começa com a fritura desse tempero em gordura, antes que se iniciem os demais procedimentos. Os componentes do nosso *sofrito* estarão presentes em quase todas as receitas que veremos a seguir.

Do mesmo modo, se notará a ausência quase absoluta do coentro e do cominho, demarcando bem a mancha culinária da Paulistânia. Acrescente-se a esse quadro a presença do açafrão-da-terra, da cúrcuma e do colorau, que é urucum com fubá. O açafrão-da-terra integra, por exemplo, quase todos os pratos com frango feitos em Goiás.

Há também um conjunto de temperos doces, bastante universais: a canela (em pau e em pó), o cravo, a erva-doce. Coisas assim, é claro, ajudam a definir o espírito de uma cozinha. E apontam também para uma época em que as especiarias e certos produtos da horta eram usados, dentro dos princípios da medicina galênica, para equilibrar os humores do corpo e estabelecer harmonia com o cosmos.

Além disso, um conjunto muito grande de pratos pede ingredientes que devem ser picados em tamanho pequeno, sejam carnes ou legumes, procedimento que chega a dominar uma classe de pratos (os mexidos ou virados). Isso, provavelmente, tem a ver com a adoção tardia, na cozinha popular, do garfo e da faca à mesa; assim, o talher em uso era, primordialmente, a colher.

Certos ingredientes foram ainda adotados e se generalizaram, mas depois foram substituídos por outros que também se tornaram comuns. É o caso das gorduras, como vimos antes: primeiramente, havia o uso quase exclusivo da banha de porco; entre o fim do século 19 e o começo do 20, ela seria substituída pela gordura de coco, pela manteiga e pela margarina e, finalmente, pelos óleos vegetais. Assim, é possível até mesmo datar receitas conforme a gordura que especificam, ainda que todas as receitas tendessem a substituir a gordura original por aquela da moda. Esse aspecto ilustra com clareza a dificuldade de preservar sabores antigos, uma vez que hoje pouca gente está disposta a cozinhar com banha de porco.

Esse conjunto de questões é convocado aqui para dar ao leitor uma noção da dificuldade que se enfrenta quando as receitas são consideradas um objeto intelectual, e não apenas um amontoado de coisas e dicas que um dia serviram para produzir certo alimento e que alguém teve a pachorra de registrar por escrito.

Por fim, cabe observar que, nesta segunda parte do livro, algumas receitas contêm comentários de Marcelo Corrêa Bastos. O objetivo desses comentários, identificados em itálico, é trazer ao leitor o olhar de um cozinheiro contemporâneo sobre as receitas antepassadas, estabelecendo um diálogo possível com a tradição, seja em termos de técnicas, seja de percepções mais gerais sobre a inserção da receita.

O desjejum

O que chamamos hoje de café da manhã ou desjejum não constituía uma refeição importante para o caipira. Não raro, comiam-se sobras da refeição noturna, requentadas. Porém, Saint-Hilaire dá conta de vaqueiros que, ao acordar, se limitavam a comer leite coalhado com mel de abelhas nativas. No entanto, algumas preparações mais pensadas para a ocasião giram em torno do beber café, hábito que se generalizou à sombra do desenvolvimento dessa cultura agrícola.

Destaque-se o café tomado com farinha de milho ou mandioca, misturada em uma espécie de jacuba. O café era torrado com açúcar; deveria ficar preto, em um ponto de torra que destacasse o amargor. Em seguida, era pilado. Mas havia também o café de garapa e o café de rapadura. Para o primeiro, mói-se a cana, colocando-se a garapa para ferver; acrescenta-se, então, o café pilado, coando em seguida. Já para o café de rapadura, ferve-se a água, acrescentando pedaços de rapadura para dissolver, e despeja-se a mistura no coador com o pó de café. Em todas as suas formas, o açúcar era acrescentado na preparação ou no bule, nunca na caneca, no copo ou na xícara.

Além do café, comia-se mandioca cozida ou batata-doce; beiju, além das preparações a seguir. Assim o dia começava como um primeiro contato com dois alimentos básicos: o milho e, como se verá, o porco.

JACUBA

Raspa-se rapadura num prato fundo, adicionando-se água fria, à qual se acrescentam 3 colheres de farinha de mandioca ou de milho, mexendo-se e tomando. Já a jacuba de garapa obtém-se colocando a garapa fervendo num prato fundo, acrescentando-se flores de limeira e espremendo-as, depois colocando-se farinha de milho e servindo quente.

FARINHA GORDA

Fritam-se torresmos ou nacos de banha de porco, aos quais se acrescentam farinha de mandioca e sal, levando a socar no pilão.

MALAPANÇA

Consiste em fritar ovos e pedaços de queijo, misturando em seguida farinha de milho.

FUBÁ GORDO

Fritam-se torresmos aos quais se acrescenta, na panela, meio quilo de fubá salpicado de água, corrigindo o sal e mexendo para que ele não fique cru.

FUBÁ TORRADO

Fubá levado ao fogo lento, deixando-o torrar até ficar dourado, acrescentando sal e despejando-se depois numa lata na qual seria guardado para se comer com café com leite.

FUBÁ SUADO

Sova-se o fubá com as mãos, colocando-se água com sal aos poucos, deixando-se levemente molhado. Leva-se a mistura a uma panela larga e grossa, torrando-se até ficar em ponto de farofa.

FAROFA DE TORRESMO
Toucinho magro (com um pouco de carne) picado, temperado com sal e alho, frito e acrescido de farinha de milho. Em variantes, faz-se com farinha de mandioca, e ainda pode-se acrescentar ovo cozido e picado, mexendo junto com a farinha.

PEITUDO OU SURURUCA
Juntam-se leite quente, farinha de milho, queijo picadinho e açúcar, de modo a cozinhar a farinha e a derreter o queijo. Despeja-se sobre a mistura café bem quente e ralo.

TIRA-JEJUM
Ferve-se leite com sal, adiciona-se a farinha de milho e, quando a sopa está bem quente, acrescentam-se pedaços de carne-seca ou carne assada.

QUEBRA-JEJUM DE MANDIS
Leva-se uma boa quantidade de mandis a cozinhar em água com sal, até se desfazerem, quebrando-lhes apenas os ferrões. Passa-se na peneira e acrescentam-se cebola picada, pimenta-de-cheiro e alho socado com sal. Mexe-se mais ao fogo. Toma-se em copo ou come-se com colher. Quando há ovos, quebra-se um em cada prato ou copo.

PAMONHA FRITA
Toma-se a pamonha salgada, corta-se em rodelas grossas e frita-se na frigideira, em banha de porco ou manteiga.

Os cozidões

COZIDOS DE CARNES E LEGUMES

Hoje apreciamos muito a carne de boi, talvez invertendo aquela que foi a preferência em tempos antigos, quando o porco ocupava o lugar principal. Mas a carne bovina oscilou entre uma comida de status (nas zonas de pecuária, era em geral consumida por generosidade do dono do rebanho, já que este constituía um autêntico "capital em pé", comercializado para abastecer os engenhos e usado como força de tração animal, além de alimentar os escravizados, na forma de carne-seca) e algo quase sem valor: no pampa gaúcho, o gado selvagem era abatido apenas para uso do couro, restando a carne abandonada aos indígenas e às feras. Foi só no século 19, com a invenção do navio-frigorífico, que a carne bovina passou a ser exportada para a Europa e ganhou a condição de alimento de gente civilizada por excelência.[1]

Comparando o gado que se produzia em São Paulo e nos sertões que iam de Paranaguá ao Prata, o historiador Rocha Pitta, que escreveu no século 18, considerou o paulista de melhor qualidade — maior, mais gordo e mais saboroso — do que o gado que se criava solto nos pampas.[2] De fato, havia entre eles uma diferença fundamental: enquanto o gado paulista destinava-se em geral ao consumo, só de forma marginal isso acontecia com o gado solto do extremo sul, onde foi introduzido pelos jesuítas, em começos do século 17, e logo se tornou essencialmente fornecedor de couro. Em consequência, o gado gaúcho vivo tinha pouco valor: em meados do século 18, uma peça de couro custava em geral 50% mais do que o touro em pé. Cada navio mercante transportava de 30 mil a 40 mil peças de couro, que eram obtidas matando-se quantos animais se pudesse em campo aberto: o boi era esfolado e secava-se apenas o couro ao sol. Desses animais abatidos, aproveitavam-se, também, a língua e a gordura, que se usava como manteiga. Como eram animais que haviam retornado à condição selvagem, não se prestavam à ordenha, e o leite não era usado.[3]

Desse modo, diferentes formas de apropriação dos mesmos recursos foram gerando hábitos e práticas diferenciados no vasto território, destacando-se o aproveitamento do leite na região das minas — sobretudo nas áreas montanhosas, com concentração na serra da Canastra, onde se fazia o queijo à maneira do São Jorge, açoriano — e o churrasco simples, de grandes peças de carne, elaborado em campo aberto, cuja origem se atribui aos guaranis. Mas o Sul se especializaria, ainda, na produção do charque — segundo técnica *quéchua* adotada pelos espanhóis, acrescendo-se sal ao processo de desidratação da carne ao sol —, que supriria os engenhos do Nordeste. Depois das secas que assolaram a região em 1722, um cearense se estabeleceu em Pelotas em 1780 e começou a produzir charque com esse fim.

Na região da Paulistânia, prevaleceu o consumo da carne verde, sendo raro o charque: cozidões festivos, carnes de panela picadas ou em músculos inteiros, assimilando-se a ciência dos magarefes, até o prosaico bife que, mais modernamente, acompanha-se por arroz, feijão e batata frita. Como avalia o depoente de um estudo recente sobre a importância da carne:

[...] de primeiro, a gente comia gordura, comia manteiga mesmo para valer, comia uma comida temperada, forte, e não fazia mal... o meu pai, quando às vezes matavam um gado assim, ele comprava um quarto e salgava aqueles ossos tudo e cozinhava no feijão. Batia aquele tutano na sopa e bebia [...] carne de gado cozinhada no feijão, a manteiga de porco, toicinho cozido no feijão, cabeça de gado mesmo botado pra cozinhar no feijão.[4]

E registra Antonio Candido, sobre a dificuldade no uso da carne de gado:

O padrão culinário ideal implica abuso da banha de porco: como todavia a comercialização crescente do milho reduz consideravelmente a criação do porco [...], vai-se tornando pouco acessível, devendo cada vez mais ser comprada na vila. Na cozinha, vai sendo usada com parcimônia: o caldo de feijão é sempre ralo, e não tinge a massa do arroz. O sal é usado com medida, fazendo parecer insossa ao paladar do citadino a culinária do caipira pobre. O caso em que os recursos desta se mostram mais insuficientes é o da preparação da carne de vaca — tão rara e inusitada que as donas de casa estragam sistematicamente a que lhes cai nas mãos, pela imperícia na maneira de cortar e temperar.[5]

Há, porém, pratos na Paulistânia que indicam as formas mais comuns de seu consumo — quase sempre festivo, coletivo, e em situações de trabalho de vaqueiros ou tropeiros, como os enumerados a seguir. Estão todos na classe dos cozidões, isto é, pratos completos, que se fazem acompanhar, em geral, apenas por farinha de mandioca ou milho, não exigindo outros complementos.

Pratos semelhantes ao cozido estão presentes em todas as culturas. O pot-au-feu *dos franceses, o* puchero *dos espanhóis, o* bollito misto *dos italianos e até o* oden *dos japoneses são preparos em que uma grande variedade de carnes ou outras proteínas, tubérculos e hortaliças são cozidos num mesmo caldo, impregnando-se uns aos outros com sabores e aromas. O caldo resultante é rico e complexo.*

O que me fascina nestes pratos é que, quando bem preparados, o resultado é um deleite sensorial que transcende o paladar e o olfato. Se respeitados os pontos de cocção de cada ingrediente, as variações de textura experimentadas durante a mastigação provocam uma prazerosa sucessão percussiva, percebida pelo tato e pela audição. Ora mordemos um chuchu que se desfaz cheio de caldo, ora um inhame mais terroso e pegajoso, uma carne mais macia ou uma cartilagem mais crocante. Esses contrastes tanto de sabor quanto de textura enriquecem a experiência do comensal — desfazem a monotonia, literalmente falando. A evocação do sabor da sopa de legumes consumida na infância, da papinha de bebê, completa a experiência de um bom cozido. Familiar a todos, esse sabor do cozido conforta quem o consome.

COZIDO

O cozido vale-paraibano faz-se numa panela com bastante água, à qual se acrescentam pedaços de carne gorda de vaca, cebola, alho socado, cheiro-verde e tomate. Ao amolecer a carne, juntam-se pedaços de abóbora madura, banana, nabo, batata-doce, cenoura, batatinha, couve e linguiça — tudo pela ordem dos mais duros aos mais moles. Pronto, serve-se com arroz ou angu de mandioca, feito no caldo do cozido. Em variantes, além da carne de vaca, acrescentam-se costeletas de porco, linguiça fresca e curtida, toucinho defumado, paio; entre os legumes, além da couve, o repolho, a mandioca, a batata comum; e, como tempero, além dos enumerados, podem-se adicionar o louro e a pimenta vermelha. Do caldo do cozido, retira-se parte para elaborar um molho, com tomate sem pele e picado, além do pirão de farinha de mandioca.

OLHA

É o nome da variante goiana do cozido: faz-se com costela de vaca, mandioca, batata-doce e cenoura. Coloca-se tudo picado numa panela grande para cozinhar. Depois, acrescentam-se cebola picada, cebolinha verde, couve, banana-da-terra, tomate, sal, pimenta e mais água. Deve ficar com caldo abundante, do qual se faz também um pirão com farinha de mandioca.

AFOGADO

Pela importância solene de matar um boi para a comunidade, o afogado é prato festivo do Vale do Paraíba, sendo feito em grande quantidade para festas religiosas, na Páscoa, em quermesses, na festa de São João, em ajuntamentos políticos e datas eleitorais, e assim por diante. Há várias receitas que se diferenciam em detalhes, como o tipo de tempero da horta. Seu ponto de partida são 2 a 3 quilos de carne de boi (podendo ser peito, ponta de filé, fraldinha, acém, alcatra, rabo ou costela), cortados em pedaços não muito pequenos, postos a temperar com sal, alguns dentes de alho socados, 1 cebola grande picada, cebolinha, salsinha, alfavaca, louro, pimenta-do-reino, hortelã e 1 colher de colorau para dar cor.

Frita-se a carne em banha de porco ou óleo vegetal, coloca-se água até cobri-la depois de dourada e cozinha-se em fogo brando, em panela tapada, adicionando água sempre que necessário, até que a carne fique macia e forme caldo suculento — que deve corresponder, no fim, à metade da quantidade de carne. Esse detalhe é constante nas variadas receitas de afogado, de onde se pode deduzir que o nome do prato advém desse afogamento da carne no molho.[6] Serve-se em prato fundo, com farinha de mandioca e arroz ou batata à parte.

Em outras receitas, acrescenta-se tomate à carne, além dos demais temperos, deixando-a cozinhar até desmanchar bem, pingando-se água quente de vez em quando. No fim, arruma-se num recipiente grande uma camada de farinha de milho, outra de carne, e outra ainda de farinha de milho, e despeja-se por cima o caldo fervente para escaldar a farinha. Numa variante, a carne é costela, peito ou rabada, que se refoga em gordura e se cozinha no dia anterior para que, no dia do preparo, a gordura solidificada possa ser retirada, tornando-se então a temperar com cheiro-verde, hortelã, louro e pimenta-do-reino e servindo-se fervente. Cada um acrescenta, no prato, a quantidade de farinha de mandioca que lhe apraz.

CARNE À MODA DA BOCAINA

Cozinham-se em panela de ferro e fogo brando 2 quilos de carne cortados em pedaços e sal. Juntam-se à carne macia 1 quilo de pinhão cozido, cebola em rodelas, tomate picado e cheiro-verde. Pode-se fazer também com lombo de porco já assado, cortado em fatias, acrescentando-se, na assadeira na qual se assou o lombo, pinhão com água e cheiro-verde, que, depois, é servido ladeando o lombo.

BARREADO

Este é um prato que se presta muito às construções folclóricas, e ao qual se atribui uma origem açoriana. De fato, há nos Açores o cozido de Lagoa das Furnas, da ilha de São Miguel onde existem ocorrências vulcânicas, inclusive caldeiras de águas ferventes onde se fazem os tradicionais cozidos à portuguesa. Esses cozidos se obtêm colocando num caldeirão com tampa carnes — galinha, toucinho, linguiça — e legumes, todos em camadas, finalizando-se com sal grosso e cobrindo-se com folhas de couve. Fecha-se o caldeirão com a tampa amarrada às asas, coloca-se numa saca e se amarra com uma corda comprida, introduzindo-se numa caldeira natural da Lagoa das Furnas, tapada com madeira e terra. Cinco horas depois, o cozido está pronto. Servem-se a carne e os legumes, e coa-se tudo quando se deseja fazer uma sopa com o líquido que destila na cocção. O barreado paranaense é um cozido em que também a longa cocção desfaz as fibras da carne bovina, deixando-a desfiada e conferindo ao caldo um sabor intenso e carnoso. É prato típico do litoral do Paraná (principalmente nas cidades de Antonina, Morretes e Paranaguá), simples e rústico.

Para cada quilo de músculo bovino em cubos, utilizam-se 1 tomate maduro, 1 cebola, 1 dente de alho, 1 folha de louro, sal e pimenta-do--reino a gosto, uma pitada de cominho e água bastante para cobrir todos os ingredientes. O preparo é muito simples: basta dourar ligeiramente os cubos de músculo numa panela de barro, adicionar os ingredientes restantes, cobrir com água e levar ao fogo. Veda-se o vão entre a tampa e a panela com uma mistura de farinha de mandioca com água, e deixa-se cozinhar por um dia inteiro em fogo bem baixo. O fogo não precisa ficar aceso o tempo todo, só não se pode deixar que a panela esfrie. Para servir, douram-se bananas-da-terra na manteiga e dispõe-se a farinha de mandioca.

Muito branca, finíssima e rica em fécula, a farinha de mandioca da região paranaense, sem a qual o barreado não é consumido, assume certo protagonismo no serviço do prato. Costuma-se adicionar a farinha à mistura até que ela adquira o aspecto de um mingau, para então ser consumida, na companhia da banana-da-terra cozida ou dourada. Na ausência de uma boa farinha (da farinha certa, fina e polvilhada), considera-se dispensável o preparo do barreado.

PANELADA DE CAMPANHA

Assim é denominado o cozido mineiro feito a partir do refogado de pedaços de carne de porco, linguiça e paio na banha, ao qual se acrescentam água e legumes por ordem do tempo de cozimento: primeiro, a mandioca e a cenoura; depois, a batata e a batata-doce; em terceiro lugar, a cebola branca média, o repolho rasgado, o chuchu sem casca, a banana-nanica e a abóbora-de-porco.

LOCRO DO PANTANAL

O próprio nome denuncia a origem *quéchua* desse prato pré-colonial, descrito pelos jesuítas, que, com o tempo, difundiu-se, em várias versões, por toda a América do Sul espanhola. No Peru quinhentista, assemelhava-se a um guisado que exibia a associação da carne-seca (*cecina*) com milho, feijão, abóbora e outros legumes e eventuais verduras. É possível identificar essa matriz ainda hoje, nas várias versões correntes, do Peru à Argentina.

O locro do Pantanal provavelmente se origina do contato antigo com os países vizinhos, especialmente Bolívia e Paraguai. Os guaranis do Paraguai chamam *locro* simplesmente o milho (*morotí*) cuja película foi retirada num morteiro; ganha o nome ao ser pelado e partido. Esse locro, que corresponde à nossa canjica, dá origem a uma verdadeira família de pratos, com ou sem carnes. No Pantanal brasileiro, denomina o puchero, um prato composto pela canjica de milho e vértebras de boi, obtidas no carneamento do animal, que tem a propriedade de fortalecer os peões. O puchero é coberto com sal grosso e fica descansando enquanto os homens lidam com o gado. Faz-se o locro à noite, cozinhando a canjica à parte com sal, levando o puchero a refogar, temperado com sal, alho e pimenta, e, depois, juntando ambos, além de cheiro-verde picado. Não raro o prato é servido com farofa de banana e farinha de mandioca.

PINTADO BAIANO

Este prato sertanejo da Bahia se assemelha mais ao locro em suas versões andinas do que àquele do Pantanal. Mas pode também ter derivado do Paraguai, embora nesse país o locro (canjica) seja chamado de *jopara* quando associado ao feijão, criando uma família de variantes do locro. Na Bahia, trata-se de um cozido no qual comparecem partes iguais de feijão e canjica, aos quais se juntam toucinho, charque, carne de porco e uma canela de boi partida (tutano), além de cominho, alho e cebola.

SOQUETE GAÚCHO

A carne picada é temperada em sal, alho e pimenta e depois refogada em gordura, acrescentando-se água para cozinhar. Quando macia, somam-se cebola e tomate picados, batata, mandioca, cenoura, batata-doce e milho-verde em espigas partidas ao meio. Por fim, acrescentam-se abóbora e folhas de couve. Do caldo, faz-se pirão de mandioca para acompanhamento.

PAULISTA DE FERRUGEM

Carne de vaca (lagarto ou outro pedaço semelhante), lardeada de toucinho ou chouriço, temperada com salsinha, hortelã, cebola, alho, pimenta-do-reino, sal e vinagre. Cozinha-se em muita água, até secar, em panela de ferro, quando se juntam banha e, de novo, cebola, pimentão, tomate, salsa, hortelã, alho e vinagre. É prato semelhante ao malassado de ferrugem, sendo a cor ferrugem derivada da panela de ferro. Serve-se com arroz, purê de batata, farofa.

PICADINHO

Embora não seja propriamente um cozidão, pode cumprir essa função, quando preparado em quantidade. O cronista José Luiz de Almeida Nogueira, ao publicar a história das turmas que estudaram na Faculdade de Direito em meados do século 19, dizia que o prato era comum nas refeições servidas aos estudantes que viviam nas repúblicas da época. Sobre as comidas preparadas por cozinheiras contratadas (não escravizadas) naquelas casas, ele assim as descrevia: "Ao almoço, o clássico picadinho, ovos estrelados, arroz, chá de cartucho [então cultivado na cidade de São Paulo e vendido em cartuchos], pão e manteiga; ao jantar, sopa (que só então começava a generalizar-se), o pátrio feijão, arroz, um prato de ensopado e outro de carne frita ou assada".[7]

Para "perpetuar a tradição", ele incluiu como adendo a essa memória uma receita que havia recolhido de uma tal Tia Silvana, provavelmente antiga cozinheira de república, que deve ter prestado seus serviços entre as décadas de 1850 e 1860. O passo a passo do prato "muito simples, muito primitivo e talvez por isso mesmo saborosíssimo" é o seguinte:

> Toma-se um quilo de alcatra ou filé, carne de primeira, lava-se, enxuga-se bem, bate-se, corta-se em pedacinhos pouco maiores que um dado; refoga-se com cebola picada, deita-se-lhe depois um copo de água quente, um buquê de cebola em rama, salsa e uma folha de louro; ajuntam-se alguns pedacinhos de toicinho fresco, sal e pimenta, e deixa-se ferver em fogo brando até que a carne fique bem cozida, tendo-se o cuidado de aumentar a água sempre que venha a secar. Ajunte-se em tempo batata picada, que não deve ficar muito cozida. Nada de engrossar o caldo: ao contrário, deve ser abundante e bastante aquoso. Serve-se em prato de tampa.[8]

Esse caldo, dizia Almeida Nogueira, era "o melhor da festa", e os estudantes mineiros e gaúchos comiam-no com farinha; "os fluminenses, com pão; os paulistas e paulistanos [sic], com arroz".[9]

No Vale do Paraíba, pica-se a carne e refoga-se numa panela com pouca gordura e cebola batidinha, sal e alho; juntam-se depois tomate picado e louro e, num terceiro gesto, depois de refogar mais um pouco, cheiro-verde. Vai-se pingando água aos poucos e, quando a carne estiver macia e com molho, serve-se com angu de fubá. Como variante, faz-se com carne moída, acrescentando batata, cenoura e batata-doce, tudo em pedaços.

Para se obter um picadinho de molho mais intenso, mais escuro e complexo, é interessante que se dourem os pedaços de carne antes de qualquer coisa. Em panelas ou frigideiras bem quentes, com pouco óleo, acrescentam-se os cubos de carne aos poucos, para que a água liberada durante a cocção não atrapalhe a troca de calor. À medida que pequenas porções de carne são douradas, é interessante fazer a deglaçagem da panela, isto é, limpar a crosta do fundo com caldo ou mesmo água. Esse caldo utilizado na deglaçagem resulta no molho escuro e saboroso, com notas amargas, que enriquecerá o picadinho.

VACA ATOLADA

Um prato com versões locais. No Vale do Paraíba, tempera-se de véspera costela de vaca cortada em pedaços com vinagre, sal, cebola e pimenta. Cozinha-se em panela de ferro, deixando boa quantidade de caldo. Depois, coloca-se em assadeira, entremeada com banana madura, e leva-se a assar. Em Minas Gerais, em vez de banana, usam-se mandioca e cebola grande em rodelas, cozinhando-se em separado a mandioca e a cebola, em panela e sem ir ao forno, e dispondo-se por fim, em travessa, as costelas por baixo e, sobre elas, os legumes. Em Goiás, apesar do nome, faz-se com costelinha de porco e mandioca picada, fritando-se a carne, refogando-a em seguida, e adicionando mandioca, tomate, cebola, alho e pimenta.

A vaca atolada é uma versão simplificada do cozido, em que poucos ingredientes combinam-se de forma complementar e bastante afinada. A versão que me é mais familiar (prato muito comum em encontros e confrarias masculinas em minha terra natal) leva costela bovina e mandioca. Em casa comíamos semanalmente também costelinha de porco com mandioca, que não chamávamos de vaca atolada, mas de costelinha com mandioca mesmo. Seja na versão bovina ou na suína, o interessante desta receita é utilizar sempre carne rica em gordura, já que parte dela acaba por emulsionar com o caldo espessado pela mandioca, formando um molho idílico em sua textura e sabor. Recomenda-se atenção ao dourar as carnes, já que a caramelização e a consequente deglaçagem do fundo da panela são cruciais para se obter uma boa base.

As caças

As caças, como as que enumeramos no capítulo sobre a dieta guarani, constituíram hábito corrente entre os caipiras e caiçaras, até o desaparecimento de boa parte delas, ou a proibição que limitou essa prática a partir dos anos 1970, com a adoção de políticas preservacionistas. Muitas caças, porém, estiveram mais enraizadas na culinária caipira, gerando receitas ou maneiras recorrentes de preparo, como as que são reunidas aqui. Um procedimento muito comum, que se observa em todo o país, consiste no aferventar e fritar, isto é, escaldar a carne de caça em água fervente, cozendo rapidamente, antes do segundo procedimento, que pode ser fritar de fato ou assar.

PACA ASSADA

Tratamento assemelhado ao do leitão, mas não se deve tirar o couro das partes que irão ao forno. Apenas aferventa-se e raspa-se o pelo. Deixa-se 24 horas em vinha-d'alho com limão, sal, alho, cebola picada, pimenta e louro. Leva-se ao forno quente com a vinha-d'alho. Rega-se a peça com o molho da assadeira a cada meia hora, cobrindo também a paca com gordura sem sal ou fatias de toucinho de fumeiro. A assadeira não deve secar nem escurecer. Uma vez assada, tira-se e corta-se em fatias, servindo numa travessa com cebola em fatias finas e virando o molho da assadeira sobre ela.

Por outro caminho, tempera-se a paca aferventada com gengibre, pimenta verde de bode, sal, alho, cebola, louro e limão-cravo (limão-da-china). Temperada, coloca-se a cozinhar em água. Quando macia, tira-se e coloca-se num espeto, levando a assar lentamente num bom braseiro, descendo a paca paulatinamente e pincelando com o molho à medida que vai se cozendo.

PACA RECHEADA COM GUARIROBA

Nesta receita goiana, a paca é limpa, aferventada e temperada com gengibre, pimenta, limão, sal, alho, óleo e louro. Faz-se também uma farofa de guariroba picada, farinha de mandioca e o que mais se desejar acrescentar. Recheia-se a paca, costura-se a farofa na barriga. Leva-se a paca envolta em folhas de bananeira ou coqueiro a um buraco na terra, cheio de brasas. Cobre-se com brasas e cinzas quentes e deixa-se uma hora ou mais antes de retirar e servir. A guarnição sugerida é o feijão-tropeiro.

COELHO ASSADO

Temperado da mesma maneira que se faz com a paca, na vinha-d'alho, mas por menos tempo. Ao molho final, acrescentam-se 1 cálice de vinho tinto seco e igual medida de vinagre. Sugere-se cobrir com fatias de toucinho ao levar ao forno.

TATU ASSADO

O tatu-mirim é a espécie mais apreciada, mas há outras: bola, folha, veado, galinha ou verdadeiro. Deve ser limpo de modo apropriado: retiram-se as glândulas que se encontram sob os membros dianteiros e por debaixo das coxas. Para tirar o casco, chamusca-se o animal deitando-o sobre brasas até que se desprenda. Querendo, faz-se no próprio casco, temperando com especiarias, passando uma fatia de abacaxi em toda a carne, molhando com vinha-d'alho e levando para assar em forno brando. Pode-se também despregar parte da carne do tatu do casco, enchendo de temperos, e virar o casco do avesso, colocando num espeto e levando às brasas. Serve-se com batata-doce ou mandioca assadas nas cinzas quentes (borralho).

De outra maneira, tira-se a carne e parte-se em pedaços nas juntas, leva-se à vinha-d'alho e aferventa-se em pouca água. Coloca-se no forno untado com banha e com o mesmo tempero da vinha-d'alho, além de fatias de toucinho de fumeiro (bacon).

TATU DE PANELA

É preparado segundo o mesmo processo das demais receitas, mas não se aferventa e vai para a panela com 3 colheres de banha. Quando a carne está bem dourada, acrescenta-se água para cozinhar, verificando-se de tempo em tempo se está macia. Acompanham salada de alface e mandioca cozida passada na manteiga.

PORCO-DO-MATO ASSADO

Nesse animal, a glândula que lhe dá cheiro indesejável está sobre a suã. Retirada, toma-se o lombo e tempera-se com sal, pimenta-verde, alho, salsa picada e cebola. Envolve-se em lascas de toucinho e coloca-se em assadeira com uma porção de pinhões descascados. Leva-se ao fogo sobre brasas, cobrindo-se também a tampa da panela com brasas. Estando assado, serve-se com os pinhões.

Na versão do porco-do-mato no espeto, o lombo é untado

com laranja azeda, assado sobre labaredas e, depois, sobre fogo de brasas. Serve-se com tutu de feijão e salada.

PERDIZ AO LEITE

Tomam-se 3 perdizes. Tempera-se com limão, sal, alho, cebola, cominho, pimenta-do-reino, pimenta verde de bode e óleo. Cozinha-se bem no leite de vaca, acrescentando o quanto for preciso para ficar bem cozida.

Em uma variante, deixa-se em vinha-d'alho, picam-se os miúdos previamente cozidos, mistura-se com miolo de pão embebido em leite, acrescenta-se ovo picado e recheia-se a perdiz, colocando em espeto para assar em churrasqueira ou ao forno. Serve-se com farofa de ovo.

Pode-se também cortá-la em pedaços, dar uma fervida rápida, temperar, levando a fritar até dourar. Adiciona-se tomate e frita-se mais um pouco. Em seguida, acrescenta-se leite quente, cobrindo a perdiz. Cozinha-se até amolecer, em fogo brando. Serve-se com o molho grosso.

Em substituição às tradicionais vinhas-d'alho, em que os vegetais aromáticos são picados e imersos em meio líquido (que pode ser água, vinho ou outra bebida), gosto de temperar minhas carnes que precisam de tempero, como as caças, por exemplo, com os aromáticos batidos no liquidificador com salmoura e coados. O resultado é uma salmoura limpa, cujos resíduos não atrapalharão a cocção. Costumo usar 1 litro de salmoura, com 30 gramas de sal por quilo de carne (para salgar só parcialmente, já que prefiro finalizar a salga no fim da cocção ou um pouco antes; 40 gramas de sal por litro de água resultam numa salga mais completa) e mais os aromáticos convenientes a cada receita. Para 1 paca, por exemplo, 10 gramas de açúcar (que, além de trazer mais complexidade, ressaltando certos sabores, ainda ajuda a dourar melhor a carne quando assada, dando aparência mais agradável e um sutil amargor da caramelização), 10 gramas de alho, 100 gramas de cebola, 10 gramas de pimenta-do-reino, 20 gramas de pimenta-de-cheiro e 1 folha de louro.

O milho

A presença do milho na culinária da Paulistânia é o que lhe empresta o caráter mais distintivo, divergindo do Brasil da mandioca e tornando manifestas as origens guaranis de nossa cozinha. A ocidentalização do milho, por sua vez, se deu pela introdução de técnicas que revolucionaram o modo de produzir os elementos mais tradicionais da culinária indígena, como o monjolo, que substituiu o pilão na feitura da farinha de milho, aumentando sua produtividade e seu consumo — o que, por sua vez, ajudou os bandeirantes a irem mais longe na conquista territorial.

Por essa via, o milho tornou-se a espinha dorsal da culinária da Paulistânia, aparecendo em preparações nas quais é elemento quase único e em outras, mais sofisticadas, como acompanhamento que faz um contraponto local aos ingredientes trazidos pelos colonizadores. Sua versatilidade mostra como o Novo Mundo conjugou-se com o Velho numa gramática nova. Para efeitos didáticos, reunimos as receitas a seguir em torno de fases de preparação do milho: o milho-verde, cru, abundante entre dezembro e janeiro; a farinha de milho, preparada a partir do milho-verde ou do milho seco reidratado; o milho seco, que, em diferentes gramaturas (canjica, quirera, fubá), se presta a usos diversos.

O MILHO-VERDE

PAMONHA

Até pela embalagem, a pamonha lembra de perto as preparações guaranis mais tradicionais. Ela é obtida ralando-se o milho-verde, depois coado em peneira para separar o sumo da polpa, que é temperada com açúcar ou sal, eventualmente acrescentando-se queijo ou linguiça, colocada hermeticamente num envoltório feito com a palha do milho ou folhas de caeté, e cozida ou assada sobre as brasas. De cerca de 20 espigas, extraem-se aproximadamente 2 litros de suco, aos quais se acrescenta 1 quilo de açúcar, misturando-se bem e passando pela peneira. Cozinha-se, depois, em água fervente por cerca de 40 minutos.

À época do milho-verde, em muitas comunidades ainda se preparam festas chamadas pamonhadas, que lembram o próprio ritual do milho guarani, antes referido (p. 164). São ocasiões festivas organizadas como mutirões, quando a pamonha é consumida muitas vezes sem qualquer outro acompanhamento que não o café.

Em Goiás, onde não se usa consumir pamonha doce, ela é feita com o milho-verde já mais duro e ralado, ao qual se acrescenta banha de porco (proporção de 1 quilo para 60 espigas) ou manteiga. Nos dias de pamonha, essa será a refeição de todo o dia. Mas há, ainda em Goiás, a variante da pamonha assada, que é doce e se faz retirando-se a pamonha cozida da palha, colocando-a cortada em assadeira, e levando ao forno com canela. E há a pamonha frita, salgada, também cortada depois de cozida e levada a fritar em banha de porco. Por fim, a pamonha frita de massa crua, para a qual se executa o mesmo processo de feitura da massa, acrescentando-se queijo ralado, ovo e sal, e fritando-se às colheradas em gordura bem quente.

A pamonha é onipresente até mesmo nos grandes centros urbanos: em São Paulo, pode ser encontrada em qualquer esquina, vendida por ambulantes em carrinhos rudimentares; nas rodovias que cortam as áreas mais ricas da Paulistânia, pululam Ranchos da Pamonha, Castelos da Pamonha e estabelecimentos desses fins.

Chega a ser engraçado como, mesmo passados onze anos desde que saí de Londrina, não sai da minha cabeça o anúncio completo dos vendedores de pamonha que percorriam a cidade com seus carros, equipados com potentes alto-falantes: "Está passando o carro da pamonha. Pamonha fresquinha, pamonha caseira. Temos curau e pamonha. Venha provar, minha senhora, é uma delícia. É o puro creme do milho-verde. Temos curau e pamonha...".

Como em casa de ferreiro o espeto é de pau, apesar de gostar bastante de pamonha, nunca a comi com muita frequência. Demorei para tentar prepará-la pela primeira vez, mas desde que o fiz ela não saiu do cardápio. Atualmente a pamonha é servida no Jiquitaia como guarnição de uma bochecha de porco grelhada com pimentas-de-cheiro, num prato que já é quase clássico do restaurante. A doçura do milho-verde e a textura macia da pamonha, além da óbvia memória afetiva de todos que a consomem, põem o prato entre os mais pedidos da casa.

CURAU

Um dos doces mais simples feitos do milho cru tem presença universal na área da Paulistânia, consistindo no milho-verde ralado e coado, ao qual se acrescentam leite ou água, eventualmente 1 colher de manteiga e uma pitada de sal, levando-se à panela para engrossar com açúcar (na proporção de 1 ½ xícara para cada 6 espigas de milho e 1 litro de leite). Pode ser consumido na consistência de mingau ou, mais engrossado, deixar-se endurecer em um prato ou travessa, salpicando-se canela.

CALDO DE MILHO-VERDE

Faz-se um caldo com meio quilo de costela de porco, cheiro--verde, tomate, cebola, alho e sal. Retiram-se as costelas macias e reservam-se. Ralam-se 6 espigas de milho, acrescentando ao caldo e deixando cozinhar muito bem. Coa-se o caldo e, de novo, acrescentam-se a costela e 1 colher de manteiga, voltando ao fogo para ferver. Serve-se em sopeira.

SOPA DE MILHO-VERDE E CAMBUQUIRA (BURÉ)

Ralam-se 12 espigas de milho, passando numa peneira. Esquentam-se 2 colheres de sopa de banha de porco, refogando-se sal com alho e pimenta e, depois, 1 maço de cambuquira. Em seguida, verte-se na panela o caldo do milho ralado e coloca-se um pouco de água. Deixa-se cozinhar bem e serve-se quente. Essa sopa também pode ser feita substituindo-se o milho-verde por fubá. Há versões do buré para as quais se refoga a cambuquira com rodelas de cebola, alho e tomate sem pele.

BERÉM

Faz-se com o milho-verde já duro, isto é, quase seco, que se passa por moedor de carne, misturando-se à água para se produzir um leite grosso, chamado de goma. Mistura-se, ao fogo, a um pouco de açúcar, engrossando-se até o ponto de angu, e acrescentando manteiga ao tirar do fogo. Coloca-se em cumbucas ou em folhas de bananeiras murchadas ao fogo, como se fossem palhas de milho para pamonha. Esfria-se, guarda-se e come-se no dia seguinte. Há outra versão feita com fubá, à qual se junta metade do peso em rapadura, deixa-se em infusão por uma noite e leva-se ao fogo para fazer o mingau. Procede-se da mesma maneira com as folhas de bananeira.

ANGU DE MILHO-VERDE

Ralam-se espigas de milho-verde firmes, mais duras que moles.

Acrescenta-se água e passa-se em um pano, deixando escorrer até sair toda a goma. Leva-se à panela, acrescentando água até dar o ponto de angu. A esse angu acrescentam-se abobrinha batida na faca, chuchu batido, rodelas de tomate maduro e quiabo cortado pequeno. Serve-se com caldo de feijão e carne picada refogada com tomate. No prato, misturam-se o angu, o caldo de feijão e a carne, ao gosto de cada um.

FAROFA DE MILHO-VERDE

Corta-se o milho-verde cozido de 5 espigas, leva-se a uma panela com água e alho batido. Quando secar a água, juntam-se manteiga, cebola picada e cheiro-verde. Abafa-se uns poucos minutos e acrescenta-se farinha de mandioca, deixando em ponto de farofa. Serve-se.

Em outra versão, cozinham-se 5 espigas de milho e cortam-se os grãos; coloca-se 1 colher de manteiga numa panela, adicionando-se ao milho sal, alho esmagado, salsinha e pimenta vermelha fresca picada. Refoga-se bem, colocando-se água necessária para cobrir. Adiciona-se farinha de milho até obter o ponto de farofa.

GUISADO E VIRADO DE MILHO

Cortam-se os grãos de umas 10 espigas de milho mais verdes, fritam-se no sal e alho, acrescenta-se frango desfiado, deixa-se cozinhar mais um tempo, adicionando salsinha picada e cebolinha. Acrescentam-se farinha de milho e água suficiente para ficar no ponto de um guisado. Pode-se apurar um pouco mais, colocando mais farinha de milho e obtendo-se o virado.

FRANGO COM MILHO-VERDE

Corta-se 1 frango em pedaços, refogando-se em 1 colher de gordura com sal e alho, acrescentando cheiro-verde e água. Quando estiver cozido, coloca-se mais 1 copo de água para formar caldo e acrescentam-se os grãos cortados de 5 espigas de milho, além de pimenta-do-reino, deixando cozinhar por mais 10 minutos antes de servir.

Em uma variação, cozinha-se o milho-verde em água com sal, cortam-se os grãos e se reserva. Corta-se o frango em pedaços e refoga-se com sal, alho, cheiro-verde e 3 colheres de banha, adicionando-se 1 copo de água. Quando mole, coloca-se mais 1 copo de água para formar caldo, acrescentam-se o milho cortado e pimenta-do-reino em pó, refogando-se em fogo brando mais alguns minutos.

BOLINHO DE MILHO-VERDE

Ralam-se 4 espigas de milho-verde já cozido, juntam-se 2 gemas e 2 claras batidas em neve, 1 pimenta-verde socada, salsinha e sal. Por fim, acrescenta-se 1 colher de chá de fermento químico e fazem-se bolinhos com uma colher, deitando na banha quente para fritar.

BOLO DE MILHO-VERDE

Este é um bolo que possui várias versões, com e sem farinha de trigo e fermento. Para uma medida de 3 pratos de milho-verde ralado, juntam-se uma medida de queijo ralado, 6 ovos, 5 colheres de manteiga, 2 pires de banha de porco, açúcar, erva-doce e uma pitada de sal, assando-se em fôrma untada. Em outra versão, utilizam-se 12 espigas de milho raladas, leite de 1 coco ralado, 1 colher de manteiga sem sal, 4 ovos e açúcar. Depois de o milho ser ralado e peneirado, misturam-se o leite de coco, a manteiga, a erva-doce e o açúcar, levando-se ao fogo para cozinhar. Ao esfriar, juntam-se os ovos bem batidos, mistura-se bem e leva-se ao forno em fôrma untada. Na versão com farinha de trigo, parte-se de 3 espigas raladas, 4 ovos, 1 xícara de óleo e 2 xícaras de açúcar. A tudo isso, acrescentam-se 2 xícaras de farinha de trigo e

1 colher de sopa de fermento químico. Coloca-se em fôrma de furo, untada, e leva-se ao forno.

BOLO DE MILHO-VERDE CAIPIRA
Segundo receita coligida em Ribeirão Preto, interior de São Paulo, picam-se 200 gramas de queijo fresco. Depois, ralam-se 12 espigas de milho, passando a massa por peneira grossa; juntam-se à massa 200 gramas de banha de porco derretida, 200 gramas de açúcar, uma pitada de sal e o queijo picado. Despeja-se numa panela de ferro ou frigideira, leva-se ao fogo do fogão a lenha e cobre-se com uma tampa (testo), dispondo brasas sobre ela. Modernamente, assa-se ao forno.

A FARINHA DE MILHO

As técnicas tradicionais de obtenção da farinha de milho consistem em pilar o milho-verde mais firme, levando-o em seguida a torrar em panela larga. Ou, então, quando não é época de milho-verde, eliminar o tegumento (película que reveste o grão) do milho seco, reidratá-lo e pilá-lo, torrando em seguida. Com o tempo, o pilão foi substituído pelo monjolo, obtendo-se assim maior produtividade.

Mais recentemente ainda, já no século 20, surgiram as fecularias a tração elétrica, onde o milho é decorticado (o tegumento é eliminado) e feito em canjica, que é posta de molho por cerca de dois dias, trocando-se ou não a água, de forma que fermente ou não, para ficar com gosto mais ou menos ácido; então ela é moída em moinhos elétricos e disposta sobre chapas rotatórias que giram sobre o fogo a lenha, até ficar torrada e em beiju. Segundo produtores em atividade ainda hoje, a preferência do mercado mineiro é pela farinha derivada do milho que fermentou, mais ácida; já os paulistas a preferem mais doce, isto é, não fermentada.

ESCALDADO SIMPLES E ESCALDADO DE CAMBUQUIRA

Em um caldo de carne, quebram-se tantos ovos quantas forem as pessoas a comer. Coloca-se cada ovo em um prato, engrossa-se na panela o caldo com farinha de milho e despeja-se sobre os ovos. Para o escaldado de cambuquira, faz-se o caldo de músculo com sal, alho, cebola, louro, tomate, pimenta e cebolinha verde. Coa-se o caldo e acrescenta-se a cambuquira. Em cada prato coloca-se a farinha de milho, quebra-se o ovo sobre ela e acrescenta-se o caldo fervente com a cambuquira.

CUSCUZ

O cuscuz é talvez o prato mais emblemático da Paulistânia, com origens que remontam ao norte da África, por onde andaram mercadores portugueses que vieram dar na costa paulista. Por essa história, é provável que tenham substituído a sêmola de trigo pela farinha de milho e conservado a forma de cocção ao vapor, comum no cuscuz magrebino. Pode ser feito de frango ensopado ou carne de porco, mas também de peixe (antigamente preferia-se o bagre) e mariscos. É uma montagem que combina farinha de milho umedecida e um molho com seu recheio.

Consumido em São Paulo pelo menos desde o início do século 18, quando aparece em uma carta de 1727,[1] o cuscuz foi, ao lado da içá torrada, quitanda frequente nos tabuleiros das escravas de ganho de meados do século 19. Parecia tão popular que um colunista do jornal *Diário de S. Paulo* chega a se recordar, em 1868, do tempo em que era costume comer cuscuz — de bagre — enquanto se assistia a um dos espetáculos do antigo Teatro Ópera, no Pátio do Colégio (apesar do nome pomposo, o primeiro teatro paulistano tinha condições tão modestas que levava o apelido de Barraca do Telles, em referência ao palco improvisado e itinerante homônimo montado no Rio de Janeiro durante as festas do Divino).

O nosso theatro deu-nos a ver na quinta-feira passada o drama *Aimée* e a comédia *Bertha de castigo*, em benefício do sr. Sebastião Antonio Gomes, ex-artista de nosso palco e que bem boas dores de barriga nos causou com suas pilhérias. Isto foi no tempo da Barraca do Telles, em que se comia *cuscuz de bagre* nos camarotes e dizem alguns que até *tutu de feijão*. Que tempos! Que rapaziada! Que súcia![2]

Para fazer o cuscuz, toma-se meio quilo de farinha de milho, que é umedecida com salmoura, cuidando para deixá-la desagregada, sem que a água forme grandes grumos. Deixa-se descansar meia hora, mexendo de vez em quando para que fique homogênea. Faz-se um molho com óleo ou banha, tomate, cebola, cheiro-verde, pimenta e palmito cortado em pedaços. O molho deve ser bem oleoso. Depois de esfriar um pouco, põe-se camarão cru, que não deve ficar cozido por ação do calor do molho. Em seguida, num terceiro recipiente, mistura-se bem uma medida do molho (uma concha bem cheia) para duas medidas de farinha de milho, acomodando-se no cuscuzeiro forrado com um pano fino, sem apertar muito. O fundo do cuscuzeiro e suas laterais podem ser decorados com fatias de tomate, ovo cozido, folhas de salsinha, eventualmente filés de sardinha em conserva. Em sucessivas operações, completa-se a carga da cuscuzeira, que deve ter dentro uns 3 a 4 dedos de água. Cobre-se com um pano ou com folhas de couve e leva-se ao fogo. Quando as folhas de couve estiverem cozidas, ou o pano de cobertura molhado, o que deve levar cerca de 40 minutos, estará pronto. Desenforma-se em um prato e serve-se.

Onde não havia cuscuzeira, fazia-se a mistura colocando-a num prato e amarrando-a com um pano, dando o nó no fundo, de modo a emborcá-la numa panela com água fervente para cozinhá-lo. O cuscuz paulista, talvez distintamente dos demais, era usado como farnel de viagem.

Outras modalidades de cuscuz, doce ou salgado, desenvolveram-se Brasil afora, mas sempre cozinhando-se no vapor a farinha de milho umedecida e servindo como acompanhamento de refogados caldosos, todos lembrando mais de perto o cuscuz magrebiano. Há, ainda, variantes nas quais se mistura a farinha de milho com a farinha de mandioca. Por fim, há o cuscuz feito de milho reidratado, passado em máquina de moer carne, ou semelhante, e em peneira fina; à massa se incorporam sal e manteiga e se dispõe numa tigela rasa, cobrindo com guardanapo e emborcando sobre uma panela para cozinhar ao vapor.

O cuscuz doce é outra modalidade que merece registro. Faz-se com fubá, 250 gramas de manteiga e açúcar e sal a gosto. Mistura-se tudo, amassando-se bem, põe-se em tábua e corta-se em grossura de um dedo, levando-se os pedaços a assar em forno quente. Em Minas Gerais, há outra modalidade, para a qual se juntam farinha de mandioca, fubá, açúcar, sal, canela, erva-doce e pedaços de queijo. Mistura-se tudo com o auxílio de água, desmanchando-se os grumos que se formam. Unta-se o cuscuzeiro com manteiga e coloca-se a farofa formada intercalada com pedaços de queijo, levando-se ao vapor por uma hora e meia. Por fim, há outra variante que usa rapadura: 1 quilo de fubá, meio quilo de rapadura, 1 colher de café de canela em pó e outra de cravo em pó. Mói-se a rapadura e se mistura ao fubá, acrescentando água, para produzir uma farinha levemente molhada, e cravo e canela para temperar. Coloca-se a cozinhar sobre o vapor da cuscuzeira, servindo-se quente e acompanhado por café.

Resultado da confluência de culturas que resultou na cultura caipira, o cuscuz explicita a dificuldade, já citada neste livro, de enquadrar os preparos da cozinha caipira nos códigos ocidentais tradicionais de alimentação. Seria uma entrada? Seria um prato principal? Prato de festas ou trivial do dia a dia? É consumido quente ou frio? Feito com carnes, peixes ou legumes? Quando se fala de cuscuz, tudo pode ser.

Não me lembro da primeira vez que comi cuscuz, já que em minha casa o tínhamos quase que semanalmente. Podia ser de camarão comprado no dia ou de restos de frango do dia anterior; podia ser feito com sobras de uma bacalhoada, sardinha em lata ou pedaços de uma leitoa que sobrara de uma festa. Independentemente dos ingredientes, gosto de fazer o cuscuz em duas etapas: na primeira, prepara-se um molho com base num refogado que deve levar um pouco de todos os elementos que farão parte do cuscuz, das carnes aos legumes e aos aromáticos. Tudo deve ser picado mais fino, para que quase derreta no refogado. Acrescenta-se então um caldo ou molho, se houver — se não, vai água mesmo —, e, pouco antes de agregar a farinha (ou as farinhas, já que se pode utilizar farinha de milho pura ou misturada à de mandioca), acrescentam-se mais legumes e carnes, dessa vez mais inteiros, para aparecer no cuscuz e formar aquele aspecto meio arqueológico: à medida que vai se escavando, encontram-se ingredientes diferentes.

VIRADOS DE FARINHA DE MILHO

Os virados de farinha de milho constituem, por si só, um capítulo da culinária caipira. Alguns são mais famosos do que outros, constituindo uma coleção. Quando não lhes corresponde uma ideia preestabelecida, virando-se o que se tem ou se encontra, são chamados mais propriamente "lobozós". Pode-se fazer virado de tudo e pode-se fazer qualquer coisa comestível com farinha de milho. Aqui alguns exemplos:

VIRADO DE VEGETAIS OU FEIJÃO

Partindo da gordura, fritam-se alho, cebola e salsinha, acrescentando-se um refogado de repolho, couve picada, grãos cortados de milho-verde cozido, ervilha, feijão, fava, vagem etc. Acrescenta-se farinha de milho, mexendo até ficar quase seco. Pode-se fazer da mesma maneira com carne cozida e desfiada, de vaca ou de porco. E pode-se fazer só de feijão, procedendo-se da mesma maneira, acrescentando-se o feijão com um pouco de caldo e misturando-se a farinha de milho, ou mandioca, até ficar uma pasta em ponto mais duro.

VIRADO DE FRANGO

Corta-se o frango em pedaços, temperados com sal, alho, cebola, limão e pimenta-do-reino; refoga-se numa panela na qual se colocaram rodelas de cebola, alho, sal, cheiro-verde e água quente. Em seguida, faz-se outro refogado com bastante gordura, cebola em rodelas, os pedaços de frango e o molho em que cozinhou, ajuntando-se manteiga e farinha de milho e mexendo até formar o virado.

VIRADO DE COUVE E TORRESMO

Frita-se cebola batida em gordura bem quente, até dourar. Refoga-se a couve cortada bem fina, acrescendo água e sal. Aos poucos, acrescentam-se a farinha de milho e alguns torresmos.

VIRADO DE OVOS E QUEIJO

Pica-se o queijo, colocando-se em manteiga bem quente. Mistura-se e acrescentam-se sal e, aos poucos, leite ou água. Quando estiver começando a ficar cremoso, juntam-se ovos batidos (1 por pessoa) e, em seguida, a farinha de milho, mexendo rapidamente para misturar bem. Serve-se semiúmido e bem quente.

VIRADO DE BANANA

Toma-se 1 banana qualquer, amassa-se e, numa frigideira quente, refoga-se em um pouco de manteiga, adicionando 1 ou 2 fatias de queijo fresco picado e um punhado de farinha de milho. Refoga-se até que a farinha absorva um pouco da umidade do queijo e da banana. Ajusta-se o ponto de sal conforme a preferência.

BISCOITO DE FARINHA DE MILHO

Obtém-se escaldando meio prato de farinha de milho com 1 prato de gordura bem quente, mistura à qual se acrescentam 2 pratos de polvilho, 6 ovos, sal e leite necessário para fazer uma massa que se possa sovar. Enrolam-se e cortam-se os biscoitos, que vão ao forno. Em outra versão, a 1 litro de farinha de milho molhada acrescentam-se 2 litros de polvilho doce, meio litro de banha fria, sal e 15 ovos. Amassa-se em uma vasilha até o ponto de poder enrolar e fazer argolas transpassando as pontas. Leva-se ao forno bem quente em assadeira não untada.

BOLO DE FARINHA DE MILHO

Escaldam-se 2 xícaras de farinha de milho em leite fervente, acrescentam-se erva-doce, sal, 2 ovos, 1 colher de banha, açúcar a gosto e 1 colherinha de fermento em pó. Tudo misturado, leva-se ao forno em fôrma untada. Há versões que incluem queijo ralado, coco ralado ou canela.

BOLINHO CABOCLO

Para cada pires de farinha de milho, outro de polvilho azedo, 3 ovos, 1 colher de sopa de manteiga, 1 colher de sopa de erva-doce, sal e leite quente. É no leite que se escalda a farinha, adicionando os outros ingredientes. Bate-se bem, e pingam-se os bolinhos em gordura quente.

A CANJICA, A QUIRERA E O FUBÁ

ANGU

É o nome que se dá ao fubá cozido, comida por excelência da escravaria negra nas minas. Faz-se colocando água a ferver, acrescentando o fubá e mexendo sempre para não empelotar. Quando, ao mexer, aparecer o fundo da panela, estará pronto, acrescentando-se então um pouco de banha. Originalmente era assim, sem sal, que se servia, pois ao agregar sal tem-se a polenta. Hoje não raro acrescenta-se sal também ao angu. O que o distingue da polenta é que esta se faz fritando alho e sal, acrescentando-se a água e o fubá previamente diluído nela, cozendo por cerca de 1 hora, acrescentando-se por fim o cheiro-verde picado. Tanto o angu quanto a polenta são acompanhamentos para carnes, verduras e feijão. Pode-se também despejar a polenta numa bandeja ou travessa, deixando esfriar de modo a cortá-la em toletes pequenos que serão fritos na chapa do fogão a lenha com manteiga. Essa é a dita polenta de chapa.

POLENTA CAIPIRA (DOCE)

Misturam-se 4 copos de água, 1 litro de leite e 1 ½ copo de açúcar. Coloca-se a ferver e acrescenta-se o fubá, mexendo sempre para não empelotar, até que se solte da panela, deixando ver o fundo. Coloca-se numa bandeja e, depois de fria, corta-se em pedaços e serve-se com café.

ENGROSSADO DE FRANGO

Corta-se o frango em pedaços, refoga-se em sal com alho, deixando-se fritar; adicionam-se água, cebolinha verde e 1 maço amarrado de cheiro-verde, deixando-se cozinhar. Ao final, retira-se o amarrado, coloca-se o fubá aos poucos, mexendo para engrossar como um angu. Serve-se em seguida.

CANJIQUINHA OU QUIRERA COM CARNE

Colocam-se em uma mesma panela, para cozinhar juntos, feijão--roxinho, canjica e carne-seca, além dos temperos, que são sal, alho amassado e frito em um pouco de gordura, cebola e pimenta de bode. Quando está macio e ligado, serve-se. Em Goiás, esse prato chama-se mungunzá.

Em Minas Gerais e no Vale do Paraíba, a canjiquinha, de milho amarelo ou branco, faz-se com carne de porco — suã, costela, lombo ou pernil —, temperando-se a carne e depois refogando em sal, alho, salsinha e cebola, eventualmente acrescentando-se, então, tomate picado e, em seguida, a canjiquinha, que ficou de molho de um dia para o outro e se cozinhou à parte. Tudo macio, sal corrigido, serve-se acompanhado por couve picada bem fina ou feijão, e molho de pimenta-malagueta.

Às vezes, a canjiquinha refere-se apenas ao milho demolhado e cozido, temperado e refogado, fazendo-se à parte carne de porco em pequenos pedaços, bem fritos, servidos ainda com feijão de caldo grosso.

QUIRERA COM FRANGO

Toma-se meio quilo de quirera de milho, meio frango. Frita-se o frango em pedaços como à passarinho, refoga-se em alho, salsinha e cebolinha, acrescentando-se água para cozinhar e formar caldo. Toma-se a quirera, que ficou de molho por 2 horas, refoga-se também com sal e alho, acrescentando água para cozinhar. Junta-se à quirera cozida o frango também cozido, acrescentando-se, na hora de servir, um molho feito com tomatinho azedo, sem sementes, e cheiro-verde.

QUIRERA COM COSTELINHA

Para 1 quilo de costelinha deitam-se de molho 250 gramas de quirera, que será refogada em um pouco de sal e alho, acrescentando-se cerca de 2 litros de água para cozinhar até amolecer. Em outra panela, colocam-se 2 colheres de óleo, sal e alho, e fritam-se as costelinhas, adicionando água quente e deixando cozinhar até voltar a fritar. Retira-se o excesso de gordura e acrescenta-se a quirera cozida. À parte, faz-se um molho de cebolinha, coentro, salsinha e pimenta, que se mistura na hora de servir.

ENGROSSADO DE FUBÁ

Em caldo de carne, põem-se, aos poucos, 4 colheres de fubá mimoso (fino), desmanchado em um pouco de água, cozinhando até engrossar em ponto de sopa. Acrescentam-se então 3 ou 4 ovos inteiros, deixando-os cozinhar um pouco para que fiquem inteiros, ou mexendo, para que se misturem à sopa. Em vez de ovos, podem-se colocar verduras picadas a gosto, como caruru ou alface.

O bambá de couve não é muito distinto, ressaltando-se que, ao caldo de carne, acrescentam-se fubá levemente tostado e linguiça frita em pedacinhos. A couve rasgada pode ser refogada em separado, com um pouco de toucinho.

PAMONHA DE FUBÁ

Obtém-se juntando meio quilo de fubá mimoso ao leite grosso de 1 coco, uma pitada de sal, uma noz de manteiga, erva-doce e leite suficiente para formar um caldo grosso. Coloca-se nas embalagens de pamonha e cozinha-se em água abundante.

CANJICA E CANJICADA

A canjica e a canjicada fazem-se em geral com milho branco, colocado de molho de véspera. Em seguida, cozinha-se na água abundante com canela em pau e uma pitada de sal. Quando bem mole, acrescenta-se açúcar ou melado (pode ser também rapadura) a gosto e serve-se em prato. Acrescenta-se às vezes, no prato, leite ou goiabada mole. Chama-se canjicada quando se acrescenta à canjica amendoim torrado e passado na máquina de moer, deixando cozinhar mais um pouco para engrossar. Outra variante da canjicada é quando se acrescenta, no lugar do açúcar, doce de leite caseiro.

BOLO DE FUBÁ

O bolo de fubá é desses ícones da culinária caipira que reúnem infinitas receitas ao longo do tempo. Talvez a forma primitiva tenha sido o pão de ló de fubá, feito pelo mesmo processo do pão de ló, utilizando-se fubá mimoso. Mas muitas receitas, como as resumidas aqui, combinam a feitura, em panela, de um angu ou polenta que, acrescido de outros ingredientes, vai ao forno. Outra característica é sua associação quase que invariável com sementes de erva-doce. Em uma das versões, colocam-se 1 copo de açúcar, meio litro de leite, 5 ovos e fubá o quanto necessário numa vasilha, misturando-se tudo. Juntam-se então 3 colheres de banha derretida e leva-se ao fogo para esquentar bem, acrescendo 1 colherinha de erva-doce. Despeja-se esse mingau em fôrma de assar e leva-se ao forno. Note-se que essa receita tradicional não leva fermento.

Na receita com fermento, juntam-se meio quilo de fubá mimoso, meio litro de leite, açúcar a gosto e 1 colher de banha. Leva-se ao fogo para formar o angu grosso. Retira-se do fogo, acrescentam-se 4 ovos, uma pitada de sal, erva-doce, 1 colher de fermento em pó e mais um pouco de leite. Assa-se em fôrma untada e forno bem quente. Há quem decomponha o ovo em gemas e claras, acrescentando estas últimas batidas — o que, sabe-se hoje, é comprovadamente indiferente para o resultado. Em outra variante, para 2 xícaras de fubá mimoso, acrescentam-se 1 litro de coalhada com o soro, 2 colheres de sopa de manteiga, 1 ½ xícara de açúcar, 4 gemas e 1 colher de sobremesa de fermento em pó. Em mais uma variante,

2 copos de fubá, 2 de açúcar, 10 ovos (sendo as claras em neve), sal, 2 copos de leite e 2 de queijo ralado.

Há também o bolo de panela, que talvez remeta a um tempo em que muitas casas, por pobres, não tinham sequer fornos em seus fogões a lenha. Nesse caso, colocavam-se 2 copos de açúcar numa tigela com 4 ovos inteiros, batendo-se bem. Em seguida, 1 copo de óleo ou manteiga. Acrescentavam-se 3 copos de leite e 1 quilo de fubá, misturando tudo. Por fim, juntava-se 1 colher de sopa, rasa, de bicarbonato de sódio. No fogão a lenha, colocava-se uma panela grossa de ferro untada de banha e, eventualmente, uma folha de bananeira no fundo, para não grudar. Vertia-se a massa na panela e levava-se a uma boca do fogão com fogo vivo. Podiam-se colocar no fogo, ainda, alguns sabugos de milho bem secos. Depois que o bolo começasse a crescer, colocava-se sobre a panela uma placa de ferro ou lata (testo) e, sobre esta, as brasas de madeira e de sabugo. Ao dourar por cima, o bolo estava pronto. Como variante, metade da quantidade de fubá podia ser substituída por farinha de trigo.

BOLO DE CHINELO

Para 1 quilo de fubá, misturam-se 2 ovos, 2 copos de leite, algumas colheres de sopa de gordura, 1 colher de café de bicarbonato, erva-doce e cravo. Bate-se tudo e acrescenta-se o fubá, deixando a massa em ponto firme. Fazem-se broas compridas, enrola-se em folhas de bananeira e coloca-se em meio às cinzas do fogão para assar.

BROA DE FUBÁ

Tanto quanto os bolos, as broas apresentam grande variedade de receitas. Em todas elas, o básico é preparar uma mistura a gosto, na qual o fubá — às vezes combinado com polvilho doce — terá a função de engrossar a massa, para permitir a moldagem das broas que irão ao forno. Como receita básica, pode-se considerar 1 prato de fubá escaldado em banha fervente, ou gordura de vaca, ao qual se acrescentam 12 ovos, açúcar, sal e erva-doce, em ponto de enrolar com as mãos em forma de broa, levando ao forno quente em assadeiras untadas. Como variante, tomam-se 2 xícaras de cará cozido e amassado, 2 dúzias de ovos, 2 xícaras de gordura de porco ou de vaca, 2 pires de polvilho, 2 garrafas de leite e açúcar a gosto, engrossando-se com fubá o quanto necessário, a ponto de se moldar as broas com a mão e levá-las ao forno. Outra maneira de chegar ao ponto é, partindo-se de uma quantidade fixa de fubá (1 prato bem cheio), acrescentar 1 pires de polvilho, 1 prato de gordura de porco (só até o vinco!),[3] 1 prato cheio de água e sal, e, a partir daí, quantos ovos forem necessários para conseguir enrolar as broas em formato redondo para levar ao forno.

Em outra receita, batem-se 2 ovos com 1 xícara de açúcar e 3 colheres de banha; acrescentam-se, então, 3 xícaras de fubá. Junta-se à massa leite azedo (deixado três dias em temperatura ambiente). Por fim, acrescentam-se 2 colheres de chá de bicarbonato de sódio. Leva-se ao forno em fôrma untada por cerca de 40 minutos. Também se faz com 1 prato fundo de fubá mimoso, meio litro de óleo, a mesma quantidade de água, 200 mililitros de açúcar, uma pitada de sal e de 12 a 18 ovos, até dar o ponto. Fervem-se juntos a água, o óleo e o açúcar e, com essa mistura, escalda-se o fubá. Deixa-se esfriar, acrescentam-se os ovos aos poucos e sova-se.

O ponto da massa é aquele em que as bolas, que serão as broas, não se prendem à mão. Depois, molda-se cada uma numa xícara de chá untada e enfarinhada com fubá, ou em cumbuquinhas de cabaça, igualmente untadas e enfarinhadas. Giram-se as bolas de massa nessas fôrmas até dar o formato de broa e colocam-se no tabuleiro untado que irá ao forno. O forno deve ser inicialmente quente, para crescerem e começarem a rachar e a dourar, baixando-se em seguida para forno médio até ficarem prontas.

BROA DE AMENDOIM
Faz-se a partir de uma calda feita de 1 quilo de rapadura, à qual se misturam 1 quilo de amendoim torrado e moído, 800 gramas de fubá mimoso, 3 ovos e 1 colher de sobremesa de bicarbonato de sódio. Tudo misturado e enrolado, põe-se em fôrma de tabuleiro untada com gordura e leva-se ao forno quente.

ROSCA DE FUBÁ DE CANJICA
Juntam-se 1 prato de fubá, 1 prato de polvilho, 1 prato de fermento natural para pão, 1 prato de água e 2 dúzias de ovos; 1 pires de manteiga, cravo e canela a gosto. Ferve-se a água com a manteiga, escalda-se o polvilho com o fubá, amassa-se com os ovos e o fermento. Faz-se de tarde para assar no dia seguinte em forno brando, em fôrmas untadas.

COBU
Escalda-se 1 quilo de fubá com 1 litro de leite fervente, juntam-se 2 xícaras de açúcar, 1 prato fundo de banha derretida, canela e erva-doce a gosto, 3 ovos e uma pitada de sal, fazendo-se pequenos pãezinhos com um pedacinho de queijo dentro. Enrola-se em folha de bananeira e leva-se ao forno quente para assar. Como variante, pode-se colocar um pouco de fermento em pó, despejar em um tabuleiro para assar e cortar em pedaços quadrados.

PÃO DE FUBÁ
Obtém-se misturando rapidamente 1 xícara de farinha de trigo, 1 xícara de fubá, 2 colheres de sopa de fermento em pó, 1 xícara de leite, 1 colher de sopa de manteiga ou banha e sal. Colocam-se

pequenas porções num tabuleiro polvilhado com fubá e leva-se ao forno quente. Serve-se quente, com manteiga.

BISCOITO DE FUBÁ
Para quatro medidas de fubá, uma de polvilho, uma de gordura quente para escaldar o fubá, 1 xícara de leite com sal e ovos o quanto baste. Assa-se em folhas de bananeira em forno quente.

BOLINHO FRITO DE FUBÁ
Coloca-se para ferver 1 litro de água, despeja-se 1 prato de fubá mimoso, mexe-se até cozinhar bem e deixa-se esfriar um pouco. Juntam-se 4 ou 5 ovos, uma pitada de sal e 4 colheres de açúcar. Fazem-se bolinhas do tamanho de um ovo e coloca-se dentro um pedacinho de queijo. Frita-se em gordura não muito quente. A massa pode ser feita também com 3 xícaras de chá de fubá escaldado com meio litro de leite quente, 1 xícara de farinha de trigo, 2 colheres de sopa de banha, 1 colher de sopa de manteiga, erva-doce e canela moída, 3 ovos, 3 xícaras de açúcar e 1 colher de fermento em pó.

SONHO DE FUBÁ[4]
Escaldam-se 2 xícaras de fubá mimoso em 3 xícaras de leite fervente. Colocam-se uma pitada de sal e 1 colher de açúcar. Mistura-se bem, acrescentando alguns ovos, até formar uma massa mole. Às colheradas, frita-se em gordura quente e polvilha-se açúcar e canela.

BISCOITO DE FUBÁ DE CANJICA
Uma medida de fubá de canjica, uma de gordura, uma de água. Escalda-se a gordura na água bem quente, coloca-se o fubá e, em seguida, uma medida de açúcar e outra de água fria. Amassa-se com ovos até o ponto de enrolar em cordões finos, que se cor-

tam em pedaços e levam-se ao forno quente. Depois de assados, diminui-se a temperatura do forno para deixar secar mais.

BOLACHA DE MILHO

Tomam-se 250 gramas de fubá, 100 gramas de manteiga, 150 gramas de açúcar, 2 colheres de sopa de trigo e meio litro de leite. Misturam-se todos os ingredientes, amassando bem, até o ponto de abrir com rolo. Deixando a massa com meio centímetro de altura, corta-se no formato desejado e leva-se ao forno.

PAU A PIQUE OU JOÃO-DEITADO

Esse doce faz-se em formato cilíndrico, envolto em folha de bananeira e assado ao forno. Existem várias receitas que associam fubá, mandioca, batata-doce, inhame ou abóbora. No Vale do Paraíba, faz-se juntando 12 xícaras de fubá, 4 xícaras de farinha de trigo, 5 xícaras de açúcar, 3 colheres de manteiga, 4 ovos, 2 xícaras de leite, 1 xícara de batata-doce cozida e amassada, 1 xícara de inhame ralado, 3 xícaras de abóbora cozida, 2 xícaras de banha, meia xícara de óleo, 1 colher de chá de bicarbonato de sódio e temperos como erva-doce, cravo e canela.

Em uma bacia, colocam-se o inhame ralado, os ovos, o bicarbonato e o açúcar. Seguem-se os ovos, os temperos, as gorduras e os demais ingredientes, à exceção do fubá e do leite, acrescentados por último. Mistura-se tudo, fazem-se roletes de massa e enrola-se de forma cilíndrica na folha de bananeira, em cortes de aproximadamente 20 centímetros. Leva-se ao forno por cerca de 20 minutos, retira-se e deixa-se esfriar coberta com pano.

Em Ribeirão Preto, interior de São Paulo, encontra-se uma versão feita apenas com fubá, açúcar, leite, manteiga, erva-doce e ovos. Na Serra da Canastra (Minas Gerais), para 1 quilo de mandioca ralada, acrescentam-se 300 gramas de queijo curado ralado, 300 gramas de açúcar, 3 ovos e 2 colheres de sopa de manteiga. Rala-se a mandioca, espreme-se para tirar o excesso de suco, juntam-se os demais ingredientes, mexe-se e enrola-se na folha de bananeira. Não se usa fubá, de modo que o nome do prato parece ser o aspecto mais importante, ligado à embalagem de folha de bananeira onde é assado.

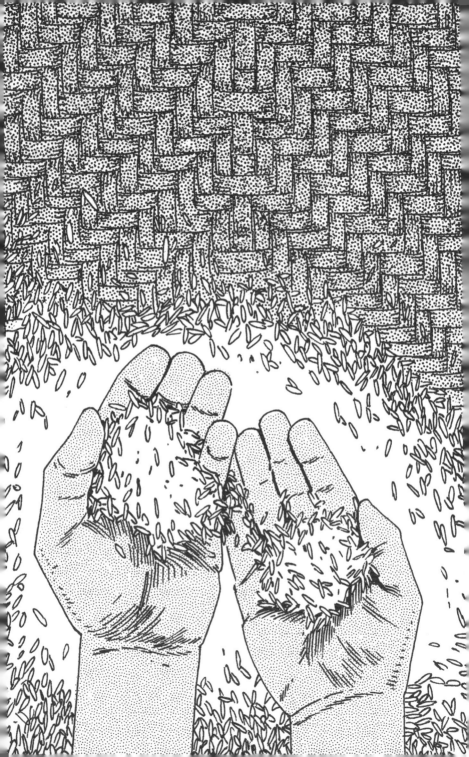

O arroz

O arroz desenvolveu-se principalmente como cultura de subsistência e ganhou impulso só no século 19. Como escreveram Francisco Vidal Luna e Herbert Klein, em pesquisa sobre a escravidão e a alimentação paulista:

> O que mais se evidencia nos dados é que o arroz encontrava-se em uma fase de rápida expansão na maioria dessas localidades [Itu, Capivari, Campinas, Mogi Mirim, Areias, Cunha, Jacareí e Jundiaí] durante o primeiro terço do século 19. Areias, por exemplo, a maior produtora de arroz [...], quintuplicou sua produção de 1817 a 1829, e o número de produtores quase triplicou [...]. Em 1836, esses oito municípios continham 1.200 rizicultores, que colheram 652 toneladas de arroz naquele ano [...], e o rizicultor escravista médio colheu quatro vezes mais arroz que os produtores sem escravos.[1]

As várias receitas caipiras nas quais o arroz é elemento capital espalham-se por toda a Paulistânia.

ARROZ COM SUÃ

Lava-se bem a suã cortada em pedaços. Dá-se uma fervura para tirar o excesso de gordura e evitar que fique enjoativo. Então, frita-se com alho socado e rodelas de cebola. Acrescentam-se água, cheiro-verde e sal e cozinha-se até ficar mole. Em seguida, acrescenta-se o arroz na panela em que está a suã, completa-se com água e cozinha-se até o arroz ficar mole. Em outra versão, frita-se em banha de porco e acrescentam-se batata, especiarias, limão ou vinagre, louro e pimenta-do-reino, e, só então, o arroz. Modernamente, costuma-se separar a carne já cozida dos ossos, de modo a se obter uma apresentação menos grosseira.

Trata-se de um arroz cozido em caldo feito com a espinha dorsal do porco e as carnes que a circundam. A grande quantidade de tecido conjuntivo dos músculos que envolvem a espinha, os tendões da coluna e os próprios ossos conferem a esse caldo e, consequentemente, ao arroz feito com ele uma consistência muito interessante. Seu preparo é simples. A suã de um porco adulto tem em média 2 quilos. Peça para o açougueiro cortar a suã em pedaços de 4 a 5 centímetros. Numa panela grande e, de preferência, de fundo grosso, doure bem os pedaços de suã até que estejam na coloração marrom-escura. Reserve os pedaços de suã dourados e, na mesma panela, frite 500 gramas ou um pouco mais de sua linguiça preferida (costumo utilizar uma de produção própria, muito simples, temperada com sal, pimenta-do-reino e coentro em grão) e reserve-a. Doure 200 gramas de toucinho picado fino, acrescente 2 cebolas bem picadas e deixa-as murchar e dourar bem. Acrescente uns 10 dentes de alho picados, devolva os pedaços de suã à panela, cubra-os com água, salgue levemente (já que esse caldo vai se reduzir um pouco), acrescente 2 folhas de louro, 1 pé e 1 orelha frescos de porco (que vão conferir ainda mais consistência ao caldo) e deixe cozinhar até que a carne da suã se solte facilmente dos ossos, o que levará cerca de 2 horas (caso utilize panela de pressão, 20 minutos). Com a carne devidamente cozida, o cozinheiro deve fazer uma escolha entre desossar ou não a suã. Tradicionalmente o arroz de suã é servido com ossos. Não vejo problema algum em servi-lo assim. No entanto, para servir esse prato no restaurante, prefiro desossá-la. Para isso, retiro com cuidado toda a carne dos ossos, cozinho o arroz em duas vezes o seu volume de caldo de suã e, quando ele está prestes a chegar no ponto, acrescento a carne de suã sem ossos, linguiça picada, salsinha fresca picada grosseiramente e tomate picado em cubos. Misturo bem e finalizo com um pouco mais do caldo, já que gosto do arroz de suã bem úmido, para ser comido de colher, com o caldo sobrando no fundo do prato.

ARROZ DE FORNO

Faz-se um arroz simples que, pronto, é despejado numa travessa grande. Mistura-se nele, ainda quente, 1 colher de manteiga. Depois de frio, misturam-se umas 3 gemas de ovos, mexendo-se com a colher de pau; em seguida, 3 colheres de queijo parmesão ralado, mexendo-se mais. Arruma-se num recipiente que possa ir ao forno, enfeita-se com azeitonas, passam-se mais gemas de ovo na superfície, faz-se o acabamento com farinha de rosca e, sobre ela, mais queijo parmesão ralado. Leva-se ao forno até dourar a superfície.

ARROZ COM LINGUIÇA

Crê-se que ficará melhor se feito em panela de pedra. Lava-se e escorre-se o arroz; colocam-se na panela meia xícara de banha de porco, 1 linguiça picada e 1 cebola também picada. Adicionam-se folhas de repolho rasgadas, arroz, louro, salsinha e alho amassado. Tapa-se a panela e deixa-se o arroz cozinhar bem, em fogo forte. Deve ficar ligeiramente mole para servir.

ARROZ COM PEQUI

Refogam-se os caroços de pequi com sal, alho, cebola e pimenta-do-reino. Quando a água secar, coloca-se o arroz, refogando bem. Acrescenta-se mais água, deixa-se cozinhar até o arroz ficar pronto e serve-se. Há quem prefira refogar o pequi e cozê-lo, deixando bastante caldo para misturar ao arroz branco já no prato.

Há ainda quem prefira o arroz com pequi e carne, seja ela verde ou seca desfiada: refoga-se a carne junto com o pequi, acrescentando alho e pimenta de bode e, em seguida, arroz e água. Igualmente importante é a galinhada com pequi: usa-se o mesmo procedimento, acrescentando 1 frango caipira refogado em pedaços e, eventualmente, também 1 linguiça desfeita, antes do arroz e da água.

ARROZ COM COSTELINHA

Salga-se de véspera 1 quilo de costelinha de porco. No dia seguinte, cozinham-se as costelinhas temperadas a gosto e, em seguida, fritam-se bem. Refoga-se então 1 quilo de arroz com a costelinha frita, acrescentando-se 2 litros de água e cozinhando até secar, quando deverá estar pronto.

ARROZ DE PUTA POBRE

Pica-se carne de vaca em pedaços e frita-se, temperando-se a gosto e adicionando-se água para cozinhar. Quando estiver cozida e a água secar, frita-se novamente na gordura que restou. Refoga-se a seguir o arroz, de preferência pilado, coloca-se água e deixa-se cozinhar; junta-se feijão cozido sem amassar e mexe-se.

ARROZ MARIA-ISABEL OU ARROZ SERIGADO

Frita-se a carne-seca picada bem fina, até torrá-la. Refoga-se o arroz com a carne, como no arroz com suã. Há quem acrescente rodelas de limão-galego, sem amassar, à carne frita ou, ainda, colorau ou tomate bem maduro para dar coloração.

CASADINHO

Refoga-se o arroz com sal, cebola, alho e pimenta-do-reino.

Acrescenta-se o feijão cozido sem amassar, com bastante caldo, e cozinha-se o arroz nele.

SOPA DE QUIRERA DE ARROZ

Coloca-se a quirera de arroz para ferver com leite até desmanchar. Bate-se uma gema de ovo e junta-se. Faz-se um molho de carne moída e temperos, mistura-se tudo e serve-se.

CANJA DE GALINHA

Rechaçada por muita gente, que a considera comida de enfermos (e foi esse o uso original com que veio de Portugal, vinculado ao consumo da galinha), uma canja, além de alimentar, pode revelar muito sobre as habilidades de um cozinheiro. O equilíbrio do caldo, a quantidade de sal, o ponto de cocção do arroz, a proporção entre caldo, arroz, carne e outros itens que podem ser acrescentados... Por se tratar de prato delicado, tudo isso se evidencia muito, mostrando bem as características do trabalho de quem a preparou.

Para fazê-la, refogam-se em gordura 1 colher de sopa rasa de sal, alho, cebola batida e meia galinha em pedaços, fritando-se levemente. Cortam-se cenoura e batata em rodelas e juntam-se à galinha dourada, assim como 1 tomate picado sem pele e sem sementes. Acrescenta-se água e põe-se a cozinhar. Depois, juntam-se 1 xícara de arroz e, quando tudo estiver cozido, cheiro-verde picado. Por um outro caminho, há quem prefira deixar a galinha esfriar para desossá-la e tirar a pele antes de acrescentar o arroz e, se estiver muito engordurada, retirar parte da gordura com papel absorvente.

O caldo pode ser feito seguindo a seguinte proporção: uma parte da proteína ou do elemento principal, meia parte de aromáticos (ou mirepoix) e duas partes e meia de água. Para uma canja de galinha, portanto, a receita é: 1 galinha assada inteira (de aproximadamente 2 quilos), previamente temperada, bem dourada em forno alto. Cerca de 500 gramas de cebola, 250 gramas de salsão, 200 gramas de cenoura, 50 gramas de alho, 1 tomate maduro, 1 folha de louro, pimenta-do-reino e 1 galho de alecrim. Depois de assar a galinha caipira a 250°C por 25 minutos, utilize um pouco da gordura da assadeira para refogar e dourar levemente a cebola, o salsão e a cenoura cortados grosseiramente. Em seguida, acrescente os demais ingredientes, inclusive a galinha, cubra com 5 litros de água, adicione 2 colheres de sopa de sal e deixe cozinhar lentamente por 2 horas. Retire a galinha, desosse e desfie a carne, devolva os ossos ao caldo, cozinhe por mais 2 horas, coe o caldo, retorne as lascas da galinha ao caldo, acerte o sal e sirva com arroz já cozido, salsinha e cebolinha.

GALINHADA

Um frango caipira em pedaços, temperado com sal, alho e pimenta-do-reino e frito na panela com gordura. Acrescentam-se rodelas de cebola e cheiro-verde, podendo-se somar louro, pimentão e tomate maduro. Deixa-se cozinhar, pingando-se água quente. Quando estiver quase pronto, junta-se o arroz, mexe-se, acrescenta-se água e deixa-se cozinhar até amolecer. O arroz com pato ou pombo é feito da mesma forma.

ARROZ COM GUARIROBA OU COUVE

Pica-se a guariroba em pedaços e põe-se para cozinhar em gordura com sal, alho e pimenta-do-reino. Refoga-se o arroz à parte, coloca-se a guariroba na panela em que está sendo refogado o arroz. Pelo amargor, o refogado da guariroba é desprezado. Acrescenta-se nova água e deixa-se cozinhar até ficar macio. Para fazer o arroz com couve, refogam-se juntos o arroz e as couves rasgadas e sem os talos. Serve-se mole.

SOPA DE ARROZ

Faz-se um caldo de carne e põe-se a ferver, acrescentando-se o arroz lavado. Deixa-se cozinhar até ficar bem mole. Enquanto está cozinhando, acrescentam-se couve rasgada e pedaços de nabo ou batata.

BOLINHO DE ARROZ

Passam-se 3 xícaras de arroz cozido em máquina de moer carne, acrescentam-se 2 ovos, 1 colher de sopa cheia de farinha de trigo, 1 colher de café de fermento químico, sal e salsinha picada. Fazem-se os bolinhos e fritam-se em gordura bem quente.

Em seu livro A fisiologia do gosto, *Brillat-Savarin diz que "a fritura também fornece ao cozinheiro bons meios de reapresentar o que foi prato na véspera, e dá-lhes auxílio nos casos inesperados".[2] Pois bem, o bolinho de arroz nada mais é do que uma forma muito saborosa de aproveitar o arroz de véspera. Para mais ou menos meio quilo de arroz cozido, adicione uns 200 gramas de muçarela ralada fina, 2 colheres bem cheias de farinha de rosca, 1 colher de salsinha picada, 1 colher de cebolinha picada e ½ de pimenta dedo-de-moça picada finamente. Adicione 1 colher de café de fermento químico em pó, 5 ovos batidos e um pouco de sal. Misture bem, faça bolinhos irregulares (pois assim ficarão mais interessantes, com textura variando entre o crocante e o macio) e frite em óleo quente.*

ARROZ-DOCE

Antigo prato da tradição ibérica, difundiu-se por todo o Brasil. Lavam-se bem 2 xícaras de arroz e cozinha-se em 1 litro de leite com paus de canela. Quando estiver quase cozido, acrescentam-se açúcar a gosto e uma pitada de sal, mexendo-se de vez em quando para não grudar no fundo da panela. Quando pronto, retira-se do fogo e se coloca em potinhos, polvilhando com canela em pó.

Há quem junte gemas diluídas em pouco leite um pouco antes de terminar a cocção, na proporção de 4 gemas por xícara de arroz, retirando logo do fogo para não talhar. Pode-se acrescentar calda queimada ou cobertura de açúcar para queimar.

É possível, também, fazer arroz-doce com pequi: aferventa-se o caroço do pequi, raspa-se sua polpa com uma colher, cozinha-se o arroz com a polpa do pequi e raspas de rapadura, dissolvendo-se tudo. Retira-se do fogo quando o arroz estiver mole. Ou pode-se fazer o arroz-doce assado, batendo-se 3 ovos e acrescentando-se ao arroz-doce, juntando-se manteiga e levando-se ao forno em fôrma untada de caramelo. Por fim, há o arroz-doce com marmelo: descascam-se e cortam-se os marmelos em fatias, deixando-os em água para não escurecerem. Juntam-se as fatias e açúcar na cocção do arroz, misturando bem. Serve-se com queijo minas.

BOLO DE ARROZ

As mudanças na receita deste bolo, muito popular no interior de Goiás, foram registradas recentemente por pesquisadores locais. Primeiramente, era feito com arroz quebrado, que era colocado para fermentar em leite por 3 dias antes do preparo. Depois, usou-se deixar todos os ingredientes a fermentar juntos; hoje, substitui-se a fermentação pelo uso de coalhada ou iogurte e fermento químico. A receita corrente é: meio quilo de fubá de arroz, 3 copos de açúcar, 3 copos de coalhada, 3 copos de queijo ralado, meio copo de óleo, 2 colheres de fermento em pó e 4 ovos. Misturam-se todos os ingredientes e deixa-se descansar de um dia para o outro, assando-se em forminhas de empada untadas.

Em outra versão, misturam-se 2 pratos de fubá de arroz, 1 prato de açúcar, 1 prato de banha de porco, 1 colher de sopa de fermento biológico desenvolvido em base de farinha de trigo e água, 2 ovos, erva-doce, canela em pó, cravo em pó, sal e 1 colher de bicarbonato de sódio. Tudo é misturado de véspera, ficando em ponto de bolo para ser assado no dia seguinte.

BOLO DE ARROZ E CARÁ

Tomam-se 700 gramas de fubá de arroz, separando-se um pouco para fermentar, com 1 colher de farinha de trigo. Depois do fermento crescido, amassa-se tudo com 3 pratos de cará cozido e passado na peneira, 1 prato de gordura, sal e ovos até que fique em ponto de pegar nas mãos. Os bolinhos são colocados em forminhas untadas e levados ao forno quente. Pode-se também partir de 5 pratos de pó de arroz (fécula de arroz), 1 prato de cará cozido, 400 gramas de banha derretida, 9 ovos, 300 gramas de manteiga, sal e erva-doce. Amassam-se o cará e o arroz e se põem para fermentar. Quando estiver fermentado, juntam-se os demais ingredientes e dispõe-se em travessa para crescer. Leva-se ao forno para assar em folha de bananeira.

BOLO DE COZINHA

Faz-se com 500 gramas de fubá de arroz, 500 gramas de açúcar, 2 xícaras de gordura, 1 dúzia de ovos batidos, sumo de 1 limão, canela e sal. Leva-se ao forno temperado em fôrma de bolo untada.

BOLO DE ARROZ DO VALE DO PARAÍBA

Este bolo parte de um 1 ½ quilo de mandioca cozida e moída, meio quilo de farinha de arroz, 300 gramas de banha de porco, 100 gramas de manteiga, 1 colher de sopa de açúcar, 4 gemas ou mais, erva-doce e sal. Coloca-se a mandioca numa vasilha, acrescentando-se a farinha de arroz e os demais ingredientes. Unta-se uma assadeira de tabuleiro com manteiga e pingam-se os bolos com uma colher, um ao lado do outro, deixando pequenos espaços entre eles. Leva-se ao forno quente.

BOLINHO DE ARROZ COM ABÓBORA

Usam-se meio quilo de abóbora cozida e amassada, meio quilo de açúcar, 1 xícara de farinha de trigo, meia xícara de banha derretida, meia xícara de leite e meia xícara de manteiga, 1 dúzia de ovos e 100 gramas de levedo. Dissolve-se o levedo no leite, junta-se à farinha de trigo, faz-se uma calda grossa com o açúcar. Misturam-se a massa crescida de farinha de trigo, a calda e os demais ingredientes. Engrossa-se com a quantidade necessária de fubá de arroz, até ficar um mingau grosso. Deixa-se crescer novamente e coloca-se para assar em forminhas untadas.

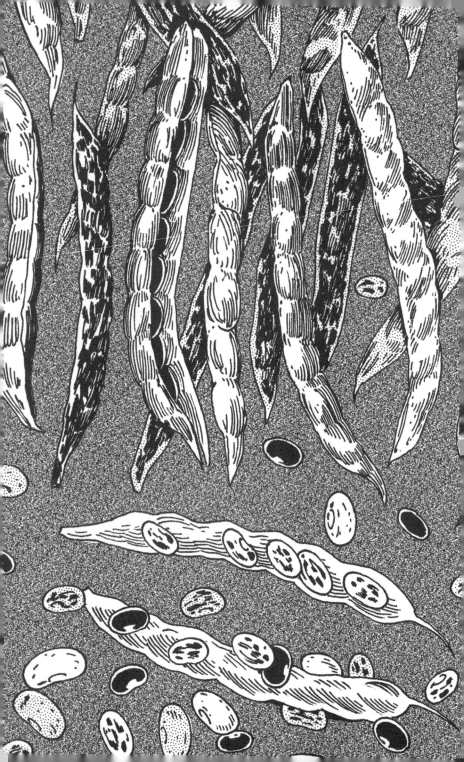

O feijão

SOPA DE FEIJÃO
A um caldo de carne, juntam-se o feijão cozido passado na peneira e pimenta, deixando ferver bem e mexendo sempre. Colocam-se rodelas de ovo cozido na sopeira e, sobre elas, despeja-se o caldo bem quente, servindo com torradas.

FEIJÃO CAIPIRA (MINEIRO)
Faz-se cozinhando o feijão e colocando-se em vasilha com sal, salsinha, cebolinha, cebola, pimenta-do-reino e demais condimentos a gosto. Despeja-se o feijão cozido e mistura-se. Cobre-se com farinha de mandioca, esquenta-se bem gordura de porco e escalda-se. Mexe-se e serve-se, tendo à parte torresmo magro ou carne de porco. Assim se faz em Goiás. Em Minas Gerais, acrescentam-se ao feijão-mulatinho, roxinho, enxofre ou preto, já cozido e com caldo grosso, pedaços de toucinho, carne de sol, lombo ou orelha para dar sabor. Pouco antes de servir, toma-se um tanto de feijão e se esmaga com colher de pau, refogando em tempero mineiro. Junta-se ao restante do feijão cozido e deixa-se ferver um pouco.

VIRADO DE FEIJÃO

Leva-se o feijão cozido a uma frigideira, na qual se fez um refogado com gordura, rodelas de cebola e salsa picada. Junta-se um pouco de caldo, deixa-se ferver e mistura-se, aos poucos, farinha de mandioca ou de milho, mexendo-se até formar uma pasta meio dura. Este virado é servido com linguiça, ovos fritos, pedaços de carne de porco frita ou costelinha. Acompanha arroz.

FEIJÃO-TROPEIRO

É o feijão cozido, feito em gordura de torresmo, ao qual se juntam cebola cortada em rodelas, torresmo fresco e couve picada, e se mexe com farinha de mandioca. É servido com linguiça frita e ovos em rodela.

TUTU DE FEIJÃO

Parte do feijão já preparado, com caldo. Numa panela de ferro, tempera-se e frita-se toucinho de barriga do porco, cortado em cubos. Retiram-se os torresmos e, na gordura, refoga-se o tempero, adicionam-se a massa de feijão, mexendo sempre, e a farinha de mandioca, aos poucos, até chegar a uma massa mole de pirão. Levado a uma travessa, é guarnecido com couve picada, lombo assado e pedaços de linguiça frita, distribuindo-se o torresmo frito por cima com ovo cozido ou frito.

GUISADO DE FEIJÃO

Faz-se a partir do feijão cozido macio. Em outra panela, refogam-se em banha temperos verdes e pimenta-malagueta. Ao corar, junta--se uma concha de caldo do feijão cozido, deixando ferver; junta-se o restante do feijão, deixando engrossar em fogo brando. Por fim, ao servir, acrescenta-se cebolinha picada.

FEIJOADA

É da região da Paulistânia o modo de fazer que corresponde à chamada feijoada brasileira. Faz-se com feijão-mulatinho ou feijão-preto, embora o título de "brasileira" esteja mais ligado ao preto, que se usava em Minas Gerais e no Rio de Janeiro, do que ao mulatinho, então mais comum em Goiás e no Vale do Paraíba. As carnes são pé, orelha e focinho de porco, costela de porco magra, toucinho defumado, carne-seca, linguiça defumada e, eventualmente, paio. Cozem-se todas de véspera, para que esfriem e se retire a gordura considerada excessiva. Cozinha-se o feijão de modo tradicional, com os temperos verdes, e, depois, juntam-se as carnes. Serve-se com arroz, farinha de mandioca, molho de pimenta, couve refogada, laranja azeda e cachaça.

Diferentemente do que diz o folclore — que a feijoada nasceu nas senzalas, do aproveitamento das partes do porco desprezadas pelos senhores de engenho —, é evidente a origem ibérica do prato, semelhante a uma infinidade de comidas típicas de Portugal e da Espanha, cujos povos têm grande apreço pelas partes do porco geralmente tidas como menos nobres. É lastimável constatar que grande parte das feijoadas que encontramos hoje em dia têm exatamente o mesmo gosto. Do restaurante popular ao mais luxuoso, o sabor da feijoada varia muito pouco. O alcance de mercado das indústrias frigoríficas e a uniformização de seu produto, seus embutidos de tempero idêntico e indistinguível, o advento da feijoada light, em que partes como pés, orelhas, rabo são separadas, quando não excluídas do preparo — tudo isso se sobrepõe nos refogados que cada um faz para o feijão, e os resultados têm pouca diferença. Difícil encontrar uma feijoada que não tenha gosto de embutido da Sadia/Perdigão.

Apreciador que sou de uma boa feijoada, essa monotonia sempre me incomodou. Quando inaugurei meu restaurante, tinha pelo menos uma missão bem definida. A feijoada que é feita no Jiquitaia leva vários embutidos e defumados produzidos artesanalmente, alguns por nós mesmos, outros por pequenos produtores. E o resultado é que a feijoada que servimos apresenta sabores e aromas bem distintos dos encontrados nas feijoadas da cidade. Como em todo bom cozido, o ponto de cocção de cada carne, e do feijão, é cuidadosamente respeitado, para manter a tão importante variedade de texturas. Contrariando o rigor histórico quanto à origem da feijoada e, de certa forma, celebrando a metáfora da feijoada como prato nacional, gosto de servi-la acompanhada de uma farofa simples, de farinha de mandioca fina, só com alho, cebola e azeite de dendê. O perfume do dendê impregnado na farofa causa um delicioso contraste com o caldo do feijão gordo e aromático de especiarias, digamos, mais típicas do reino.

As conservas

Conservar alimentos foi uma das funções básicas da cozinha caipira ao longo dos tempos, com várias técnicas adotadas. A de maior impacto, tanto em número de pratos quanto de lugares de uso, foi, sem dúvida, a cocção e a secagem das farinhas de milho e mandioca. Há variações entre elas, mas na origem dos tratos desses dois elementos está o modo de fazer guarani, que consistia em cozer a mandioca ou o milho-verde em grãos, secá-los ao sol e, depois, pilar para o uso. Assim, têm-se conservas já cozidas, prontas para o consumo.

Em segundo lugar, há o moquém e suas derivações caipiras, como o toicinho de fumeiro, salgado ou não. Assim se conservavam carnes e peixes para o uso direto em cozidos, pela reidratação. Mas da culinária dos colonizadores portugueses foram adotadas e preservadas muitas outras técnicas. Para embutidos e carnes já preparadas, a conserva em banha de porco especializou-se como forma privilegiada, evitando o contato com o ar; e também a salga para as carnes verdes. De tal sorte que o ponto de partida de vários pratos é precedido por processos nem sempre simples, implicando jornadas de trabalho que, muitas vezes, se faziam na forma de mutirões. Como a matança do porco, tão ritualizada em Portugal quanto no meio rural caipira.

A carne-seca, ou charque, é um capítulo à parte. Deriva da técnica pré-colombiana do *charqui* (em *quéchua*), que os espanhóis adotaram e difundiram por todo o mundo colonial sob seu domínio, e que encontrou, no Brasil, dois polos de produção: no Nordeste açucareiro, até a grande seca de 1777, para a alimentação da escravaria dos engenhos; e nas pradarias gaúchas, após essa época, para suprir os mesmos engenhos nordestinos. Nos sertões de leste nunca houve grandes charqueadas nem o consumo dessas carnes foi expressivo, isto é, nunca superou o da carne de porco; e o suprimento de carne-seca se deu a partir dos dois polos tradicionais de produção, especialmente o gaúcho, por causa do desenvolvimento do tropeirismo.

Para os vegetais, outro conjunto de técnicas ganha relevo. A cultura ocidental desenvolveu várias modalidades, com destaque para a desidratação e a conserva em meio líquido apropriado, seja calda de açúcar, vinagre, álcool ou formas combinadas. No conjunto das conservas em açúcar, e conforme a sistematização inglesa, há a *jam*, a *jelly* e a *marmalade*, em que as duas primeiras dependem da presença da pectina na fruta, o que nem sempre ocorre. Já na *marmalade*, que os ingleses aprenderam com os portugueses no Oriente, não há necessidade da pectina, pois o que se busca é um concentrado da polpa da fruta açucarada, de modo a expulsar a água que levaria o produto à deterioração. Além da marmelada propriamente dita — e o marmelo já era fruta apreciada nos primeiros séculos —, adotou-se aqui a mesma técnica para a produção da marmelada de goiaba, da bananada, da figada, da buritizada e assim por diante. Esses doces, de grande presença à mesa, foram muitas vezes associados ao queijo — uma forma de conservação fermentada, como é o caso do queijo Canastra, produzido, a partir do século 18, conforme se fazia nos Açores o queijo São Jorge, que lhe serviu de modelo.

Outro princípio de conserva importante, pois que adotado largamente, foi a compota de frutas em meio açucarado. Faziam-se e ainda se fazem compotas de tudo, de frutas exóticas aclimatadas a frutas nativas apreciadas. Com base nelas, desenvolveu-se ainda uma doçaria que exibe uma estética própria em vidros de compota, seja combinando várias frutas em desenhos geométricos, seja criando cortes especialmente elaborados, que imitam flores, como nas compotas de mamão ou coco em tiras. Nas cidades de Poços de Caldas e Goiás Velho, temos exemplos ainda vivos dessa arte secular. Do ponto de vista técnico moderno, contudo, esses doces possuem uma limitação clara: o uso exagerado do açúcar, muito além do necessário para o equilíbrio osmótico da fruta e do meio açucarado. Assim, para perdurar, essa doçaria tem encontrado obstáculos nas dietas modernas economizadoras de açúcares.

Já as frutas cristalizadas, muitas vezes cozidas após um banho em solução alcalina (cal virgem), que cria uma película mais resistente, capaz de conter a fruta cozida sem desmanchar, são secas ao sol depois de passadas em açúcar cristalizado, ganhando longa duração. Em terminologia técnica europeia, são *candies*. A única fruta tropical que parece constituir exceção a esse procedimento é a banana, bastando secá-la ao sol sem tratamento prévio.

As conservas em álcool, por sua vez, nunca foram utilizadas para frutas, a não ser na forma de sucos, na arte de elaboração de licores e garrafadas para usos culinários e medicinais variados, que evidenciavam o uso da cachaça nas técnicas de conservação. Um exemplo extremo desse uso foi o licor de ovos. Dentro da mesma técnica, porém, há exemplos de utilização de frutas para saponificar ou aromatizar a própria cachaça, como a cachaça com cambuci. Por fim, as conservas em vinagre se limitaram a uns tantos vegetais da horta, constituindo os picles, nos quais ele se alterna ou se combina com a salmoura.

No conjunto, muitas dessas formas de conserva foram caindo em desuso a partir do século 20, com a eletrificação rural e a difusão da geladeira. Hoje, algumas são mantidas, apenas por razões gastronômicas. O porco na lata talvez seja o caso mais notável, por remeter de imediato a uma ruralidade que se transformou e já não requer essa modalidade de conserva.

As conservas de pimentas são os tipos de picles mais recorrentes nas cozinhas da Paulistânia. Algumas conservadas no álcool da cachaça, outras em vinagres, outras em óleo, fermentadas involuntariamente ou não. Apesar de terem a função de temperar — muitas vezes somente com o líquido que as conserva —, elas não deixam de ser picles. Pois, como diz a legislação brasileira, "picles é o produto preparado com as partes comestíveis de frutos e hortaliças, como tal definidos nestes padrões, com ou sem casca, e submetidos ou não a processo fermentativo natural".[1]

Na cidade de São Paulo, mesmo em restaurantes de cozinha estrangeira e nos mais refinados, sempre há uma conserva de pimenta pronta para ser oferecida aos clientes que a solicitem. Normalmente preparada para o consumo da brigada, sempre acaba no salão para atender àqueles clientes que têm o costume arraigado de acrescentar alguma picância a tudo que comem.

Tamanha é a importância das conservas de pimenta na cozinha brasileira que seu principal restaurante em São Paulo, o Tordesilhas, da chef Mara Salles, tem entre os funcionários um mestre pimenteiro, o pernambucano José Lima, que prepara diariamente conservas de pimentas variadas e ainda indica qual delas vai bem com cada prato do cardápio.

CONSERVAS DE CARNE

PELOTA OU PELOTÃO (CARNE NA LATA)
Retalha-se a melhor parte do boi, picando o restante bem fino e temperando com sal, alho e pimenta. Depois, fazem-se pelotas

de aproximadamente meio quilo, enrolando uma porção de carne picada e temperada numa manta de carne retalhada. Costura-se. Põe-se a cozinhar em bastante água e em um quarto de gordura de porco. Quando acabar a água, apura-se bastante no restante da gordura e guarda-se em latas, cobrindo-se todas as pelotas. Guarda-se por até um ano, fritando-se os pedaços quando do consumo.

Em outra técnica de preparo, corta-se a carne bovina em pedaços livres de sebo, muxiba e pelanca, e coloca-se em tachos bem areados com água e temperos desejados. Estando bem cozidos, escorre-se numa peneira e, em seguida, frita-se em bastante gordura de porco, em fogo alto. Depois de frios, são acondicionados em latas grandes ou potes de barro, recobertos totalmente com banha derretida, fria, mas ainda em estado líquido. Veda-se a boca do recipiente com um pano, para que fique protegido de poeira e insetos, mas ventilado. Para servir, retira-se o pedaço desejado e frita-se de novo.

PORCO NA LATA

Faz-se do mesmo modo que a pelota de carne bovina, podendo também ser utilizadas caça de pelo ou de pena ou carne de frango.

No norte do Paraná e no interior de São Paulo, Goiás e Mato Grosso do Sul, é muito comum encontrar restaurantes muito simples na zona rural que têm como especialidade um prato chamado porco no tacho. Trata-se de carne de porco picada e frita em banha por um longo período, até que comece a se desfazer. Retira-se, então, o excesso de gordura e acrescentam-se alguns temperos e hortaliças. Esse prato parece ter origem no preparo do porco na lata. É provável que, no dia do preparo da conserva, se aproveitasse para comer a raspa do tacho.

LINGUIÇA

A fabricação de linguiças parte, em geral, de uma quantidade de carne de vaca ou porco picada miudinha e a metade dessa quantidade de toucinho e temperos (sal, salsa, cebolinha, pimenta vermelha, pimenta-do-reino e eventualmente colorau, vinagre ou vinho). Deixa-se a carne picada nos temperos por umas três horas, depois enchem-se as tripas, devidamente lavadas. Guarda-se no fumeiro, que é o jirau sobre o fogão, ou seca-se em varal ao sol, por cerca de quatro dias. Uma vez enxuta, ou continua-se a secar no fumeiro ou guarda-se numa lata, coberta de banha derretida.

CONSERVAS EM AÇÚCAR

Marmeladas, geleias e compotas são as formas de conserva de frutas adotadas na Paulistânia. Como em todo o Brasil, hoje são consideradas excessivamente doces. Não só a percepção sobre o açúcar mudou, como também a consciência técnica sobre a necessidade das quantidades especificadas dele. Nas compotas, por exemplo, é possível diminuir o açúcar se considerarmos o equilíbrio osmótico entre a calda e cada espécie de fruta. Nas marmeladas, depende do prazo de duração que se pretende; mesmo assim, é possível diminuir o açúcar, se elas forem secas ao sol por tempo suficiente para provocar evaporação dos líquidos que deteriorariam a massa. Entende-se, contudo, que se tenha abusado do açúcar, especialmente quando não havia outros recursos para fazer conservas.

MARMELADAS

MARMELADA DE MARMELO
De modo usual, descascam-se e cozinham-se os marmelos, tirando as sementes e passando em peneira fina em seguida. Faz-se uma

calda com bastante açúcar (8 quilos para 5 de polpa em ponto de espelho). Bate-se bem com o marmelo e leva-se ao fogo até dar ponto. Coloca-se em seguida a marmelada em vasilhames e leva-se ao sol para secar por três ou quatro dias, até formar uma crosta. Há variantes nas quais se coloca o marmelo cru, em fatias, em calda de açúcar, e coze-se até ficar no ponto de bater e tirar do tacho.

A marmelada goiana parece ter sido especialmente apreciada, dada a riqueza de denominações das variantes da receita: comua, de cambray, crua, de sumos, de geleia.[2] Uma delas, a marmelada cazumba, é feita com a parte central endurecida do marmelo e as sementes. Coze-se na água em que se cozinharam os marmelos, passa-se na peneira fina e leva-se ao fogo novamente, com a mesma porcentagem de açúcar usada na marmelada. Junta-se a mucilagem das sementes. Apura-se até dar o ponto. É marmelada muito apreciada pelo sabor refinado.

São dadas as denominações marmelada branca e marmelada vermelha, respectivamente, à marmelada feita sem e com as cascas.

MARMELADA DE GOIABA (GOIABADA)

A fabricação de marmeladas de marmelo com vistas à exportação para Portugal foi uma importante atividade colonial em São Paulo. A marmelada de goiaba foi uma adaptação bem-sucedida, que ganhou cidadania no Brasil todo, diminuindo a importância do marmelo. Sua receita básica consiste em descascar as goiabas, aferventar e passar por uma peneira fina. Depois, para cada quilo de massa, acrescenta-se de meio quilo a 1 quilo de açúcar, mexendo-se sempre, até desgrudar do fundo da panela ou até que, ao se enfiar uma faca, a massa não grude nela. Põe-se a seguir em latas, levando-as ao sol para secar por 4 ou 5 dias.

GOIABADA CASCÃO

Obtém-se cortando as goiabas ao meio sem descascá-las, cozinhando e acrescentando, para cada 750 gramas de goiabas descascadas, cerca de meio quilo de açúcar. Coa-se o miolo da goiaba, acrescentando-se a massa obtida com as cascas a cozer. Retira-se um pouco das cascas para que não se desfaçam e reserva-se, enquanto o restante continua cozinhando, fazendo-as voltar ao panelão ao fim da cozedura, pois estas serão as cascas ou cascões.

DOCE DE GOIABA SECA

Faz-se com 1 quilo de goiabas descascadas e sem miolo, cozendo-se e passando-se na peneira. Acrescenta-se 1 quilo de açúcar e coze-se até o ponto de rapadura. Retira-se do fogo, bate-se e despeja-se no mármore untado, para depois cortar em pedaços pequenos.

BANANADA

Descascam-se e limpam-se bem as bananas, tirando os fios. Faz-se uma calda com meio quilo de açúcar, retirando a espuma; acrescenta-se meio quilo de bananas picadas. Depois, passam-se as bananas cozidas em peneira média e voltam-se ao tacho no qual foram cozidas, mexendo-se até o ponto de goiabada (que se verifica com a ponta de uma faca; batendo-se com ela nas costas da mão, se não grudar, chegou-se ao ponto). Coloca-se nas fôrmas e põe-se açúcar refinado por cima. Pode-se também colocar as caixas de madeira, abertas, ao sol para secar.

Pode-se fazer a bananada com banana-nanica ou banana-prata, levando-se ao fogo, sempre com o mesmo peso de açúcar, e mexendo-se até o ponto desejado, quando se despeja sobre o mármore. Depois de esfriar, corta-se em pedaços.

DOCE VERMELHO DE BANANA-BRANCA

Faz-se com banana-prata, levando-se ao fogo um tacho com 2 litros de açúcar e água. Ao ferver, colocam-se 3 dúzias de bananas cortadas em toletes, baixando-se o fogo. Por 7 a 9 horas, de 20 em 20 minutos, junta-se meio copo de água gelada. Quando a massa estiver bem vermelha, coloca-se canela em rama e apura-se até um ponto grosso.

DOCE DE ABÓBORA

Descasca-se 1 abóbora-menina (de casca rajada em tons verdes), corta-se em pequenos pedaços e coloca-se numa panela, recobrindo de açúcar. Quando o açúcar derreter e começar a cozinhar a abóbora, vai-se mexendo com uma colher de pau até que fique desfeita, e acrescenta-se caldo de limão. Deixa-se o doce descansar fora do fogo por algumas horas e retorna-se para dar o ponto, que é quando aparece o fundo da panela. Para cada quilo de abóbora, utiliza-se 1 prato de açúcar.

DOCE DE ABÓBORA EM PEDAÇOS

Corta-se a abóbora-de-porco ou moranga, pondo-se para cozinhar lentamente com cravo ou canela. Às vezes é costume cortar a abóbora em pedaços grandes, com a casca, tirando as sementes; serve-se na própria casca. Há também a abóbora em pedaços que se faz com a cal, isto é, deixando-os calcinar, imersos por meia hora em uma vasilha com água e 1 colher de sopa de cal virgem. Então, lavam-se bem os pedaços, escaldando-os com água fervente e fazendo furos nas peles calcinadas com um garfo, para que a calda penetre. Coloca-se em calda em ponto de fio e acrescentam-se gotas de baunilha. Ferve-se um pouco e deixa-se esfriar na calda. No dia seguinte, vai ao sol para secar.

DOCE DE ABÓBORA COM COCO

Faz-se acréscimo de 1 coco ralado na preparação da abóbora cozida, e passando a massa em peneira.

DOCE DE BATATA-DOCE BRANCA OU ROXA

Cozinha-se a batata com casca, descasca-se e espreme-se. Faz-se uma calda espessa e coloca-se a massa da batata, mexendo para não grudar no fundo da panela. De vez em quando, acrescenta-se um pouco de leite; acrescentam-se também, uma única vez, 5 gotas de baunilha ou cravo e canela. Ao chegar ao ponto, retira-se do fogo.

LARANJADA

Rala-se a casca de 6 laranjas para tirar o sumo. Em vez de descascá-las, cortam-se em fatias e deixam-se de molho de um dia para o outro, trocando a água várias vezes para perder o amargor. Depois, moem-se as laranjas e, para cada quilo de massa, juntam-se 1 quilo de açúcar e o caldo de 3 laranjas. Leva-se ao fogo, cozinhando até chegar no ponto (aparecendo o fundo da panela).

DOCE DE BURITI

Deixam-se os coquinhos dentro d'água por 1 semana, até soltarem a casca. Raspa-se a massa com colher, passa-se em peneira de taquara (se for de metal, a massa escurece) e juntam-se, para 1 prato de massa, 3 de açúcar. Apura-se e coloca-se em recipiente em que seque e possa ser cortado. Utilizando 2 pratos de açúcar, e apurando-se menos, ficará em ponto de colher.

GELEIAS

GELEIA DE MARMELO

Marmelos maduros, depois de descascados, são cozidos inteiros, escorridos e pilados. Coloca-se em vasilha e vai-se acrescendo o caldo em que se cozinhou. Faz-se uma calda de açúcar em ponto de espelho ou de cortar. Mede-se 1 tigela de massa e 1 de calda, mistura-se e leva-se ao fogo. Para ver o ponto, coloca-se à beira de um prato; se não se espalhar, está no ponto. Em outra modalidade, cozinha-se o marmelo na água em que se cozinhou outra quantidade para fazer marmelada. À parte, deixam-se as sementes do marmelo na água, para formar a mucilagem, que dará liga e conservará a geleia. Adoça-se a água reduzida à metade pela evaporação. Ajunta-se a mucilagem. Por fim, faz-se geleia também com as sementes de 1 quilo de marmelo cozidas na água que cozinhou os marmelos, juntando-se 1 copo de açúcar para cada copo da mucilagem e dando-se o ponto de puxa mole.

GELEIA DE JABUTICABA

Espremem-se as jabuticabas, levando tudo ao fogo. Ferve-se até as cascas ficarem murchas e sem brilho; coa-se num pano. Para cada litro desse caldo de jabuticaba, acrescenta-se 1 quilo de açúcar. Leva-se ao fogo, retirando-se a espuma que se formar e dando o ponto de geleia. Guarda-se em vidros escaldados e bem tampados.

GELEIA DE MOCOTÓ

Cozinha-se 1 mão de vaca em 2 litros de água, até ficar mole, durante cinco horas, aproximadamente. Depois de fria, tira-se a camada de gordura solidificada na superfície. Leva-se de novo ao fogo com 4 claras de ovos batidas, para clarificar o líquido. Coa-se em pano. Retorna-se ao fogo com meia garrafa de vinho branco, meio quilo de açúcar, canela em pau, cravo, caldo de limão e 1 cálice de conhaque. Depois de ferver, coa-se lentamente em linho fino para purificar a geleia, que será guardada em copos ou compoteiras. No Vale do Paraíba, usa-se vinho do Porto ou moscatel e erva-doce; em Minas Gerais, há registros de cravo, louro e canela, além do Porto.

DOCE DE MOCOTÓ

Cozinham-se 2 unidades de mocotó partido e esfria-se para retirar a gordura. Esquenta-se e passa-se em peneira. A massa obtida se leva ao fogo com 1 ½ litro de leite, juntando-se meia rapadura picada, cravo e canela e 1 cálice de vinho. Depois, batem-se 6 ovos como para pão de ló e junta-se à massa, mexendo bem até se ver o fundo do tacho. Retira-se do fogo e distribui-se ainda quente em pratos untados.

COMPOTAS

ANANÁS RALADO EM CALDA (ABACAXI EM CALDA)

Descascado o ananás, ralam-se e pesam-se partes iguais da fruta e de açúcar. Faz-se uma calda de açúcar, acrescenta-se a massa e ferve-se até engrossar. Passa-se em peneira. O que escorrer põe-se no tacho e leva-se a apurar ao fogo.

COMPOTA DE ABACAXI

Corta-se 1 fruta em rodelas e põe-se na panela, cobrindo com 1 xícara de açúcar. Acresce-se cravo e 1 copo de vinho do Porto. Coa-se a calda e coloca-se sobre as fatias de abacaxi dispostas numa compoteira, deixando guardado para a calda penetrar bem na fruta.

COMPOTA DE BANANA

Em uma calda com 250 gramas de açúcar e a casca de 1 limão ralado, cozinha-se banana-prata cortada em rodelas, deixando-se apurar lentamente para que fique de cor avermelhada.

COMPOTA DE GOIABA

Coloca-se 1 quilo de goiaba descascada e sem sementes em calda feita com meio quilo de açúcar e pouca água, em cocção lenta.

COMPOTA DE JACA

Tiram-se os caroços de gomos de jaca bem maduros e dá-se uma fervura. Prepara-se a calda com meio quilo de açúcar e um pouco de água, cravo e canela em pau. Quando ferver, retiram-se os temperos e põem-se os gomos de jaca, fervendo até o ponto da calda. Coloca-se em compoteira.

COMPOTA DE FIGO

Faz-se limpando o figo verde, tirando a casca com cuidado (pode-se fervê-lo, deixando esfriar ou gelar por 24 horas, e então a casca sairá mais facilmente). Depois, faz-se a calda em ponto de espelho na proporção de 1 quilo de açúcar para 50 figos. Cozinham-se os figos por meia hora e colocam-se na compoteira. Há quem coloque o figo para ferver meia hora por 5 dias consecutivos, ficando as frutas mais transparentes e brilhantes.

DOCE DE COCO

Reserva-se a água de 1 coco e rala-se a polpa. Numa panela, colocam-se a água de coco e 300 gramas de açúcar, deixando-se ferver até engrossar um pouco. Acrescenta-se o coco ralado misturado a 3 ou 4 gemas. Mexe-se devagar, apurando um pouco. É um doce que se come com queijo ou em recheio de bolos e canudinhos.

AMARRA-MARIDO

É doce no qual se misturam 2 pires de batata-doce cozida e espremida, 1 pires raso de farinha de trigo, leite de 1 coco, 1 xícara de chá de manteiga e 6 ovos, com as claras batidas em neve. Leva-se ao forno bem quente para assar em fôrma forrada de caramelo queimado.

DOCE DE MAMÃO VERDE

Um quilo de mamão verde feito em pedaços, 1 hora depois de riscado à faca na casca para sair o leite. Rala-se o mamão e deixa-se de molho em água até o dia seguinte. Escorre-se muito bem. Prepara-se uma calda com 1 quilo de açúcar, acrescenta-se canela em pau e coloca-se o mamão para cozinhar em fogo brando, mexendo até aparecer o fundo da panela. Esfria-se e guarda-se em compoteira. Pode-se também fazê-lo ralado, cozinhando com um pouco de casca de limão-siciliano, cravo e canela (convém deixar que reste calda ao fim da cocção). Em Goiás, faz-se doce também da raiz do mamoeiro, bem lavada e ralada, com 1 prato de coco ralado.

DOCE DE MAMÃO VERDE EM TIRAS
Descasca-se e corta-se o mamão em tiras. Aferventa-se em um pouco de água e sal, lavando-se em seguida em água quente. Escorre-se. Faz-se uma calda rala com açúcar, canela, cravo e raspa de 1 limão e acrescentam-se nela as tiras de mamão, deixando em fogo lento até ficarem macias.

DOCE DE MAMÃO VERDE RALADO EM BOLAS
Rala-se o mamão, fervendo-se e espremendo-se. Acrescenta-se açúcar, cravo e canela e cozinha-se até dar o ponto. Deixa-se esfriar e fazem-se bolas com as mãos, cuidando de passar cada uma no açúcar cristal.

DOCE DE MAMÃO MADURO
Descasca-se um mamão grande, lava-se e corta-se em fatias compridas. Deixam-se as fatias imersas por cerca de 2 horas em água com 2 colheres de cal virgem. Furam-se com garfo. Faz-se uma calda rala com 1 quilo de açúcar, colocam-se 4 folhas de figo no fundo da panela e cozinham-se os pedaços de mamão nela. Despeja-se numa vasilha e deixa-se por 2 ou 3 dias. Depois, volta-se ao fogo na mesma calda, boleando a panela pelas asas e tirando a espuma com colher de metal ou escumadeira. Quando aparecer

o fundo da panela, está pronto. Boleia-se mais uma vez fora do fogo, para açucarar os pedaços.

DOCE DE CIDRA (FURRUNDUM)

Rala-se a cidra e deixa-se de molho em água por 3 dias, trocando a água diariamente. No quarto dia, dá-se uma fervura na fruta. Faz-se uma calda grossa e acrescenta-se a cidra. Cozinha-se até ponto apurado. O doce chama-se furrundum quando feito com rapadura ou açúcar mascavo, sendo também feito de mamão verde ralado. Na versão goiana, leva 1 colher de chá de gengibre ralado.

DOCE DE LARANJA AZEDA

Raspa-se a casca da laranja com ralo, cortando-se depois cada fruta nas extremidades para tirar os gomos. Cozinha-se em fogo forte numa panela com bastante água. Coloca-se depois em vasilha com água fria, que se troca diariamente até o amargor sumir. Escorre-se em peneira, arruma-se em panela grande com um pouco de água e açúcar e cozinha-se em fogo lento. Faz-se doce de limão do mesmo modo. E pode-se também fazer de cidra, ralando-a depois de desaparecido o amargor, passando-a em peneira grossa e levando-a ao fogo com 1 ½ quilo de açúcar para cada quilo da fruta. Mexe-se até aparecer o fundo da panela.

DOCE DE LIMÃO-CRAVO OU CHINA

Rala-se levemente a casca de 1 dúzia de limões-cravo ou china. Partem-se as frutas ao meio e tiram-se os gomos (ou apenas as sementes). Ferve-se com bastante água por 5 minutos, tira-se da água e leva-se a recipiente com bastante água fria, que se troca por 6 dias. Depois, leva-se a uma calda feita com 3 litros de água, 1 quilo de açúcar, cravo e canela, fervendo por meia hora e deixando esfriar. No outro dia, ferve-se novamente o doce por 10 minutos e coloca-se em compoteira.

LIMÃO RECHEADO COM DOCE DE LEITE

Rala-se 1 limão-galego em areia e cinzas até tirar o sumo, ou se deixa em salmoura forte de um dia para o outro. Corta-se uma tampinha do limão e retira-se o miolo. Deixa-se em água por 3 dias ou mais, trocando sempre até perder o amargor. Lava-se e põe-se para cozinhar. Em seguida, leva-se a uma calda bem rala, seguindo a cocção. Ao esfriar, coloca-se para secar em peneira. Recheia-se com doce de leite e passa-se em açúcar cristal.

DOCE DE MARMELO EM CALDA COM TORRADAS

Descascam-se os marmelos e cortam-se em quatro partes. Colocam-se em água para não escurecerem e retiram-se as sementes, conservando algumas poucas para dar cor ao doce. Afentam-se os marmelos por 20 minutos. Escorre-se e põe-se para cozinhar em calda. Retira-se do fogo e, no dia seguinte, leva-se novamente ao fogo, acrescentando um pouco mais de açúcar, cravo e canela em pó em pequena quantidade. Estando pronto e ainda quente, despeja-se numa assadeira forrada com torradas com manteiga e serve-se imediatamente.

FRUTAS PASSIficADAS E CRISTALIZADAS

CAJU EM PASSA

Tomam-se uns 10 quilos de caju ou cajuzinho-do-campo, retiram-se as castanhas e furam-se com garfo, espremendo levemente para extrair um pouco do caldo. Deixam-se em vasilha de barro ou vidro, cobertos de água, até o dia seguinte. Leva-se então ao fogo, numa calda fria, em quantidade suficiente para cobrir as frutas, deixando-as boiarem. Retira-se do fogo e coloca-se novamente na vasilha. No dia seguinte, leva-se ao fogo brando, deixando ferver para avermelhar as frutas. Apura-se até o ponto de fio.

Colocam-se as frutas numa peneira, deixando escorrer até o dia seguinte. Depois, separam-se os cajus e colocam-se em tabuleiro para ir ao sol. Guarda-se em vasilhas de louça, barro ou vidro.

ABACAXI CRISTALIZADO
Leva-se ao fogo uma panela com 1 litro de água e 1 colher de chá de bicarbonato de sódio. Ao ferver, acrescenta-se 1 abacaxi em fatias. Quando levantar fervura de novo, tira-se e escorre-se bem. Lava-se a panela, junta-se 1 quilo de açúcar, cravo e canela em pau. Ferve-se por 10 minutos, retira-se e deixa-se em repouso até o dia seguinte. Leva-se novamente ao fogo, até ficar em ponto de bala. Tiram-se as fatias de abacaxi e passam-se no açúcar cristal.

DOCE DE MAMÃO CRISTALIZADO
Descasca-se 1 quilo de mamão "de vez" e parte-se em pedaços quadrados. Leva-se ao fogo um tacho de água com 1 colher de café de bicarbonato de sódio e cozinham-se nele os pedaços de mamão. Retira-se o tacho do fogo e deixa-se em repouso até o dia seguinte, quando se muda a água e leva-se ao fogo de novo. Assim que ferver, despejam-se numa peneira os pedaços de mamão. Prepara-se à parte uma calda rala, junta-se o mamão e deixa-se ferver de novo. Retira-se o tacho do fogo para descansar até o dia seguinte, quando se leva novamente ao fogo, deixando a calda engrossar até o ponto de bala mole. Dispõem-se os pedaços de mamão em tabuleiro para secar ao sol e depois passam-se em açúcar cristal para guardar.

LICORES

Muitos são os licores das tradições portuguesa e francesa, que nos tocam mais de perto. Em várias áreas do Brasil, sempre fez parte do rito da hospitalidade oferecer à visita ao menos um café e um licor, para serem bebericados enquanto se conversa. Sempre são feitos pela dona da casa, de preferência com as frutas do seu pomar. Daí o universalismo do licor de jabuticaba na região onde ela ocorre. A frase típica é "Prove esse licor, fui eu mesma que fiz"; por boa educação, a oferta é irrecusável, ainda que se deixe restar metade da dose.

Mas nem sempre a experiência era agradável, dado o abuso do açúcar. Em todas as casas minimamente remediadas, havia uma licoreira exposta sobre um móvel da sala. Isso caiu em desuso, embora ainda se encontrem licoreiras em aparadores, vazias e como peça decorativa, feitas de cristal ou vidros rebuscados.

O licor é uma bebida com teor de álcool variando entre 20% e 28% de volume. É também uma maneira de conservar o sabor de uma fruta ou especiaria por muito tempo, transcendendo a estação de colheita. Obtém-se por vários métodos. O mais adotado no Brasil consiste em fazer uma infusão ou suco da fruta, incorporá-lo em uma calda de açúcar e, por fim, juntar uma bebida alcoólica, como a cachaça. Alternativamente, a infusão é feita no álcool, ao qual se acrescenta a calda de açúcar. A mistura deve envelhecer um tanto na garrafa, tornando-se o licor pronto para consumo.

Antes do advento das marcas comerciais, os licores de frutas da estação eram elaborados com cachaça ou álcool de cereais vendido em farmácia e deixados para envelhecer na garrafa antes de serem servidos.

LICOR DE ABACAXI

Corta-se 1 abacaxi em pedaços e põe-se a ferver com 1 copo de água, passando-se depois em peneira fina. Acresce-se 1 quilo de açúcar e ferve-se até engrossar. Acrescenta-se 1 copo de cachaça e coa-se, engarrafando. Em outra modalidade, fervem-se apenas as cascas do abacaxi em cerca de 1 litro de água, coa-se e leva-se ao fogo com 1 quilo de açúcar para fazer a calda em ponto de fio. Tira-se do fogo e acrescenta-se 1 garrafa de cachaça branca. Filtra-se em algodão de farmácia, engarrafando para consumir depois de alguns dias.

LICOR DE AMEIXA

Põem-se ameixas-pretas e 1 fava de baunilha macerando em 1 litro de álcool de cereais por um dia. Prepara-se uma calda com água e açúcar e junta-se a ela a mistura de álcool e ameixas. Filtra-se e coloca-se em garrafas arrolhadas. Guarda-se por algum tempo antes de servir.

LICOR DE AMORA-PRETA

Colocam-se amoras frescas num vidro. Cobre-se com cachaça. Quando o líquido ficar vermelho, faz-se uma calda grossa, junta-se a ele e passa-se tudo em peneira. Filtra-se e engarrafa-se.

LICOR DE COCO

Deixa-se 1 coco ralado em infusão em 1 litro de cachaça branca por cinco dias. Faz-se a calda com 1 quilo de açúcar. Mistura-se, filtra-se e engarrafa-se.

LICOR DE FOLHA DE FIGO

Deixam-se várias folhas de figo em infusão em meia garrafa de cachaça por 4 a 5 dias, revolvendo sempre. Faz-se uma calda com meio quilo de açúcar e 1 ½ copo de água. Retira-se do fogo, junta-se à infusão, coa-se, filtra-se e engarrafa-se. Deve-se esperar ao menos 30 dias antes de consumi-lo.

LICOR DE JABUTICABA

Para 1 litro de jabuticabas bem maduras e arrebentadas com as mãos, usam-se 2 litros de cachaça branca, acrescentando-se um pedaço de carvão de madeira. Deixa-se em infusão por cerca de 10 dias. Prepara-se o xarope com 600 gramas de açúcar e 1 litro de água, acrescentando-se o álcool das jabuticabas, do qual se retirou o carvão. Leva-se ao fogo por 10 minutos, mexendo bem, e adiciona-se 1 ½ litro de água. Coa-se em filtro de algodão, dentro de um funil. Há receitas nas quais simplesmente se deixa a jabuticaba em infusão por 3 dias em 1 garrafa de cachaça branca com 1 quilo de açúcar. Coa-se, filtra-se e guarda-se, sem ir ao fogo.

LICOR DE LARANJA
Deixam-se as cascas de 4 laranjas em infusão por 8 dias no álcool de cereais, mexendo-se diariamente. Faz-se uma calda grossa com 1 quilo de açúcar e 1 ½ garrafa de água. Deixa-se esfriar e junta-se à infusão, podendo-se acrescentar algumas gotas de baunilha. Filtra-se e engarrafa-se.

LICOR DE MEXERICA
Espremem-se as mexericas e coa-se o suco em algodão, para ficar bem limpo. Faz-se um xarope com 1 copo de açúcar para cada copo de caldo. Leva-se ao fogo por 10 minutos. Para cada 750 gramas de xarope, acrescentam-se 250 gramas de álcool de cereais. Filtra-se e guarda-se em garrafas.

LICOR DE PITANGA
Esmaga-se meio quilo de pitangas maduras numa vasilha, juntando-se meio litro de cachaça branca e meio quilo de açúcar. Deixa-se em infusão por 3 dias. Acrescenta-se 1 litro de água, coa-se e engarrafa-se.

LICOR DE PEQUI
Para 1 litro de álcool de cereais, acrescenta-se 1 litro de pequis bem maduros e carnudos. Deixa-se macerar por 15 dias. Passa-se

em peneira. Faz-se uma calda com 600 gramas de açúcar e 1 litro de água. Fora do fogo, adiciona-se mais meio litro de álcool à infusão de pequi. Finaliza-se com mais 1 litro de água e filtra-se.

LICOR DE JENIPAPO
Separa-se a polpa de 1 dúzia de jenipapos e deixa-se em infusão em 4 litros de cachaça branca por 20 dias. Faz-se a calda com 3 quilos de açúcar, deixa-se descansar por 1 dia e coa-se. Espremem-se as frutas num pano. Junta-se a calda e filtra-se no funil com algodão. Caso se deseje um resultado menos alcoólico, acrescenta-se um pouco de água.

LICOR DE MURICI
Deixa-se 1 litro de muricis maduros em infusão de 1 ½ litro de cachaça branca por 15 dias. Faz-se a calda, adiciona-se à mistura, coa-se e filtra-se em funil com algodão. Enfraquece-se com água, se for o caso.

LICOR DE LEITE
Juntam-se 4 garrafas de cachaça, 1 garrafa de leite, 2 ½ quilos de açúcar, noz-moscada ralada e as cascas de 12 limões pequenos. Leva-se ao fogo e assim que abrir fervura tira-se, esfria-se e filtra-se. O leite irá talhar naturalmente.

Os refogados

O refogado é a base da cozinha salgada feita ao fogo. Ele consiste em submeter carnes ou legumes a uma fritura rápida em gordura à qual se incorporaram cebola e alho picados e amassados e, eventualmente, salsinha. Sobre o refogado, constrói-se então o prato, que pode ser algo simples, como um arroz cozido, ou mais complexo, com carne e legumes. Ao refogado podem-se acrescentar carne e água, obtendo-se um ensopado, ou mesmo arroz ou farinha. Trata-se, portanto, do conceito mais abrangente nesse tipo de culinária.

São recorrentes minhas reflexões sobre nosso refogado. Talvez porque me encontre constantemente impregnado pelo cheiro dos refogados dos pratos que preparo no Jiquitaia, talvez por ter aprendido a cozinhar com minha mãe, que utiliza um refogado em suas receitas quase invariavelmente. O refogado de minha mãe é quase minimalista; consiste basicamente em alho e cebola. O alho ela utiliza em dentes inteiros, apenas descascados, o que confere uma delicadeza especial ao sabor, fazendo arrefecer a pungência do ingrediente. Os dentes que restam, cozidos, no fim das receitas são macios, doces e saborosos na medida.

Embora utilizemos na cozinha brasileira — e mais especificamente na cozinha caipira — uma base aromática muito simples, restrita quase sempre a alho e cebola, costumamos usá-la em profusão. Não poupamos quase nenhum prato da presença do refogado básico, das carnes aos legumes e às guarnições mais básicas (como o arroz branco). Certo dia, o chef japonês Masanobu Haraguchi me disse: "Amanhã vou ao Jiquitaia comer arroz com alho". Aquilo me fez pensar. Percebi que acrescentamos alho até ao que seria o elemento neutro da refeição.

Variações ainda mais simples do refogado-base são encontradas na região da Paulistânia. Meus sogros, nascidos no sul de Minas Gerais, não deixam faltar na cozinha uma mistura de alho e sal que preparam com antecedência e utilizam para tudo. Quando compram o alho, já o descascam e pilam com um pouco de sal. O ato de pilar com sal intensifica a pungência do alho, que é composto por enzimas sulfurosas armazenadas em compartimentos diferentes; quando combinadas, elas ativam umas às outras, intensificando o sabor.

Em muitos dos pratos que preparo, especialmente caldos de base e alguns molhos, gosto de utilizar o mirepoix *da cozinha clássica dos franceses. O resultado costuma ser equilibrado na doçura e no amargor e serve bem como ponto de partida de qualquer receita. Mas, com o tempo, o Jiquitaia acabou ganhando sua própria base aromática, seu próprio refogado, no qual adiciono à minha base o refogado de cebola e alho de minhas origens (aqui, no caso, utilizo o alho picado, por concessão à clientela média), pimenta-de-cheiro (muito comum em Goiás e no norte do país) e talos de coentro (ingrediente que passei a utilizar ao ter contato com a cozinha sertaneja servida nas casas do norte de São Paulo).*

Esse acréscimo da pimenta-de-cheiro e dos talos de coentro ocorreu naturalmente, e hoje quase tudo no Jiquitaia parte desses elementos. Para alguns pratos, gosto de utilizar bases mais simples; na rabada, por exemplo, uso somente alho e cebola, mantendo apenas o essencial, para que o gosto da carne em si não seja sobreposto por muitos outros aromas. A ideia é que o prato seja bem carnoso mesmo, e que os contrastes se restrinjam às guarnições, no caso purê de batatas e agrião.

FRANGO REFOGADO OU ENSOPADO

Frita-se um frango caipira cortado em pedaços em 3 colheres de banha de porco, até dourar. Acrescentam-se tomate picado, cebola, cheiro-verde, alho e sal. Adiciona-se água, deixando ferver até que o frango cozinhe e reste um pouco de molho. Forra-se uma vasilha com farinha de milho, colocando-se por cima o frango e o molho.

FRANGO À MODA DOS MOREIRAS

Este prato da cidade de Silveiras, no Vale do Paraíba, é feito a partir de um frango caipira em pedaços que é deixado de molho em água com limão, lavado com um pouco de fubá e frito com uma concha de banha de porco derretida — na qual, anteriormente, se fritou urucum. Refoga-se o frango até dourar, acrescenta-se sal com alho e pinga-se água aos poucos, deixando-se cozer lentamente. Com a carne já macia, juntam-se na panela cebola em rodelas, folhas de alfavaca e um maço de cheiro-verde picado.

FRANGO OU GALINHA AO MOLHO PARDO

Ao se matar o frango, corta-se o pescoço e recolhe-se o sangue, acrescentando um pouco de vinagre para não endurecer. Corta-se o frango em pedaços, deixando no tempero de sal, alho, pimenta socada e vinagre. Depois, refoga-se em banha quente, acrescentando tomate e cheiro-verde. Pinga-se água até amolecer e ficar com molho. Retira-se parte do molho, mistura-se ao sangue — há quem coloque um pouco de farinha de trigo — e volta-se à panela para engrossar. Serve-se bem quente, acompanhado por arroz ou guarnecido com angu.

SUÃ ENSOPADA

Corta-se a suã em pedaços, refoga-se em pouca gordura e acrescentam-se sal, alho socado, salsinha, tomate e água quente. Deixa-se cozinhar até ficar macio e com pouco caldo. Serve-se com angu.

ENSOPADO COM CARÁ

Corta-se em pedaços meio quilo de músculo, costela ou paleta de vaca e tempera-se com limão, cebola picada, alho socado, cheiro--verde, louro e sal. Frita-se em pouca gordura e acrescenta-se o tempero da marinada e 2 tomates picados. Junta-se água aos poucos, até que a carne fique macia, acrescentando carás descascados e cortados em pedaços grandes. Finaliza-se com cheiro-verde. Há quem prefira fazer a mesma receita com mandioca.

ENSOPADO DE PORCO

Chamado também de precancho, faz-se refogando focinho, pés e rabo de porco até escorrer bem a gordura. Em outra panela, tempera-se e cozinha-se até ficar bem mole, procedendo-se como em um refogado de frango.

DOBRADINHA

Lava-se bem a dobradinha com limão e deixa-se de molho em água fria por 1 hora. Corta-se em tiras e cozinha-se bastante, até ficar macia. Refoga-se, então, com cheiro-verde, caldo de limão, cebola e especiarias a gosto, deixando formar um caldo grosso. Acrescenta-se feijão-branco ou batata em rodelas.

Como a maioria dos pratos feitos a partir de vísceras, a dobradinha precisa ter uma boa base aromática e o ponto de cocção deve ser observado rigorosamente. A partir daí, inúmeras são as formas de servi-la. Muito comum no Brasil é a companhia de feijões-brancos e outros embutidos, como na receita de tripas à moda do Porto. Para a dobradinha que preparamos no Jiquitaia, tentei copiar o sabor de uma que provei anos atrás, numa manhã fria, no mercado de La Boquería, em Barcelona. Fazemos um refogado com cebola, alho, salsão, pimentão vermelho, zimbro, pimenta-do-reino e páprica doce (somente no final, já que ela deixa o refogado mais seco e acabaria queimando se fosse adicionada antes). Quando todas as hortaliças estão bem murchas e já se adicionou a páprica, formando quase uma pasta, dilui-se essa mistura com um pouco de vinho rosé e deixa-se evaporar o álcool. Processada, a mistura é acrescida a um caldo de legumes bem encorpado, no qual um mocotó bovino foi cozido. Esse será o caldo de cocção da dobradinha.

Em vez de lavar o bucho com limão ou vinagre, costumo enxaguá-lo bem com água e fervê-lo duas vezes em água pura antes de utilizá-lo. Em seguida, enxágua-se o bucho novamente e cozinha-se com o caldo de legumes em panela de pressão, com 1 costela de porco defumada. O tempo de cocção costuma variar de um dia para outro, dependendo da maturação do bucho. Costumamos cozinhar por 25 minutos e então checar até chegar ao ponto desejado, que é quando o bucho ainda tem certa resistência, uma elasticidade, facilmente transposta pela mordida. Ao fim, desossa-se a costela, cortando-a em cubos médios, acrescentam-se rodelas de linguiça portuguesa e pedaços do mocotó desossado e serve-se com cebolinha fresca, arroz e farofa.

GALINHA COM QUIABO

Frita-se a galinha em pedaços em óleo bem quente e temperos, até dourar. Em outra panela, frita-se quiabo cortado em rodelinhas. Depois, juntam-se frango e quiabo e cozinha-se mais um pouco. Verte-se numa travessa. Acompanha angu feito de massa de milho ralada ou fubá.

De preparo muito semelhante ao do arroz de suã, a galinhada com quiabo requer, na minha opinião, uma maior complexidade de temperos. Não que alho, cebola e louro não sejam suficientes aqui, mas, neste caso, me parece mais interessante carregar um pouco mais no aromático. Para uma galinha caipira de 2 quilos, utilizo 2 cebolas, 1 cabeça de alho, 600 gramas de arroz, 2 folhas de louro, 1 galho de alecrim de 10 centímetros, 1 raminho de tomilho, 1 talo de salsão e 2 colheres de sopa de páprica doce. Douram-se bem os pedaços do frango, devidamente destrinchado, e aproveita-se o fundo da panela para fazer um refogado, adicionando os ingredientes na seguinte ordem: primeiro a cebola e o salsão, que devem ser refogados até que estejam murchos e dourados; então o alho, que não deve dourar, apenas cozinhar brevemente; na sequência, a páprica, que deve dar um aspecto pastoso ao refogado; e, antes que a páprica queime, 1 cálice de vinho ou cachaça. Evapora-se o álcool, junta-se água suficiente para cobrir o frango e deixa-se cozinhar até que esteja bem macio. A partir daí, o procedimento é o mesmo do arroz com suã. Pode-se servir o frango com ou sem ossos também.

Utilize o caldo do cozimento para cozinhar o arroz, na mesma proporção: dois volumes de caldo para um de arroz. Guarde um pouco de caldo para a finalização. Assim que o arroz estiver cozido, acrescente um pouco mais do caldo, leve ao fogo alto e junte o quiabo cru cortado finamente (5 milímetros), salsinha picada, cebolinha e algumas gotas de limão-cravo. A baba do quiabo espessará o caldo rapidamente. Não é necessário cozinhar mais daí em diante. É interessante que as fatias de quiabo conservem uma delicada crocância.

QUIABO COM CARNE MOÍDA OU PICADA

Aferventam-se quiabos cortados em pedaços em água com limão ou vinagre e sal. Refoga-se a carne moída ou picadinha com cheiro-verde, louro, cebola picada, alho amassado, sal, pimenta-do-reino e tomate sem pele picado. Acrescenta-se água. Quando a carne estiver cozida, restando molho, acrescentam-se os quiabos escorridos.

É muito comum que as pessoas tenham aversão à mucilagem do quiabo. A baba, como é conhecida, é uma estrutura complexa e viscosa que, em contato com água, tem seu volume aumentado. Durante a mastigação, a saliva que entra em contato com a baba do quiabo acaba por aumentá-la, desfazendo-se os limites de onde começa uma e termina a outra. Essa sensação costuma ser desagradável para muita gente. Sempre sou questionado sobre como tirar a baba do quiabo. Respondo sempre com outra pergunta: por que tirar a baba do quiabo? Muitas são as técnicas e superstições empregadas para esse fim. Desconheço sua eficácia e acho interessante a presença dessa textura em determinados preparos. Mas, na maioria dos pratos em que utilizo quiabo, costumo me valer do pressuposto de que, como a baba é solúvel em água, deve-se utilizar ou nenhuma água, caso em que a mucilagem será muito discreta (como um quiabo grelhado), ou água em excesso, caso em que a mucilagem será diluída até não ser notada (por exemplo, num cozido ou feijão caldoso, nos quais não se sentirá o aspecto gosmento da baba, que ainda funcionará como espessante do caldo).

A primeira receita de quiabo que aprendi foi com minha mãe, que o preparava justamente para acompanhar carne moída, arroz e feijão, tudo feito separadamente. Pega-se uma panela de ferro de fundo grande, já que os quiabos (cortados em rodelinhas de pouco mais de 1 centímetro) não devem formar muito mais do que uma camada no fundo. Aquece-se bem, com um generoso fio de óleo, até que esteja fumegante e acrescentam-se os quiabos (que, depois de lavados e antes de serem cortados, foram bem secos). Quando boa parte estiver levemente dourada, apaga-se o fogo, junta-se alho picado a gosto, algumas gotas de limão (imagino que para cortar a baba, mas trazendo uma imprescindível acidez ao refogado) e sal a gosto.

ROUPA VELHA

Corta-se uma carne-seca em pedaços e deixa-se de molho em água de um dia para o outro, quando se cozinha. A água do cozimento é guardada para o pirão. Estando fria a carne, desfia-se e frita-se numa panela com gordura, alho, louro e cebola picada. Retira-se a carne e refoga-se o tomate sem sementes cortado miúdo e a cebola cortada em quatro partes. Acrescentam-se pimenta-de-cheiro e sal, deixando-se ferver. Volta-se a carne à panela com um tanto de água para formar molho. Serve-se com pirão de farinha de milho ou mandioca, feito na água do cozimento da carne.

HORTALIÇAS REFOGADAS

Beldroega, mata-compadre, bertalha, borragem, ora-pro-nóbis e broto de samambaia são plantas, muitas vezes espontâneas, que se costuma refogar. A profusão de nomes de algumas, como a beldroega — beldroega-grande, beldroega-miúda, bredo, bredo--major-gomes, bunda-mole, cariru, carne-gorda, (falso) caruru, erva-gorda, fura-tacho, inhá-gome, joão-gomes, joão-gordo, labrobró, labrobró-de-jardim, major-gomes, maria-bombi, maria--gombe, maria-gombi, maria-gomes, maria-gorda, maria-mole, mata-calos, ora-pro-nóbis-miúdo —, bem atesta seu enraizamento na culinária popular.

Pega-se um punhado delas, lava-se bem, escalda-se em água quente com sal, espreme-se, pica-se e refoga-se em gordura quente com temperos (sal, alho, cebola e salsinha macerados). Ou se come crua, como salada, temperada com limão, sal e óleo. Ou então passam-se as folhas em ovo batido e frita-se, como é o caso da *borragem*.

Algumas crescem em importância culinária, merecendo melhor tratamento, como a ora-pro-nóbis, que se pica bem fininha e se acrescenta, no fim da cocção, à carne cortada em pedacinhos e refogada com temperos. Serve-se com arroz ou angu. É pouco utilizada fora de Minas Gerais. Do broto de samambaia, retiram-se e se desprezam os fios grossos. O restante é cortado em rodelas, afervanto para diminuir o amargor, escorrido e refogado em óleo e temperos. É servido com angu.

CAMBUQUIRA REFOGADA

Utiliza-se o broto da abóbora, da melancia ou do chuchu, dos quais se retira a película. Refoga-se em gordura, alho, pimenta e sal, sem acrescentar água, que soltará da verdura.

COUVE REFOGADA

Lavam-se as folhas, retirando os talos. Embrulham-se umas nas outras, fazendo um feixe redondo e apertado que, com uma faca afiada, corta-se o mais finamente possível. Na frigideira, derrete-se toucinho e coloca-se a couve picada e sal, mexendo sempre. Cozida, serve-se acompanhando vários pratos, inclusive a feijoada. Em vez de picada, ela também pode ser rasgada.

REFOGADO DE VAGEM

A vagem refogada é especialmente apreciada como guarnição de carnes assadas. Toma-se meio quilo de vagem, retiram-se as fibras laterais com uma faca e coloca-se em água com sal para cozinhar. Retira-se e leva-se a outra panela, com 1 colher de manteiga derretida, cebolinha e salsa picadas, corrigindo o sal.

QUIBEBE

Leva-se a ferver, com pouca água, 1 abóbora de pescoço madura, descascada, sem sementes e partida em pedaços. Uma vez cozida, amassa-se com garfo ou colher, refoga-se nos temperos (sal, cebola e alho) com bastante pimenta, e acrescenta-se 1 colher de açúcar. Podem-se também acrescentar caldo gordo e salsinha picada. É servida com feijão, carne de porco ou linguiça, frango ou peixe.

Em Goiás há o quibebe de mandioca e o quibebe de mamão verde, procedendo-se, no mais, da mesma maneira.

ENSOPADO DE PIRANHA

Retira-se a barrigada dos peixes, deixando a escama. Arruma-se na panela, acrescenta-se sal dentro dos peixes e cobre-se com água. Estarão cozidas em 20 minutos, quando se leva ao prato com uma porção de farinha, tomando-se o caldo da panela e regando os peixes com a farinha. Puxando-se o couro, ele sairá inteiro.

A partir deste ensopado de piranha, faz-se também uma bela sopa: o caldo de piranha. Basta fazer um refogado bem rico, com os elementos todos bem picadinhos (aconselharia cebola, coentro, pimenta-de-cheiro, alho, tomate, pimentão e urucum), acrescentar o caldo, algumas lascas da carne do peixe sem espinhos e um pouquinho de farinha de milho para engrossar.

Os mexidos ou lobozós

Os mexidos são pratos que combinam, numa panela ou frigideira, legumes ou verduras cozidos e ovos mexidos, o que os espanhóis chamam de *revueltos*. Colocam-se gordura, temperos, os legumes e por fim ovos batidos, mexendo de leve para não ficarem emulsionados. Pode-se finalizar com farinha de mandioca ou de milho. Há variações.

É comum, à noite, tomar-se as sobras da comida do dia — arroz, legumes, feijão, tomate verde picado, carne picada e o que mais houver — para preparar um mexido ou lobozó. Põe-se óleo na panela para aquecer e adicionam-se ovos, sal e tempero verde, mexendo bem para não deixar endurecer. Juntam-se verduras, legumes, carne e arroz — o que houver —, mistura-se um pouco de farinha de mandioca ou de milho e algumas gotas de conserva de pimenta.

MEXIDO DE FEIJÃO COM SOBRAS
Cortam-se 100 gramas de toucinho em cubinhos e fritam-se. Reserva-se. Na gordura em que se fritou, fritam-se agora 1 cebola média picadinha, 2 xícaras de feijão cozido, 1 xícara de arroz cozido, 1 tomate sem sementes picado e 1 cenoura média ralada.

Acrescentam-se sobras de carne, frango ou linguiça e cheiro-verde picadinho. Refoga-se tudo, quebram-se 2 ovos e mistura-se, juntando-se sal e pimenta a gosto, além de farinha de milho que baste.

CABEÇA DE BODE

Coloca-se água em uma panela. Quando estiver quente, despeja-se gordura, além de sal, e quebram-se 2 ou 3 ovos inteiros dentro. À medida que a clara coagula, parte-se com a colher com cuidado para não emulsionar. Adiciona-se farinha de mandioca até ficar quase consistente.

CARURU-DE-PORCO (BREDO)

Picam-se folhas de caruru como se fossem de couves, batem-se os ovos, temperam-se com sal e pimenta-do-reino. Levam-se os ovos a uma frigideira untada com gordura para endurecerem um pouco. Em seguida, adiciona-se o caruru cortado e, com uma escumadeira, cobre-se a verdura com os ovos que estão por baixo. Engrossa-se com farinha de milho ou fubá — ou, em vez delas, um pouco de farinha de trigo.

FRIGIDEIRADA DE MAXIXE

Raspa-se a casca de maxixes bem novos, corta-se em fatias finas, ferve-se com sal até ficarem bem cozidos. Frita-se 1 linguiça de porco, desmanchando-a. Mistura-se a linguiça aos maxixes, temperando com sal, alho, cebola e pimenta-do-reino. Juntam-se meia dúzia de ovos batidos, mexendo, e um pouco de miolo de pão molhado. Leva-se tudo a uma frigideira com gordura bem quente, fecha-se e põem-se brasas sobre a tampa.

FRIGIDEIRADA DE UMBIGO DE BANANEIRA

Desfolha-se o umbigo de bananeira, desprezando as folhas externas mais grossas. Pica-se bem miúdo e põe-se a ferver em água com sal. Quando estiver macio, escorre-se e mistura-se meia dúzia de ovos batidos. Tempera-se e leva-se a uma frigideira com gordura. Pode-se também fazer bolinhos, fritando aos bocados.

OMELETE DE GUARIROBA

Pica-se a guariroba, deixa-se em água para tirar o amargor, escorre-se e refoga-se com temperos. Batem-se 4 ovos, despeja-se neles a guariroba refogada e leva-se tudo a uma frigideira com 1 colher de banha de porco, misturando bem. Deixa-se em fogo brando, vira-se para dourar do outro lado e serve-se quente.

As farofas e paçocas

Se há um prato que abarca o povo brasileiro como um todo, sem dúvida é a farofa. De farinha de milho ou mandioca e origem ancestral, ela se presta a vários propósitos: pode ser elemento neutro complementar da refeição; serve tanto para aumentar o que não é abundante quanto para amenizar o que é muito intenso; pode simplesmente dar liga ao prato, como também assumir ares de protagonista, em recheios de peixes ou aves, enriquecida com miúdos e temperos. O preparo das farofas raramente atinge algum grau de complexidade; em geral, refogam-se os elementos que se quer agregar em gordura abundante, até que eles percam água o suficiente para não comprometer a textura do prato. Acrescenta-se a farinha, portanto, no momento em que não há mais água no fundo da panela.

FAROFA CRUA
Adicionam-se à água fria sal, cheiro-verde picado, cebola em rodelas bem finas e pimenta. Junta-se farinha de mandioca, mexendo até ficar bem solta e homogênea.

FAROFA PARA CHURRASCO
Coloca-se manteiga numa frigideira. Acrescentam-se farinha

de mandioca e sal. Mexe-se até quase torrar, quando estará pronta.

FAROFA DE BANANA
Douram-se cebolas raladas na manteiga. Juntam-se ovos, deixando endurecer e picando com a colher. Acrescenta-se farinha de mandioca ou de milho, tira-se do fogo e junta-se banana picada em toletes ou rodelas.

FAROFA E PAÇOCA DE IÇÁ
Essa iguaria indígena logo foi assimilada pelos brancos. Gabriel Sousa dos Santos já escrevia: "Estas formigas comem os índios torradas sobre o fogo, e fazem-lhe muita festa; e alguns homens brancos que andam com eles e os mestiços têm por bom jantar, e o gabam de saboroso, dizendo que sabe a passas de Alicante; e as torradas são brancas por dentro". O padre José de Anchieta escreveu que "são um tanto ruivas, trituradas cheiram a limão".[1]

Tiram-se as pernas e cabeças das formigas e põem-se de molho em água e sal por meia hora. Escorre-se e leva-se à frigideira com banha, mexendo sempre para fritar sem queimar. Quando as içás estiverem bem torradas, acrescenta-se a farinha de mandioca. Se desejado, pila-se em pilão para fazer paçoca.

FAROFA DE COUVE
Corta-se a couve sem talo bem fininha. Refoga-se em banha bem quente com cebola, sal e cebolinha picada. Junta-se farinha de milho ou de mandioca suficiente para se obter uma farofa bem seca.

PAÇOCA DE CARNE DE VACA OU DE PORCO
Toma-se a carne picadinha e refoga-se em banha com alho, sal, pimenta e cebola, até ficar bem corada. Retira-se do fogo, junta-se farinha de mandioca ou de milho e soca-se no pilão.

PAÇOCA DE CARNE-SECA

Deixa-se a carne-seca de molho em água, de véspera. Lava-se, corta-se em pedaços miúdos e cozinha-se. Depois, na panela, fritam-se rodelas de cebola em banha, acrescentando-se a carne-seca até dourar bem. Por fim, soca-se no pilão, juntando aos poucos punhados de farinha de mandioca ou milho. Podem-se acrescentar pedaços de torresmo. A paçoca é servida com pedaços de banana.

PAÇOCA DE AMENDOIM

Para meio quilo de amendoim torrado e sem casca, moído em máquina de moer carne ou pilado, juntam-se 2 pires de chá de farinha de milho (há quem faça com farinha de mandioca torrada) e 1 pires de açúcar. Passa-se tudo junto na máquina mais duas ou três vezes. Coloca-se sal a gosto. Uma das formas preferenciais de comer esta paçoca é com banana, seja amassada, seja descascando-se parcialmente a fruta e mergulhando-a na paçoca antes de levá-la à boca.

As frituras

PASTEL (MASSA)

Para a massa, juntam-se meia xícara de chá de água morna, 2 colheres de banha derretida, 1 colherinha de café de sal e 1 ovo. Mistura-se tudo com a mão e juntam-se, aos poucos, 2 xícaras de farinha de trigo e 1 colher de sopa de polvilho azedo. Quando homogênea, deixa-se em descanso por meia hora. Abre-se com rolo em tábua polvilhada, corta-se no tamanho e no formato desejados e se recheia, fritando em gordura quente. Em variantes, entra 1 colher de sopa de cachaça ou substitui-se a água por leite.

Alternativamente, ainda, juntam-se 1 pires de farinha de milho e igual quantidade de farinha de mandioca, escaldando-se com água salgada até formar um angu duro. Amassa-se bem, acrescentam-se 2 gemas e torna-se a amassar, estendendo a massa com o rolo em seguida.

Há também a massa feita com fubá. Faz-se um angu de consistência dura com 1 prato de fubá mimoso e 1 ½ copo de leite. Deixa-se esfriar e adicionam-se 3 ovos e 4 colheres de sopa de banha derretida. Mistura-se bem e abre-se a massa com o rolo em superfície polvilhada com fubá.

Os recheios são os mais variados, sendo usuais os de carne de vaca moída com ovo cozido e azeitonas picados; carne de porco moída; refogado de palmito; refogado de camarão engrossado com farinha; pedacinhos de queijo; fatias de banana.

Por fim, há receitas nas quais os pastéis são assados, em vez de fritos.

PASTEL DE BOCA DE DAMA

Forram-se forminhas de empada com massa de pastel e fritam-se. Depois, são recheadas com um doce feito de açúcar em ponto de pasta, 1 coco ralado, 12 gemas, 1 xícara de leite e 1 colher de manteiga.

PASTELINHO

São forminhas de empada forradas com massa de pastel, recheadas com 1 colherinha de doce de leite e levadas ao forno para assar sem fechar no topo. Assadas, são polvilhadas com canela em pó.

PEIXE FRITO

Limpa-se o peixe e corta-se em pedaços. Tempera-se com sal, pimenta-do-reino, alho socado e limão, deixando marinar algum tempo. Enxugam-se os pedaços com guardanapo, passam-se em farinha de trigo, farinha de mandioca com sal ou fubá, e fritam-se em gordura abundante.

LAMBARI FRITO

Limpa-se e lava-se o lambari, deixando-se em tempero de limão, cebola, alho e salsinha picadinhos. Passa-se no fubá mimoso e frita-se em gordura quente. O mesmo pode ser feito com manjubinha, não sendo necessário, porém, abri-las.

PEIXE EM POSTA

Limpam-se e lavam-se postas ou filés de surubim, deixando em seguida descansar em água com limão e sal por meia hora. Enxuga-se, passa-se em fubá mimoso, frita-se em óleo quente e escorre-se. Depois, juntam-se tempero vermelho, 2 colheres de sopa de óleo, 1 gema e 1 colher de sopa de farinha de trigo, levando-se ao fogo para engrossar. Arruma-se numa travessa, cobre-se com o molho e enfeita-se com batata cozida.

FLOR DE ABÓBORA

Lavam-se as flores para tirar sujidade e insetos, passam-se em ovos batidos misturados com farinha de trigo e sal e fritam-se em gordura quente até dourar. Escorre-se.

MANDIOCA FRITA

Descasca-se, corta-se em toletes e cozinha-se em água e sal a mandioca até ficar bem macia. Tira-se o talo central, frita-se em óleo abundante e quente, até os pedaços ficarem bem secos e crocantes. Retira-se e escorre-se.

BISCOITO PIPOCA (PIPOQUINHA)

Escalda-se 1 prato bem cheio de polvilho peneirado em 1 prato raso de banha quente. Quando estiver morno, sova-se bem para desmanchar os caroços. Acrescentam-se sal e ovos até a massa ficar macia, sem quebrar nem amolecer. Corta-se em pedacinhos e frita-se.

BOLINHO CAIPIRA (MATA-FOME)

A 1 quilo de farinha de milho juntam-se 1 copo grande de farinha de mandioca e cheiro-verde picadinho. Deixam-se ferver 2 litros de água, acrescentando meia xícara de banha, sal, meia cebola picadinha e 3 dentes de alho socados. Verte-se essa água sobre as farinhas em uma vasilha, mexendo sempre para ficar homogênea. Deixa-se esfriar para amassar com as mãos. Em porções mais ou menos do tamanho de 1 colher de sopa, achata--se a massa com as mãos em forma de concha. Recheia-se, fecha-se formando croquetes e frita-se. O recheio é feito com uma mistura de partes iguais de carne moída de vaca e de porco, refogada com meia cebola picadinha, 3 dentes de alho socados, limão e cheiro-verde. Em cada bolinho vai aproximadamente 1 colher de chá de recheio.

Numa versão antiga do mata-fome, partia-se de 2 pires de polvilho azedo, 1 pires de farinha de milho, 1 xícara de leite, 1 ovo inteiro e 1 gema, além de uma pitada de sal e erva-doce. Amassava-se bem, fazendo bolinhos em forma de rodinhas ou alongados e fritava-se em gordura quente.

BOLINHO DE MANDIOCA
Cozinha-se a mandioca e passa-se em um espremedor. Para cada prato de massa, juntam-se 2 ovos, 3 colheres de farinha de trigo e sal. Amassa-se bem, fazem-se bolinhos e frita-se. Há quem acrescente 1 colher de sobremesa de fermento químico e, ainda, cheiro-verde bem picadinho.

BOLINHO DE CHUVA
Faz-se ajuntando 2 xícaras de chá de farinha de trigo, 3 colheres de sopa de açúcar, uma pitada de sal, 1 colher de sopa de fermento em pó, 1 colher de sopa de manteiga e 3 ovos. Mistura-se tudo e frita-se, salpicando por cima açúcar e canela.

SONHO
Na composição dos sonhos entram 1 litro de leite e 100 gramas de manteiga. Quando ferver, junta-se farinha de trigo até formar uma massa bem cozida, que se desprende da panela. Então, jun-

tam-se alguns ovos, um a um, mexendo bem, para que a massa fique meio mole, a ponto de se poder tirar colheradas para fritar. Prontos, polvilha-se com açúcar e canela. Em Goiás, coloca-se uma porção de farinha de trigo para igual porção de fubá. No mais, tudo igual.

As empadas e tortas

EMPADA

Faz-se com meio quilo de farinha de trigo, 3 colheres bem cheias de banha, sal e 3 ovos. Há quem misture à farinha 1 colher de banha, sal e fermento em pó, acrescentando água até dar liga. E também quem combine manteiga, banha e 4 ovos, seguindo o restante igual. A água se junta eventualmente, para chegar ao ponto da massa.

Usualmente seus recheios são à base de carne (de vaca ou porco), galinha, peixe, camarão ou queijo. O de galinha pode ser feito da ave refogada, desossada e picada, à qual se acrescentam ovos cozidos picados e azeitonas. Quando de peixe, fazem-se camadas de ovos cozidos picados com salsinha, rodelas finas de cebola, sal e pimenta e, sobre elas, lambari ou piquira fritos na manteiga, cobertos por outra camada da mistura com que se forrou a empada, e assim sucessivamente até enchê-la. Finaliza-se cobrindo com massa e lambuzando-a com ovo antes de levar ao forno.

EMPADÃO GOIANO

Faz-se em cumbucas de barro, de 15 a 20 centímetros de diâmetro e 5 a 8 centímetros de altura. São forradas de massa de empada e cobertas com ela para irem ao fogo. O recheio faz-se com frango desfiado, guariroba cortada e cozida, manteiga na qual se frita 1 linguiça de porco feita em pedaços, cheiro-verde, carne de porco cozida e frita em pedaços, queijo fresco cortado em fatias, ovos cozidos e cortados em quartos, ovos crus, azeitonas, batata cozida, pão em fatias finas, molho aquoso de tomate. Em Minas Gerais, pode-se acrescentar macarrão cozido em vez de pão. O recheio é arrumado em camadas, e o empadão é fechado com massa e levado ao forno.

EMPADINHA FRITA
Abre-se a massa, corta-se, forra-se a forminha, põe-se o recheio, cobre-se de massa e frita-se na própria forminha. Quando ficar pronta, a massa solta-se da forminha.

EMPADA DE MARMELO
Faz-se a massa com 900 gramas de farinha de trigo, 8 gemas, 1 clara, 1 xícara de água salgada e 450 gramas de manteiga. Estira-se a massa e forram-se as forminhas. Coloca-se em cada uma geleia de marmelo e quartos de marmelo em calda. Cobre-se e leva-se a assar.

TORTA DE MANDIOCA
Junta-se 1 prato de mandioca ralada a 1 prato de queijo curado ralado. Acrescentam-se 1 prato de açúcar cristal, meio prato de farinha de milho, uma pitada de sal e 2 colheres de sopa de manteiga. Amassa-se tudo com ovos até o ponto de ir à fôrma. Leva-se ao forno quente até dourar.

TORTA DE PALMITO
Faz-se a massa como para empada, a partir de 2 xícaras de chá de farinha de trigo. Forra-se a fôrma e acrescenta-se o recheio, que leva palmito cozido e refogado, azeitona verde picada, ovo

cozido picado, 2 gemas e meio litro de leite. Mexe-se tudo ao fogo e acrescenta-se 1 colher de sopa de maisena para formar um creme. Cobre-se a torta com a massa restante, pincela-se com gema de ovo e assa-se. Faz-se também torta de frango pelo mesmo sistema.

TIGELADA DE GUARIROBA

Faz-se batendo 6 ovos e acrescentando-se 1 pires de café de farinha de milho, 2 pires de guariroba cozida bem picada, cebolinha, salsinha, pimenta vermelha, sal e 2 colheres de chá de fermento químico. Leva-se tudo a assar em fôrma untada com óleo e desenforma-se para servir. Faz-se assim, também, as tigeladas de jiló e de couve.

TIGELADA DE UMBIGO DE BANANEIRA

Retira-se a parte branca de 1 dúzia de umbigos de bananeira. Corta-se como a guariroba e aferventa-se com sal. Batem-se bem 6 ovos e tempera-se com pimenta-do-reino, salsinha e sal. Engrossa-se com farinha de trigo e coloca-se em fôrma untada. Leva-se ao fogo em frigideira bem untada, coberta com uma lata cheia de cinzas quentes e carvão do fogão a lenha.

BOLO DE CHUCHU

Cozinham-se 5 chuchus descascados e picados, espremem-se para tirar a água e passam-se pela peneira. Mistura-se 1 colher de sopa de leite, 1 colher de sopa de maisena, 1 colher de sopa de manteiga, 4 ovos batidos como para pão de ló, pimenta-do-reino e 4 colheres de sopa de queijo ralado. Corrige-se o sal. Leva-se ao forno brando em fôrma untada.

Biscoitos, sequilhos e rosquinhas

BISCOITO DE ARARUTA

A receita mais simples recomenda usar 450 gramas de araruta, 250 gramas de polvilho, 250 gramas de manteiga e 10 gemas de ovos. Outra substitui o polvilho por farinha de trigo e leva 5 ovos, além da manteiga. Amassa-se bem, abre-se com rolo em mesa enfarinhada e corta-se no formato que se desejar. Fura-se com palito e leva-se a assar em tabuleiro enfarinhado.

BOLACHINHA DE ARARUTA

Faz-se com 900 gramas de farinha de trigo, a mesma quantidade de araruta, 450 gramas de açúcar feito em calda grossa, 250 gramas de manteiga, 1 xícara de fermento em pó, 2 gemas de ovos, canela em pó e uma pitada de sal, acrescentando-se água morna se necessário para dar o ponto. Assa-se em forno brando.

Em outra receita, misturam-se 2 xícaras de açúcar, 2 xícaras de araruta, 1 pires de banha derretida, 4 xícaras de farinha de trigo, 1 colher de sopa de manteiga, 3 ovos, uma pitada de sal, 1 colher de sopa de sal de amoníaco e leite o quanto baste para amassar. Abre-se a massa com rolo, cortam-se as bolachinhas usando a boca de um copinho como molde, pincela-se com gema e polvilha-se açúcar cristal. Leva-se ao forno bem quente.

BISCOITO SINHÁ
Juntam-se meio quilo de araruta, 4 colheres de sopa de açúcar, 6 gemas, 250 gramas de manteiga e leite de 1 coco. Amassa-se tudo muito bem, enrola-se em argolas e põe-se em tabuleiro untado. Assa-se em forno quente.

SEQUILHO DE ARARUTA
Amassa-se meio quilo de araruta com meio quilo de açúcar e 6 ovos. Fazem-se os sequilhos e assam-se em forno quente, em assadeira untada. Como variante, acrescentam-se coco ralado e um pouco de manteiga.

SEQUILHO ENVERNIZADO
Sovam-se 4 xícaras de araruta, 1 colher cheia de açúcar, meia xícara de gordura e 4 ovos. Fazem-se os sequilhos e cozinham-se em água fervente. Quando subirem, escorrem-se numa peneira e assam-se em forno médio, em assadeira enfarinhada.

SEQUILHO DE FUBÁ E ARARUTA
Faz-se com 1 xícara de açúcar, 1 xícara de fubá mimoso, 1 ovo, 100 gramas de manteiga, uma pitada de sal e mais ou menos meio quilo de araruta. Mistura-se tudo, enrola-se e corta-se como pequenos nhoques, frisando com o garfo. Leva-se ao forno regular, retirando-se antes de amarelar.

BISCOITO DE CARÁ
Para 4 pratos de polvilho, 1 ½ quilo de cará cozido e passado na peneira, 900 gramas de banha, 1 garrafa de leite, 15 ovos e açúcar à vontade. Amassa-se tudo muito bem, fazem-se os biscoitos e

põem-se em tabuleiro que vai ao forno quente. Em outra versão, juntam-se 1 pires de cará ralado e passado na peneira, 1 pires de gordura e 1 pires de polvilho, 24 ovos bem batidos, como para pão de ló, açúcar a gosto e 1 caneca de leite, engrossando-se depois com fubá até o ponto de massa mole de enrolar.

BISCOITO DE POLVILHO

Biscoitos estufados de polvilho fazem-se com 450 gramas de banha, 450 gramas de polvilho, sal, um pouco de açúcar e 12 ovos. Deita-se o polvilho numa vasilha, acrescentam-se 450 mililitros de água ou leite e, estando ligado, juntam-se os ovos um a um, mexendo sempre para não encaroçar. Depois de bem misturado, leva-se ao forno em tabuleiro untado ou forrado com folha de bananeira. Em outra receita, a proporção é de 3 pratos de polvilho para 1 de farinha de trigo, 1 de gordura, 8 ovos, sal e leite para se obter uma massa dura.

Há também a versão feita com farinha de milho. Para 1 prato de farinha de milho, usam-se 2 pratos de polvilho, meio prato de gordura, 4 ovos, erva-doce e sal. Escalda-se a farinha de milho com água fervente ou leite até ficar uma massa mais ou menos dura, à qual se acrescentam os ovos, o polvilho e a gordura. Amassa-se bem e leva-se ao forno quente.

BISCOITO DE POLVILHO AZEDO

Em 1 prato fundo de polvilho azedo, põem-se 2 xícaras de água e 1 xícara de banha derretida, escaldando-se. Juntam-se 2 colheres de açúcar, 2 ovos e sal. Massa no ponto, espreme-se num pano sobre o tabuleiro e leva-se para assar em forno quente.

BISCOITÃO DE POLVILHO

Faz-se desmanchando 2 pratinhos de polvilho em 1 xícara de leite, juntando-se 1 pires de farinha de milho também amolecida no leite, e misturando-se tudo a 1 pires de banha derretida. Acrescentam-se 3 ou 4 ovos, um a um, juntam-se sal e erva-doce, amassando até obter uma mistura não muito dura, para que se possa enrolar. Fazem-se os biscoitões, marcando no meio com uma faca ou carretilha. Leva-se ao forno, primeiramente quente e, depois, brando, para secar.

BISCOITO DE POLVILHO COZIDO OU FRITO
O procedimento para fazer a massa é o mesmo da receita anterior. Para o cozido, leva-se a massa ao forno bem quente para assar. O frito faz-se em gordura meio fria, para não espirrar.

SEQUILHO DE POLVILHO
Obtém-se juntando 1 prato de polvilho, 1 prato de açúcar e 12 gemas de ovos. Amassa-se bem e acrescentam-se canela e cravo moído. Assa-se em fôrma forrada com farinha de arroz ou farinha de milho peneirada.

SEQUILHO DE COCO
Faz-se misturando 1 quilo de araruta, 400 gramas de açúcar, 200 gramas de manteiga, 1 coco pequeno e uma pitada de sal. Moldam-se os sequilhos em formato de pequenas argolas e assam-se em fogo médio, retirando-se quando ainda estiverem meio brancos. Noutra maneira de fazer, misturam-se o leite de 1 coco pequeno, meio quilo de araruta, 3 gemas, 1 colher de sopa de manteiga e açúcar a gosto. Enrola-se e corta-se a massa, moldam-se biscoitos redondos e pequenos e assam-se em forno brando.

BISCOITO DE NATA
A 1 xícara de nata de leite juntam-se 1 colher de sopa de manteiga, 1 xícara de açúcar, 1 ovo e 1 colher de fermento químico. Mistura-se tudo e adiciona-se maisena até dar o ponto de formar bolinhos

ou de abrir a massa com o rolo. Leva-se ao forno brando. Há versões com farinha de trigo em vez de maisena.

BISCOITO DE SODA

Misturam-se bem meio quilo de açúcar, 250 gramas de banha, 1 quilo de farinha de trigo, 8 ovos, 1 colher de chá de bicarbonato de sódio e 1 colher de chá de cremor tártaro. Enrolam-se os biscoitos em forma de argolas grossas, pincela-se com gema e cobre-se de açúcar cristal. Assa-se em forno quente.

ZEQUINHA

Juntam-se meio quilo de farinha de trigo, meio de açúcar, meio de polvilho doce, 1 colher de chá de bicarbonato de sódio, 1 colher de sopa de cremor tártaro, 2 colheres de sopa de manteiga, 2 ovos e meio copo de água morna. O ponto é nem mole nem duro. Cortam-se os biscoitos e assam-se em tabuleiro untado.

ROSQUINHA DE AMONÍACO

Juntam-se 2 copos de leite, 1 colher de açúcar, 2 colheres de sopa de amoníaco, 4 colheres de manteiga e uma pitada de sal. Acrescenta-se farinha aos poucos, até dar o ponto de enrolar as rosquinhas. Levam-se ao forno em seguida.

TARECO

Batem-se 6 ovos como para pão de ló. Acrescentam-se 2 pires de açúcar, essência de baunilha, 2 colheres de sopa de manteiga, 6 ovos e quanta farinha de trigo for necessária para dar liga. Enrola-se a massa e corta-se em palitos. Passa-se gema e polvilha-se com açúcar, levando ao forno quente.

SAUDADE

A 450 gramas de açúcar, misturam-se 8 ovos inteiros mais 4 gemas, canela, cascas de limão e 450 gramas de farinha de trigo. Depois de amassada, cortam-se broinhas e levam-se ao forno em fôrma untada. Há variantes com polvilho no lugar da farinha.

BISCOITO AMANTEIGADO

Misturam-se 125 gramas de açúcar, 250 gramas de farinha de trigo, 1 colher de chá de fermento em pó, 150 gramas de manteiga e 1 ovo. Abre-se a massa com rolo e corta-se com ajuda de forminhas. Pincela-se gema e assa-se em fogo brando.

BISCOITO DE CACHAÇA

Batem-se 6 ovos como para pão de ló e acrescentam-se 6 colheres de sopa de cachaça, sal e farinha de trigo suficiente para que se enrole e molde. Assam-se em tabuleiro, em forno quente. Põem-se os biscoitos em uma vasilha e derrama-se sobre eles uma calda grossa de açúcar, para que fiquem bem glaceados. Deixam-se a secar, quando estarão prontos.

BISCOITO DE TORRESMO

Passa-se na máquina de moer carne 1 quilo de torresmo. Mistura-se a meio quilo de polvilho e mexe-se bem. Amassa-se com 2 ovos, juntam-se açúcar a gosto, 1 colherinha de cremor tártaro e canela. Assa-se em forno médio.

Pães e roscas

PÃO DE CARÁ

Faz-se um fermento com água e 400 gramas de farinha de trigo. Acrescenta-se o fermento a 1 ½ quilo de farinha, 1 prato de banha, 1 prato raso de cará cozido e passado na peneira, 4 ovos e 1 pires de açúcar. Amassa-se, deixa-se crescer e leva-se ao forno. Pode-se fazer também com 2 pratos de polvilho, 2 pratos de cará cozido e passado na peneira, 1 prato de banha, 12 gemas, 200 gramas de manteiga e erva-doce, misturando-se tudo e juntando-se leite até chegar ao ponto de massa de pão. Molda-se e assa-se. Como gordura, pode-se usar uma mistura de banha e manteiga.

PÃO DE MINUTO

A 14 colheres de farinha de trigo, juntam-se 2 colheres de açúcar, 1 colher de manteiga, 1 colher de fermento para pão, 12 ovos e 6 colheres de leite. Tudo misturado, fazem-se os pãezinhos e levam-se ao forno.

PÃO DE QUEIJO

Em todo canto se faz pão de queijo, e ele virou commodity nos centros urbanos, dado o número de redes de fast food que o tem como carro-chefe. Várias receitas, portanto, poderiam ser evocadas como a verdadeira, criando uma Babel culinária. No sul de Minas, por exemplo, uma pesquisadora[1] colheu recentemente uma receita que reza: 1 quilo de polvilho, 1 colher de sopa de sal, 1 concha de óleo, 2 ovos, 1 copo americano de farinha de milho, 1 copo de leite e 1 prato de queijo ralado.

Outra pesquisadora[2] coligiu três receitas diferentes. A primeira: uma medida de polvilho doce, 1 medida de polvilho azedo, 1 de queijo minas ralado, 1 de água, meia medida de óleo e meia de leite. Completa-se com ovos, amassando até dar a consistência desejada (aquela que permite enrolar os pãezinhos sem que a massa grude na mão). Ela data essa receita de meados do século 19. A segunda prescreve 2 a 3 colheres de fubá, 1 litro (5 copos) de polvilho azedo, 1 copo de leite, 1 copo de banha derretida ou óleo, meio copo de água, 4 a 5 ovos e meio queijo fresco ou meia-cura ralado. Finalmente, a terceira recomenda usar 3 copos de polvilho doce, 1 copo de óleo, 1 copo de leite e água em proporções iguais, ¼ de queijo minas meia-cura ralado, 4 ovos e sal.

Essas quatro receitas mostram como o pão de queijo, além do queijo ralado, gravita em torno do polvilho, não havendo ortodoxia se doce ou azedo. As gorduras, que podem ser quaisquer, também são elementos definidores do produto, com variações de sabores. Já os ovos são o elemento com o qual se conta para dar liga.

A receita mais simples é aquela que junta 1 copo de polvilho doce, 1 copo de queijo ralado, sal, 1 xícara de leite e 1 ovo. Tudo misturado, fazem-se os pãezinhos e colocam-nos para assar. Uma segunda preparação consiste em escaldar 1 quilo de polvilho em 1 xícara de chá de leite salgado e 1 xícara de banha de porco, misturando-se depois 1 quilo de queijo ralado e 1 ovo. Amassa-se com leite frio até o ponto de enrolar.

As receitas coletadas aqui e ali sempre variam em torno da proporção desses ingredientes. E há variantes com farinha de milho. Em uma delas, misturam-se 1 quilo de polvilho, 1 colher de sopa de sal, 1 concha de óleo, 2 ovos, 1 copo de farinha de milho, 1 copo de leite e 1 prato de queijo ralado. Sovam-se o polvilho, o sal e o leite e escalda-se no óleo quente. À parte, dissolve-se a farinha de milho em água e mistura-se aos demais ingredientes. Em Ouro Preto, registra-se a ocorrência do pão de queijo feito com 3 pratos fundos de polvilho azedo, 1 prato fundo de farinha de milho, 6 ovos, 1 prato fundo de queijo ralado e leite para dar o ponto. Escaldam-se as farinhas em água fervente até ficarem cozidas, adicionam-se os demais ingredientes, dá-se forma e leva-se ao forno.

Existe ainda o pão de queijo com batata, para o qual se combinam 2 colheres de sopa de banha, 2 copos de batata cozida e amassada, 2 ovos, 2 copos de polvilho azedo e 1 ½ copo de queijo ralado. Assam-se as bolas, moldadas com a mão untada, em forno quente.

Quando comecei a testar receitas de pão de queijo para a inauguração de um café em que assino o cardápio, tive a impressão de que ele poderia ter uma origem de certa forma embusteira. Quanto mais queijo você adiciona à receita, menos elástica se torna a massa e menos ela se assemelha ao queijo derretido. O polvilho azedo, por sua vez, por ser fermentado, tem aromas que remetem aos produtos lácteos, especialmente a determinadas espécies de queijo. Os resultados que mais me agradavam, portanto, aqueles em que os pães de queijo resultavam mais leves e elásticos, eram de receitas com menos queijo, e que levavam polvilhos azedos mais artesanais, de odores mais pronunciados. Daí a minha desconfiança: será que os primeiros pães de queijo levavam queijo de fato ou ganharam esse nome por causa dos aromas e texturas semelhantes aos do queijo? Ou será que uma quantidade ínfima de restos de queijo, combinados ao polvilho azedo, não teriam originado nosso quitute tão celebrado?

A receita à qual chegamos consiste em uma parte de queijo meia-cura do norte de Minas Gerais, uma parte de leite, meia parte de manteiga com sal, meia parte de ovos e duas partes de polvilho. Escalda-se o polvilho com o leite misturado à manteiga, deixa-se a massa esfriar e agregam-se, na batedeira, os ovos e o queijo. O tempo e a temperatura de forno dependem do tamanho do pão. Utilizamos 180 °C por 22 minutos para pães de queijo de 70 gramas.

ROSCA SECA

Misturam-se 6 colheres de banha derretida, 4 xícaras de farinha de trigo, 50 gramas de fermento (levedo de cerveja), 6 ovos, sal e água que baste para dar o ponto. Dissolvido o fermento em pouca água morna, acrescentam-se os demais ingredientes até o ponto de massa para pão. Deixa-se crescer, molda-se e leva-se ao forno quente.

ROSCA RAINHA

Dissolvem-se 2 tabletes de fermento em 2 copos de água morna e meio quilo de farinha, deixando-se crescer. Em outra vasilha, põe-se 1 ½ quilo de farinha, escaldando com 1 copo de leite fervente com sal, canela e erva-doce. Juntam-se 1 xícara de banha derretida e igual quantidade de manteiga derretida e, em seguida, 10 ovos e a farinha com o fermento. Mexe-se, amassa-se e deixa-se crescer. Moldam-se as tranças e se põem em tabuleiro polvilhado com farinha. Passa-se gema sobre as tranças e polvilha-se açúcar cristal. Leva-se ao forno.

ROSCA DE CARÁ

Põem-se 50 gramas de fermento a fermentar com 1 xícara de chá de leite, 1 colher de açúcar e um pouco de farinha de trigo. Depois, juntam-se 1 quilo de cará cozido e espremido, 1 quilo de farinha de trigo, 3 colheres de sopa de manteiga e 3 ovos. Deixa-se crescer, enrolam-se as roscas e deixa-se crescer novamente. Passa-se gema e polvilha-se açúcar antes de levar ao forno médio.

FATIAS DOURADAS (RABANADAS)

Tomam-se fatias de pão de sal, deixando-as amolecer em vinho branco. Quando estiverem bem empapadas, devem ser passadas em gemas batidas e postas em uma calda bem grossa, quente. Deixa-se ferver e descansar na calda. Tira-se, põe-se em travessa e polvilha-se canela. Por outro método, põe-se o pão em água com açúcar, tira-se, leva-se a um prato e se alternam camadas de fatias de pão e ovos, polvilhando-se com canela e levando ao forno para assar. Em outra modalidade, ainda, passa-se o pão em leite açucarado e vão-se alternando, em uma travessa, camadas de pão e de doce de ovos moles ou cocada. Finaliza-se com uma camada de pão, polvilha-se canela e leva-se ao forno. Por fim, podem-se molhar as fatias em leite, passá-las em ovos batidos e levá-las ao tacho para dourar dos dois lados. Colocam-se então, em camadas, numa vasilha coberta com coco, despejando sobre elas meio litro de calda de açúcar.

CONCLUSÃO

O caipira não há mais[1]

Embora não haja grandes diferenças entre a culinária dos lugares que se tornaram, na República, os estados onde a comida caipira se desenvolveu, talvez o leitor atento seja tomado, às vezes, de surpresa. Andando por cidades do Vale do Paraíba, como Taubaté, não será difícil encontrar restaurantes que oferecem como atrativo a cozinha mineira. Isso porque muito do que estamos considerando aqui a culinária da Paulistânia, a cozinha caipira, é conhecido usualmente como cozinha mineira. De fato, houve uma mineirização da cozinha caipira, o que é um fenômeno cultural digno de nota.

A oposição Minas-São Paulo nunca foi profunda. Ao tempo da República Velha (1889-1930), a aliança política entre os dois estados permitiu-lhes controlar o governo federal em presidências sucessivas, impondo o atendimento aos seus interesses econômicos em detrimento dos demais estados da federação. Essa política, chamada "café com leite", contribuiu para reforçar os regionalismos, por oposição, como força reivindicatória, especialmente das oligarquias do Rio Grande do Sul, do Nordeste, lideradas por Pernambuco, e da Bahia.

A partir dessa época, a complexidade e a diversidade social do país passam a ser estudadas pelos intelectuais que se ocupam da "questão nacional" e o regionalismo adquire o estatuto de coisa séria, sendo objeto de caracterizações variadas e teorizações sociológicas. Traçar o perfil dos tipos brasileiros (o gaúcho, o caipira, o sertanejo, o vaqueiro etc.) tornou-se verdadeira obsessão intelectual, destacando-se Oliveira Vianna e seus estudos sobre as instituições políticas brasileiras.[2] Tratava-se da forma mais acabada de relacionar um estilo de vida, uma psicologia e, evidentemente, um tipo regional.

Além disso, em 1926, Gilberto Freyre lança o Manifesto Regionalista, no qual procura mostrar a singularidade do Nordeste e, valorizando esse aspecto, criar uma plataforma para reivindicar uma maior participação política da região no plano nacional. O argumento regionalista era, sob todas as formas, um contrapeso à dominância da política do café com leite. Quando essa aliança se rompeu, sobreveio a Revolução de 1930, que promoveu a centralização da política e sufocou a voga regionalista.[3]

Foi ao longo das décadas de 1930 e 1940, porém, que muitos intelectuais se entregaram de corpo e alma ao estudo e à caracterização dos tipos nacionais e suas diferenças psicológicas e sociais. Os tipos seriam os brasileiros concretos, que encarnavam particularidades significativas da formação do país; projetou-se uma coleção de sertanejos, paulistas, mineiros, gaúchos e assim por diante, como se fossem entidades humanas produzidas pelas regiões, que justificassem os regionalismos. Estudou-se o folclore, a música, a literatura, a culinária, dando origem a um raciocínio político que apostava na preservação desses tipos para sermos um país singular.

Um dos campeões dessa modalidade de sociologia foi o fluminense Francisco José de Oliveira Vianna. Ele escreveu, em 1923, um pequeno ensaio intitulado "Minas do lume e do pão", no qual procurava caracterizar o mineiro como tipo absolutamente distinto dos demais brasileiros. No ensaio, dizia que "Minas é íntima e doméstica" e se "reúne em torno da mesa familiar". O elemento central de seus argumentos era a formação da hospitalidade mineira, no trato com os de fora do lar, e sua finura nos modos e palavras, muito distinta do fluminense, por exemplo. Em seu argumento final, destacava "serem os mineiros, dentre os vários grupos regionais das nossas populações, talvez aquele em que mais se conservam os aspectos lusitanos da nossa cultura". Mas, diferentemente de outras regiões brasileiras onde também aportaram portugueses, Oliveira Vianna via em Minas a forte influência dos portugueses do norte — Douro, Minho, Beira, Trás-os-Montes —, ao passo que, para outras regiões, como o Rio Grande do Sul, teriam se dirigido portugueses do sul. Ora, raciocina ele, a "organização familiar" dos portugueses do norte é semelhante à mineira, onde o isolamento natural da população favoreceu que "se mantivessem até agora, com relativa pureza, apesar da sua crescente civiliza-ção, as tradições da sua antiga sociedade, modelada sob a ação conjugada da influência lusitana e do meio rural".[4]

É verdade que, passada a fase inicial em que o regionalismo estimulou o estudo dos tipos brasileiros e a cultura que lhes cor-respondia, o mesmo tema foi absorvido por uma nova modalidade de estudos culturais, denominado estudos do folclore, que toma impulso a partir da criação da Comissão Nacional de Folclore, no Rio de Janeiro, em 1947.[5] É na vaga dos congressos e publica-ções organizados pelo chamado movimento folclórico que vêm à luz estudos sobre a culinária tradicional. É nesse contexto que são retomados, em Minas Gerais, os estudos do tipo mineiro, resultando em um conceito vago e abrangente de mineiridade.

Em 1968, patrocinada pelo governo estadual de Minas Gerais, vem à luz talvez a principal obra de mineiridade explícita, escrita pelo arquiteto e historiador mineiro Sylvio de Vasconcelos, que também foi coordenador regional do Instituto do Patrimônio Histó-rico e Artístico Nacional,[6] entre 1939 e 1969. Seu livro *Mineiridade:*

ensaio de caracterização pretende ser uma discussão histórica e sociológica do verso de Carlos Drummond de Andrade no poema "José" (1942): "Minas não há mais". Concede-se Vasconcelos o benefício da dúvida: não haverá mesmo? Põe em questão essa "Minas [que] há, às vezes, pela ausência e brilha pelas sombras em que se envolve".[7] Sylvio Vasconcelos acusa a historiografia de comprometimento excessivo com a história do litoral, deixando em segundo plano o país interior que Minas integra; afirma que "a riqueza proporcionada pelo café levou à hipertrofia da contribuição paulista na formação e desenvolvimento de Minas".[8] Em outras palavras, o que ele anuncia é a ruptura, ainda que tardia, da política do café com leite nas letras. E propõe Minas como a convergência dos vários regionalismos brasileiros:

> Tudo nas Minas é antinômico, antagônico, contraditório, binário. Tudo conflui para sínteses perfeitas. O povoamento origina-se de dois pontos opostos que se ligam em movimentos de sentido contrário. Do norte, visando o sul; do sul visando o norte. Do norte vêm os pastores baianos; do sul os industriosos paulistas. No meio do caminho a síntese admirável que é Vila Rica. Dela se destacam novamente dois caminhos opostos: para o leste em direção do mar e para o oeste, buscando Goiás. As Minas se fazem o encontro da civilização pátria, antes dependente do tangencialmente atlântico.[9]

A essa concepção ele acrescenta o componente luso do centro-norte de Portugal, que é o que foi ter às minas, e ao qual se referiu Oliveira Vianna. Essa ideia será fundamental para entender o lugar que a mineiridade atribui à culinária mineira no contexto nacional, como se ela mesma fosse uma síntese de múltiplas determinações.

Vasconcelos traçará um percurso histórico curioso para fazer emergir essa singularidade. Precisa, por exemplo, provar que "as relações entre um e outro (subordinados e chefes) são sempre cordiais, respeitosas",[10] frisando a "liberdade de ação dos pretos", a integração verdadeira destes na família, "o afago e não o chicote" etc. Do mesmo modo, à mesa se cimentará essa "igualdade mineira", segundo a sua sociologia particular:

> Branco e negro trabalhando lado a lado [...] comendo o mesmo angu. É interessante assinalar em como predomina na mesa do mineiro [...], como rotineiros, os cozimentos africanos. Principalmente aqueles que utilizam o milho, em Portugal só aproveitado para o pão, como substituto do trigo, e que nas Minas dão a canjiquinha (substituindo o arroz), o mingau, o angu, o cuscuz, o beiju. Sobrevivência portuguesa aqui é apenas a couve. O peixe e a batata não se incorporaram à tradição culinária mineira, baseada, fundamentalmente, no milho, no feijão, na mandioca e na carne de porco.[11]

Outros autores, que também investigam a tipicidade mineira, são mais comedidos no juízo sobre essa mesa, reconhecendo que as mesmas preferências estiveram nas mesas paulistas, fluminenses, goianas, mato-grossenses e espírito-santenses, e reduzindo a tipicidade mineira — mas não exclusivamente — ao tutu de feijão com torresmo ou linguiça, ao lombo de porco assado com couve fina, à galinha ao molho pardo com angu e quiabo.[12]

O livro de Vasconcelos faz parte de um contexto de ofensiva governamental mineira para valorizar a mineiridade em termos amplos, permitindo destacar a culinária no primeiro plano. Por outro lado, Vasconcelos realiza uma segunda operação ideológica de importância: ele se concentra praticamente na região das minas, desprezando na construção da mineridade as características da região dos campos gerais. Os geraizeiros do norte de Minas parecem não participar da identidade do estado.

Os campos gerais correspondem muitas vezes às áreas do cerrado e foram se incorporando, ao longo do tempo, aos currais da Bahia. Aí,

> alguns homens livres, cuja mão de obra foi empregada nas fazendas, se constituíam em vaqueiros, que recebiam o pagamento por seus serviços em rancho, alimentação e crias de rebanho. Havia ainda os agregados, homens também juridicamente livres que compunham uma camada intermediária entre senhores e escravos. Residiam em terras da fazenda, em pontos mais distantes da sede, e ajudavam a cuidar do rebanho, cumpriam funções de feitores e capatazes ou empenhavam-se no trato da lavoura. Não obstante a rígida hierarquia existente entre senhores da fazenda e os vaqueiros e demais agregados, as relações aí estavam longe de se assemelhar à brutalidade das relações prevalecentes entre senhores e escravos, especialmente os escravos negros. Por isso, supõe-se que os currais tenham se constituído em fonte de atração de muitos homens brancos e mestiços pobres.[13]

Diferenciando-se, então, em termos produtivos, os campos gerais deram origem, também, a outra maneira de pensar essa parcela do território mineiro e, ao examinar o que se reconhece como uma recente versão da história regional,

> construída e difundida por intelectuais e políticos norte-mineiros com o intuito de afirmar a nordestinidade da região, [...] foi [só] a partir da década de 60 que essa ideologia ganhou corpo e força contra a predominante ideologia da mineiridade. Não por acaso, esse foi também o período de criação da Superintendência de Desenvolvimento do Nordeste — Sudene, órgão do governo federal

responsável pela formulação e implementação de planos de desenvolvimento no chamado Polígono das Secas, incluindo o Norte de Minas. Movimentos separatistas, que propunham a constituição de um novo estado — de Cabrália em 1968 ou do São Francisco em 1987, ambos a serem compostos pelo Norte de Minas e o Oeste da Bahia — também se baseavam na tese das continuidades ambientais, históricas e culturais da região em relação ao Nordeste.[14]

A mineiridade culinária construiu-se da mesma maneira, ignorando essa parcela do território e o comer que lhe é próprio, apesar da diferenciação interna que lhe corresponde — áreas de campos, tabuleiros, várzeas e veredas. Não se pode resumir tudo à pecuária e, nos tabuleiros e veredas, a agricultura mais se assemelha ao modelo que viemos chamando aqui de caipira.[15]

Apesar disso, e na linha de circunscrever a mineiridade à zona do ouro, em meados dos anos 1970 surgiu a proposta de comemoração dos trezentos anos da cozinha mineira, embora apenas em 1985 tenha sido criado um grupo institucionalizado para esse fim.[16] E foi desse contexto cultural que derivou a feitura, por Maria Stella Libanio Christo, do livro *Fogão de lenha* (1977), na intenção de "resgatar o que é nosso devido à invasão da comida estrangeira":

os esforços [...] são para divulgar a comida típica mineira, ao mesmo tempo em que se empenha em torná-la mais leve, adaptada à dieta do nosso tempo. [Nesse] livro encontramos a expressão mais visível da associação de uma imagem do mineiro hospitaleiro com a comida e a cozinha. Essa associação aparece na sua própria fala, bem como nas dos seus prefaciadores e nos textos selecionados.[17]

De fato, o livro foi prefaciado pelo próprio governador do estado, Aureliano Chaves, que o destacava como algo que "transcende os limites de Minas" e que é elemento-chave para restaurar "a identidade que nos vincula ao passado" e preparar "o futuro das novas gerações". A importância estratégica do livro, acreditava ele, era dada pelo contexto dos avanços modernizadores, no qual "não podemos permitir que se perca a acumulação intelectual de nossos antepassados". Acreditando que o livro atingiria grandes tiragens, e que "transcenda as nossas fronteiras"[18] — como, de fato, aconteceu —, escreve que, nele, "aprenderão as gentes de toda parte a compartilhar de nossa comunhão diária, apreciando-a como merece ser apreciada".

Houve ainda, mais tarde, uma tentativa de nacionalizar essa preocupação, transformando-a em política pública federal: no governo do mineiro Itamar Franco, Ziraldo Alves, então na presidência da Funarte, propôs para a gestão do órgão a criação de centros de estudo da culinária brasileira, justificando-os pela importância cultural dos temperos e da broa de milho.[19] O episódio, largamente criticado pela imprensa, ficou conhecido como a "política da broa de milho". Os mineiros pareciam estar indo longe demais, para fora dos limites de Minas Gerais.

No fim das contas, não existe diferença notável entre a cozinha mineira e a tradicional paulista, a ponto de justificar uma classificação distinta. O que parece existir, sim, são atitudes diferentes de mineiros e paulistas diante da culinária caipira. Enquanto o mineiro a tem como patrimônio,[20] isto é, um passado apreciado que deveria persistir no presente, o paulista, e em especial o paulistano, a tem como comida de pobre, pré-moderna e, portanto, desprezível. É corrente a percepção de que, ao contrário de Minas, São Paulo não tem, ou nunca teve, uma cozinha tradicional.

Assim, superando esses contextos de tipificação regional brasileira, como a política de estado de Minas Gerais, sempre empenhada na construção do mito da mineiridade, é que consideramos a comida mineira como parte integrante da grande tradição da culinária caipira da Paulistânia — sendo que tomamos o livro *Fogão de lenha*, com suas 560 receitas, ainda, como fonte privilegiada.

O que fizeram, porém, os paulistas em termos de reconhecimento e valorização desse patrimônio que eles têm em comum com Minas Gerais, Goiás e os demais estados originados na Paulistânia? O que vemos, ao longo da história, é um caminho muito diverso do que foi seguido pelos mineiros. Em seu processo de construção, a ideia de paulistanidade aproximou-se da imagem mítica do bandeirante, ao mesmo tempo que se afastou o quanto pôde do passado caipira que ajudou a construir.

O general Couto de Magalhães, conforme já apontamos no início do livro, registrou em meados do século 19 manifestações satíricas de estudantes contra o hábito alimentar das elites de São Paulo, que comiam içá e cambuquira e, por isso, eram chamadas de caipiras. Ainda anterior à lembrança de Magalhães foi o imbróglio em torno da escolha da capital da província para a instalação de uma faculdade de direito, criticada no Rio de Janeiro por causa da "pronúncia desagradável dos paulistas, cujo dialeto é o mais notável".[21]

Na perspectiva de quem o via de fora, o morador tanto da capital quanto do interior de São Paulo era tido como caipira, de fala diferente e costumes ultrapassados com relação aos habitantes da capital do então Império. Nos romances e nas peças teatrais encenadas no Rio de Janeiro ainda no século 19, chegou mesmo a ser "frequente a presença de um personagem paulista, muitas vezes ridicularizado por ser caipira".[22]

Em São Paulo, que enriquecia e ganhava importância política, ficava cada vez mais clara a necessidade de combater essa percepção externa, reforçando as diferenças entre a população paulista e aquela que seria caipira. Uma distinção que, como destacamos anteriormente, já havia sido notada por Saint-Hilaire em sua passagem pela capital, por volta de 1819, quando comenta a pouca consideração dos citadinos. pelos habitantes da zona rural.[23] Essa segregação associava-se à oposição entre cidade e campo que, em um contexto de urbanização crescente, aludia à dicotomia progresso versus atraso. Uma carta enviada por um leitor ao jornal *Correio Paulistano*, em 1863, deixa bem clara essa diferenciação:

> Estamos de chefe de polícia novo. É um doutor que morou muito lá pela roça; talvez traga por isso uma maneira de pensar assim ao modo dos antigos paulistas, que talvez não agrade por aqui, que tudo e todos estão iluminados pelas luzes do progresso. E estas ideias rançosas dos paulistas antigos já não correm no mercado da civilização atual.[24]

Ser um paulista antigo, com ideias e costumes rançosos e ultrapassados, tornou-se exemplo do que ninguém queria — embora no recôndito do ambiente doméstico, segundo nos conta Couto de Magalhães, as famílias continuassem a comer içá torrada e cambuquira. Mesmo que só nas aparências, era preciso rechaçar os resquícios da cultura caipira — ou tratá-la não mais como realidade, mas como uma imagem do passado que, quando não totalmente desvalorizada na propagada figura do preguiçoso e doente Jeca Tatu, do mesmo Lobato, seria enaltecida apenas nos palcos dos teatros,[25] e como comédia, na arte de Almeida Júnior e na literatura caboclista do período que ficou conhecido como pré-modernista.

Como tema literário ou objeto de estudo, o caipira foi alvo do interesse de escritores/pesquisadores que seriam considerados precursores dos estudos folclóricos brasileiros. Dois dos mais proeminentes foram os primos Cornélio Pires e Amadeu Amaral, que escreveram as primeiras obras a tocar no assunto culinária caipira, embora não nesses termos e apenas como menção a traços de uma cultura que, para ambos, corria o risco de extinção diante da chegada em massa de imigrantes estrangeiros. Cornélio Pires incluiu a descrição de alguns pratos e hábitos alimentares no livro *Conversas ao pé do fogo* (1919), enquanto Amadeu Amaral reuniu, entre os verbetes de seu *Dialeto caipira* (1920), mais de cem referências a ingredientes e receitas, como cuscuz e viradinho, por exemplo.

Tanto um quanto o outro, assim como os sociólogos e antropólogos que décadas mais tarde estudariam a cultura caipira,[26] remetem a um sistema culinário existente apenas em comunidades esparsas e interioranas, tomadas como campo de pesquisa justamente porque se contrapõem à pujante realidade urbana de São Paulo naquele momento. Na obra desses autores, o caipira e suas expressões culturais, incluindo a culinária, se revelam deslocados por completo da ideia de paulistanidade que, ao mesmo tempo, se forjava sobre os alicerces da modernidade, do progresso e da profusão cultural dos imigrantes.

É interessante observar o contraste entre a atitude dos intelectuais paulistas e mineiros em relação à cultura local e à culinária. No livro *Brasil Terra e Alma: Minas Gerais* (1967), Carlos Drummond de Andrade reúne uma coletânea de textos históricos e literários justamente de elogio à mineiridade, inclusive aos modos de comer. É uma celebração do estado, sob todos os seus aspectos históricos e literários, e a mineridade constrói-se por justaposição de registros selecionados. Já o interesse dos paulistas pela culinária oferece-nos um percurso analítico mais complexo.

Enquanto Oliveira Vianna, em 1923, definia o mineiro como um tipo único e considerava seu caráter a partir da "reunião em torno da mesa" e da considerável participação lusitana em sua formação, Alfredo Ellis Júnior, no mesmo período, buscava singularizar o paulista a partir da ascendência mameluca do bandeirante. A mestiçagem do branco português com o indígena, que, segundo ele, excluía qualquer participação africana (ao contrário do que ocorria no restante do país), é que teria originado a raça de gigantes que dá nome ao seu livro, de 1926. Um dos principais ideólogos da paulistanidade bandeirante, Ellis Júnior chegou a tratar do assunto alimentação, conferindo a ela, inclusive, a responsabilidade pelos "atributos inigualáveis de grande fecundidade, magnífica longevidade e espantosa virilidade" do mameluco paulista. Para ele, a superioridade eugênica dos bandeirantes complementava-se, justamente, pela alimentação.

Muito equilibrada, além de farta, teria sido a nutrição dos primeiros séculos quanto aos seus elementos químicos, pois não só tinham eles em abundância a proteína, da carne dos seus rebanhos bovinos, como também lhes sobrava a carne de porco, que é rica em matérias gordurosas de grande valor, o que os fazia carnívoras, além de copiosa variedade na alimentação cerealífera, como o trigo, a mandioca, o milho, o feijão etc., cujas plantações semeavam as redondezas paulistas. [...] O equilíbrio dessa alimentação, à qual é de se notar o complemento da alimentação láctea, facilitado pela abundância de rebanhos, teria sido um dos muitos motivos da persistência da eugenia paulista no planalto durante tantos séculos [...].[27]

Ao descrever aspectos de uma possível alimentação típica, Ellis Júnior focaliza um fantasioso passado de fartura, não a antiga realidade caipira de pobreza e poucos recursos, contribuindo mais com a cristalização do mito bandeirante do que com a reflexão sobre a formação, ou a existência, de um sistema alimentar regional e sua participação na constituição de uma cultura paulista.

Paralelamente à produção desses pensadores da paulistanidade, o movimento modernista se estabelecia em São Paulo e trazia à tona a discussão sobre a definição de uma brasilidade — e não de uma regionalidade — que pressupunha o desprezo ao europeísmo e a busca de uma essência autenticamente nacional. Essa busca seria feita junto às tradições populares que, quanto menos estivessem em contato com as influências da cultura europeia, mais representariam a brasilidade autêntica.

Entusiasmado pesquisador dessas tradições, Mário de Andrade também se ateve às reflexões sobre alimentação e culinária, não como possíveis partes de um patrimônio local, mas como manifestações de uma essência nacional. Segundo ele, esse tema só ganhou sua atenção depois de uma conversa com o poeta franco-suíço Blaise Cendrars, que acompanhou a turma de modernistas à "viagem de descoberta do Brasil", como Oswald de Andrade definiu a excursão a Minas Gerais,[28] em busca das tradições, realizada em 1924:

> Quem me chamou uma atenção mais pensamentosa para a cozinha brasileira foi, uns quinze anos atrás [1924], o poeta Blaise Cendrars. Desde que teve conhecimento dos pratos nossos, ele passou a sustentar a tese que o Brasil tinha cultura própria (ou melhor, teria, se quisesse...) pois que apresentava uma culinária completa e específica. Sem impertinência doutrinária, era apenas como viajante de todas as terras que Blaise Cendrars falava assim. A tese vinha da experiência, e o poeta garantia que jamais topara povo possuindo cozinha nacional que não possuísse cultura própria também. Pouco lhe importava que a maioria dos nossos pratos derivasse de outros vindos da África, da Ásia ou da península ibérica, todos os povos são complicadas misturas arianas. O importante é que fundindo princípios constitucionais de pratos asiáticos e elementos decorativos de condimentação africana, modificando pratos ibéricos, chegamos a uma cozinha original e inconfundível. E completa.[29]

A partir desse entendimento, Mário se dedicou a colecionar receitas de familiares e amigos e, mais decisivamente, a apoiar um projeto de "melhoria" da cozinha brasileira, conforme desenvolvido por Paulo Duarte. Este resumiu sua experiência gastronômica em um pequeno livro intitulado *Variações sobre a gastronomia* (1944), publicado enquanto esteve no exílio em Lisboa. No opúsculo, Paulo Duarte defende a tese de que "países civilizados, à frente dos quais a França — pátria da melhor cozinha e do melhor espírito — elevaram estátuas aos seus grandes sacerdotes: Savarin, Parmentier, Carême...".[30] Em contraste com esse mundo culinário superlativo, dirá:

No Brasil e em outras terras novas, o caipira, o sertanejo, principalmente, costuma comer muitos bichos repugnantes para gente que pelo menos se julga civilizada. O içá torrado é tradicional. Içá é a rainha da formiga saúva. Em muitas coisas, essa repulsa não passa de simples preconceito, estúpido como a maioria deles.[31]

Ora, parece-lhe então que a cozinha brasileira precisa receber um tratamento que lhe confira sofisticação, refinamento, como condição para ampliar a sua aceitabilidade. Adiante, acrescentava:

As cozinhas portuguesa e espanhola — apesar de Espanha já haver dado um Montiño e Portugal um Oleboma — e, por consequência, a do Brasil e outros países ibero-americanos, necessitam de um esmeril de estilização. O material é estupendo, a originalidade inigualável, mas estamos na situação da França no século 17, quando a mesa do maior gourmet do tempo e que foi Luís xiv olhava muito mais a quantidade dos pratos e do vinho do que aquela finura que Carême haveria de fixar para sempre.[32]

Essa ideia de Paulo Duarte foi abraçada por Mário de Andrade, quando respondia pela direção do Departamento de Cultura de São Paulo, no propósito de fundar um restaurante imbuído da missão de estilizar pratos da cozinha brasileira, tendo fracassado por causa da "austeridade ditatorial do futuro Estado Novo". Esse projeto, previsto no decreto[33] da prefeitura que também instituía a fundação da Divisão de Turismo e Divertimentos Públicos do Departamento, além de "estilizar a culinária brasileira", iria "fazer propaganda de produtos e gêneros alimentícios nacionais". No entanto, a cultura autoritária que se avizinhava venceu:

> Riram-se daquela extravagância do Governo do Município descer da sua dignidade para abrir um restaurante na Capital de São Paulo! Era o cúmulo! Só mesmo da cabeça dos idiotas do Departamento de Cultura poderia sair uma bobagem daquelas! Esses pobres selvagens porém render-se-iam à evidência do fator cultural que, para um país, representa a comida, a maneira de preparar os alimentos, desde a plantação e a colheita até uma panela cheirosa fumegando a uma chama viva. Iriam aprender que não existe nenhum povo civilizado do mundo que não possua uma cozinha própria. Que uma boa cozinha representa tão bem a alta cultura de uma sociedade humana como uma grande Universidade. A Civilização Latina que se acrisolou principalmente na França demonstra a sua grandeza não pela alta cultura científica, representada na pesquisa pura, completamente alheia à intenção especulativa, que tanto viceja nos laboratórios da França, mas igualmente por esses tantos outros laboratórios de finura e gosto que são os restaurantes de Paris. Mas isso tudo, os tapuias do Estado Novo não podiam mesmo compreender.[34]

Segundo Paulo Duarte, o chef de cozinha do restaurante idealizado pelo Departamento de Cultura seria o suíço Eugène Wessinger, que comandava a cozinha de um famoso hotel em São Paulo e já havia servido, para ele e o amigo Mário de Andrade, novas configurações da feijoada.

> [Wessinger] estilizou vários dos nossos grandes pratos, e era o resultado dessa longa experiência que levaria para o restaurante do Departamento de Cultura, preparando-se já para figurar na fila de realizações daquele instituto com a mesma dignidade da Biblioteca Municipal ou do coral ou do conjunto madrigalista.[35]

Assim, os intelectuais paulistas que se preocuparam com o tema da culinária, se não a trataram de forma fantasiosa como Alfredo Ellis Júnior, o fizeram da perspectiva do seu "esmerilhamento" ou adequação a padrões gastronômicos internacionais, sem aquele viés regionalista que marcou o tratamento mineiro do mesmo tema. Essa vocação para o universal, no entanto, era bastante coerente com a presença maciça de imigrantes de todo canto na capital. Para estes, não fazia sentido tomar o caipira como um patrimônio. Eles eram, ao contrário, herdeiros de tradições europeias e asiáticas, muito mais do que reminiscentes solidários com o gosto de bugres e mamelucos que a modernização econômica e cultural havia acabado de engolir. E como não existem vazios culturais, foi natural Minas Gerais apropriar-se, como sendo algo só seu, do patrimônio culinário abandonado pelos paulistas modernos — ainda que, mesmo em Minas, ele nunca tenha sido deliberadamente tratado como caipira.

Nesse sentido, não deixa de ser curioso que quase toda a produção culinário-literária mineira ou paulista publicada até hoje sobre a cozinha caipira não se refira a ela nesses termos. Tomando-se como exemplo os primeiros livros de receitas voltados exclusivamente para essas culinárias — e usados como fonte para o capítulo "A cozinha dos caipiras" —, fica clara a ausência da palavra "caipira", mesmo nos textos de introdução. Na obra da folclorista Jamile Japur, *Cozinha tradicional paulista* (1963), a intenção de registrar uma culinária que já não existia nem no imaginário regional perpassa o receituário que, segundo a autora, foi recolhido junto a "famílias tradicionais paulistas". O livro de Maria Stella Libanio Christo, *Fogão de lenha* (1977), é ilustrado por relatos de viajantes europeus e textos literários de escritores conhecidos, e contém receitas também coletadas em cadernos buscados nas grandes fazendas mineiras. Independentemente de suas especificidades, ambas as publicações constroem universos culinários apartados de sua formação caipira, que se dizem calcados na cozinha das fazendas (não na dos sítios) e na figura das sinhás (não na das caipiras iletradas). O que se pode concluir é que, no imaginário das identidades culinárias que parecem ter se propagado até tempos recentes, o caipira, assim como a Minas do poeta, não há mais; ou, talvez, nunca tenha havido.

Essa supremacia da mineiridade culinária fica evidente quando surgem os novos instrumentos de promoção interna do turismo, como o *Guia Quatro Rodas*. Nessa publicação, de forma recorrente, há indicações de restaurantes dedicados à cozinha brasileira por todo o país, visto como um conglomerado de estados. Cada estado é dividido em cozinha regional própria e de "outros estados". Estados "exportadores" de cozinha são, basicamente, Bahia, Minas Gerais e Rio Grande do Sul. São Paulo figura como um estado que não só não pratica a própria culinária em seus restaurantes de cozinha brasileira como também é o maior "importador" de cozinhas regionais de outros estados. Não espanta, portanto, que hoje se possa comer em Taubaté a cozinha que um dia lhe foi própria e, com o tempo, tornou-se "mineira".

Notas

PREFÁCIOS

SE VERÁ QUE O BRASIL NÃO É LONGE DAQUI [PP. 13-8]

1. Carlos Alberto, Dória. *Estrelas no céu da boca*.
2. Carlos Alberto Dória. *Formação da culinária brasileira*.
3. Ver: *Current Anthropology*, v. 50, n. 5, out. 2009.
4. General Couto de Magalhães. *Viagem ao Araguaia*, p. 50.
5. Um dos tipos de panela que antes se chamava "cuscuzeiro" hoje pode ser encontrado, na internet, sob o nome de "legumeira", evidenciando a mudança de uso.

IDENTIDADE CAIPIRA [PP. 19-33]

1. Muito já se discutiu sobre o significado do termo "caipira". O viajante Auguste de Saint-Hilaire, no início do século 19, dizia que sua origem era a palavra "caapora", ou "habitante das matas", o demônio malfazejo que vivia nas florestas (ver: *Viagem à província de São Paulo*, p. 139). Na definição comum aos dicionários atuais, caipira se refere a "roceiro", "camponês".
2. Darcy Ribeiro, *O povo brasileiro: a formação e o sentido do Brasil*, pp. 271-2.
3. Antonio Candido, *Os parceiros do Rio Bonito*, p. 169.
4. Urbano Dias Bastos, *Pelos caminhos da fazenda, pelas ruas da cidade*, p. 74.
5. Cornélio Pires, *Conversas ao pé do fogo*, pp. 79-80.
6. Idem, ibidem, pp. 79-80.

APRESENTAÇÃO [PP. 35-49]

1. Auguste de Saint-Hilaire, *Viagem pelas províncias do Rio de Janeiro e Minas Gerais*, pp. 96-7.

2. Ver: Adriana Salay Leme, "Josué de Castro e Câmara Cascudo: um diálogo sobre a fome e a comida no Brasil".

3. Carlos de Almeida Prado Bacellar, "A escravidão miúda em São Paulo colonial".

4. Darcy Ribeiro, *O povo brasileiro*, pp. 360 ss.

5. Idem, p. 368.

6. Maria da Conceição de Moraes Coutinho Beltrão, *Peabirus: os caminhos dos índios e sua importância para a identidade nacional*, p. 32.

7. Ricardo Maranhão, *Caminhos da conquista: a formação do espaço brasileiro*.

8. A légua corresponde a 6.170 metros.

9. *Carta ao Conde de Oeiras*, 13/12/1766. *Documentos interessantes para a história e costumes de S. Paulo*, v. LXXIII, pp. 89-90.

10. *Carta ao Conde de Oeiras*, 23/12/1766. *Publicação de documentos interessantes para a história e costumes de S. Paulo*, v. XXIII, p. 4.

11. *Carta ao Conde de Oeiras*, 23/12/1766. Idem, v. XXIII, p. 6.

12. *Carta ao Conde de Oeiras*, 13/12/1766. *Documentos interessantes para a história e costumes de S. Paulo*, v. LXXIII, p. 91.

13. O historiador americano Warren Dean, que estudou a devastação da mata atlântica brasileira, imputava às fazendas de café paulistas a responsabilidade pelo desmatamento no século 19, sendo a principal causa o sistema de queimadas utilizado para "limpar" o campo e dar início a novo plantio, esgotando assim a terra. Segundo ele, "o Vale do Paraíba deve ter parecido infernal ao final das estações secas, com centenas de fogos se espalhando por todos os lados". Para Dean, foi o avanço das fazendas de café que acabou por esgotar de vez a terra. Warren Dean, *A ferro e fogo: a história e a devastação da Mata Atlântica*, p. 200.

14. John Mawe, *Viagens ao interior do Brasil*, p. 66.

15. Ibidem, p. 375.

16. Darcy Ribeiro, op. cit., p. 382.

PARTE I — O CAMINHO DA ROÇA

A COZINHA DOS GUARANIS: DE ONDE PARTIU A CULINÁRIA CAIPIRA [PP. 53-71]

1. Herman von Ihering, "A questão dos índios no Brasil", p. 130.

2. Idem, ibidem, p. 137.

3. Franz Müller, *Etnografia de los guarani del alto Paraná*.

4. Ver: Felipe Ferreira Vander Valden, "As galinhas incontáveis. Tupis, europeus e aves domésticas na conquista no Brasil".

5. João Daniel, *Tesouro descoberto no Máximo Rio Amazonas*. Em complemento, é importante registrar os rumos modernos das pesquisas arqueológicas e antropológicas que vêm revolucionando o entendimento do mundo indígena. Dentro dos estudos da "agricultura antes da agricultura", isto é, antes do período Neolítico, ao qual se atribui a revolução agrícola, a arqueologia e a arqueobotânica nos dizem da antiguidade de certos alimentos americanos domesticados, conforme a síntese que apresenta número especial da revista *Current Anthropology*, v. 50, n. 5, out. 2009.

6. José Iriarte, "Narrowing the Gap. Exploring the Diversity of Early Food-Production Economies in the Americas", pp. 677-80.

7. Jean-Denis Vigne, *Les débuts de l'élevage: les origines de la culture*, p. 40.

8. Brian Hayden, "The Proof Is in the Pudding. Feasting and the Origins of Domestication".

9. Manuela Carneiro da Cunha e Ana Gabriela Morim Lima, "How Amazonian Indigenous Peoples contribute to biodiversity".

10. Idem, p. 68.

11. Egon Schaden, *Aspectos fundamentais da cultura guarani*, p. 48.

12. Idem, p. 51.

13. Franz Müller, op. cit., pp. 69 ss.

14. Pedro Ignácio Schmitz e Marta Gazzaneo, "O que comia o guarani pré-colonial", p. 99.

15. Franz Müller, op. cit., p. 71.

16. Ver: Pedro Ignácio Schmitz e Marta Gazzaneo, op. cit. Montoya, entretanto, cita mais variedades — vermelhas, pretas, de pescoço, de cabeça redonda etc. —, a maioria cultivada, mas algumas selvagens.

17. Pedro Ignácio Schmitz e Marta Gazzaneo, op. cit., p. 102.

18. Moisés Bertoni, *La civilización guarani*, p. 88.

19. Idem, p. 72.

20. Pedro Ignácio Schmitz e Marta Gazzaneo, op. cit., p. 104.

21. Pedro Ignácio Schmitz e Marta Gazzaneo, op. cit., p. 101.

22. Franz Müller, op. cit., p. 70.

23. Franz Müller, op. cit., p. 72.

24. Antonio Ruiz de Montoya, *Tesoro de la lengua guarani*, pp. 105-6.

25. Idem, p. 353.

26. Idem, p. 47.

27. Idem, p. 176.

28. Idem, p. 301.

29. Idem, p. 45.

30. Antonio Ruiz de Montoya, *Bocabulario de la lengua guarani*, p. 62.

31. "Por postre aquellas raízes crudas cuyo sabor era como raiz de palo, aunque era muy tierna". Antonio Ruiz de Montoya, *Conquista espiritual hecha por los religiosos de la Compañia de Jesus, en las Provincias del Paraguay, Parana, Uruguay y Tape*, p. 43.

32. Franz Müller, op. cit., p. 69.

33. Cândida Barros, "O uso do tupi na Capitania de São Paulo no século 17", p. 149.

34. Ver: Rafaela Basso, *A cultura alimentar paulista: uma civilização do milho?*, p. 70.

35. Pedro Taques de Almeida Paes Leme, *Informação sobre as minas de São Paulo*, p. 130.

36. Karl Polanyi, *Dahomey and the slave trade*.

37. David Lopes Ramos, *Sabores da lusofonia*, p. 34.

38. M. D. W. Jeffreys, "Pre-Columbian Maize. North of the Old World Equator".

39. Para a abordagem dessas sinonímias, ver: Sheila Moura Hue, *Delícias do descobrimento*, pp. 84 ss.

40. Ver a respeito: Hélder Lains e Silva, *São Tomé e Príncipe e a cultura do café*, pp. 60-7.

41. Idem, p. 63.

42. Arturo Warman, *La historia de un bastardo: maiz y capitalismo*, p. 41.

OS BANDEIRANTES FORAM LONGE DEMAIS [PP. 73-99]

1. "Quando sabemos, por experiência própria, quantos percalços, privações e perigos esperam, ainda hoje, o viajante que se aventura nessas regiões longínquas, e em seguida lemos a descrição pormenorizada dessas intermináveis andanças dos antigos paulistas, sentimo-nos tomados de estupefação e quase somos tentados a acreditar que pertenciam a uma raça de super-heróis [gigantes, em outras edições]." Auguste de Saint-Hilaire, *Viagem à província de São Paulo*, pp. 26-7. "Raça de gigantes" foi a expressão escolhida por Alfredo Ellis Júnior para o título de seu primeiro livro sobre a história de São Paulo, publicado em 1926, e cujo foco era a formação da "raça" dos bandeirantes.

2. Incluindo um poema sobre a jabuticaba e outro sobre a paçoca.

3. Esse texto de Alfredo Ellis Júnior foi publicado originalmente como um editorial da revista também chamada *Paulistânia*, n. 29, mai./jun. 1949. Mantida desde 1939 por sócios do Clube Piratininga, da capital paulista, a revista divulgava sobretudo ensaios históricos sobre a cidade e o estado, com a deliberada intenção de "revelar São Paulo aos paulistas" (conforme editorial da edição n. 6, mar./abr. 1940).

4. Ver: Márcio Santos, *Bandeirantes paulistas no sertão do São Francisco: povoamento e expansão pecuária de 1688 a 1734*, pp. 21-6.

5. Lançada a partir de 2006 pelo IBGE, a coleção de *Atlas das representações literárias de regiões brasileiras* já reúne três volumes, dois deles utilizados como referência importante para este trabalho: *Sertões Brasileiros I*, de 2009, que define, entre outros, o chamado sertão de leste, e *Sertões Brasileiros II*, de 2016, que cobre os sertões do Oeste e os sertões de Passagem.

6. Ernani Silva Bruno, *Viagem ao país dos paulistas*, p. 18.

7. Apud Ernani Silva Bruno, *Viagem ao país dos paulistas*, p. 29.

8. Entre 1580 e 1640, a união entre as coroas portuguesa e espanhola pelo Acordo de Tomar — com tendenciosa predominância da última ao longo do período — possibilitou também o início de uma busca por novas Potosís, região peruana rica em prata, em território brasileiro. O historiador José Carlos Vilardaga, no artigo "As controvertidas minas de São Paulo", explica que "ao herdar as terras portuguesas, a monarquia castelhana herdava também novas possibilidades de pesquisa mineral, novas promessas e também velhas expectativas, já que no reino português sonhava-se, assim como em Espanha, há décadas, no encontro de ricas minas" (pp. 798-9). Essa busca será feita pelos paulistas, que, além de aproveitarem a unificação ibérica para devassar as missões jesuíticas mais próximas ao território de antigo controle espanhol, também encontram incentivo para as pesquisas por minas na própria região de São Paulo. Sobre o assunto, ver: José Carlos Vilardaga, "As controvertidas minas de São Paulo (1550-1650)".

9. Ernani Silva Bruno, op. cit., p. 76.

10. Em 1765, a capitania de São Paulo tornou-se novamente autônoma, o que possibilitou seu renascimento econômico. Daquele mesmo ano até 1775, o já mencionado Morgado de Mateus ocupou o posto de governador e, em seu projeto de reformas, incluiu incentivos para o desenvolvimento do comércio, da pecuária e da produção agrícola, em especial do açúcar, que, embora já existissem, se beneficiaram sobremaneira desse impulso (Rafaela Basso, *A alimentação e o espaço público: o comércio de alimentos e bebidas na cidade de São Paulo — 1765-1828*). No lugar do Morgado, assumiu o governador Bernardo de Lorena, que foi responsável pelo calçamento de um caminho de ligação entre a vila de São Paulo e o porto de Santos, inaugurado em 1792. A calçada do Lorena, como ficou conhecida, contribuiu com o fluxo de mercadorias e produções agrícolas e, assim, com a inserção de São Paulo entre as capitanias da colônia que se dedicavam à exportação.

11. Auguste de Saint-Hilaire, *Viagem pelo distrito dos diamantes e litoral do Brasil*, p. 84.

12. *Documentos interessantes para a história e costumes de S. Paulo*, v. LVII, p. 236.

13. Daniel Müller, *Ensaio d'um quadro estatistico da provincia de S. Paulo ordenado pelas leis provinciais de 11 de abril de 1836 e 10 de março de 1837*, p. 25.

14. Apud Ernani Silva Bruno, op. cit., p. 98.

15. Idem, p. 100.

16. "Bichos imundos e coisas asquerosas", segundo a opinião do Morgado de Mateus, ao assumir o comando da capitania de São Paulo em 1765. Apud Ernani Silva Bruno, op. cit., p. 103.

17. Sérgio Buarque de Holanda, "Gramática e história", p. 115.

SÍTIO, O RANCHINHO À BEIRA-CHÃO [PP. 101-22]

1. Auguste de Saint-Hilaire, *Viagem pelas províncias do Rio de Janeiro e Minas Gerais*, p. 95.

2. O farnel, nome que se dá às provisões de viagem, consistia, geralmente, em virados de farinha de milho com feijão ou outros ingredientes. Ainda no fim do século 19, uma fazendeira de café da região de São Carlos, interior de São Paulo, relatava levar um farnel mesmo nas viagens já feitas de trem em direção à capital. "Paçoca, arroz, virado de galinha e outra galinha frita. Tudo arrumado em guardanapos, trouxinhas bem arrumadinhas" (apud Marina Maluf, *Ruídos da memória*, pp. 57-8).

3. Maria A. do Nascimento Arruda, *Mitologia da mineiridade*, pp. 141-2.

4. Idem, p. 145.

5. Idem, p. 151.

6. Caio Prado Júnior, "Distribuição da propriedade fundiária rural no Estado de São Paulo", pp. 52-4. Sergio Milliet, alguns anos mais tarde, revisou a classificação feita por Prado Júnior e estabeleceu que as fazendas teriam até 500 alqueires e, acima disso, poderiam ser consideradas latifúndios. Ver: Sergio Milliet, *Roteiro do café e outros ensaios*.

7. Francisco José de Oliveira Vianna, *Instituições políticas brasileiras*.

8. Auguste de Saint-Hilaire, *Segunda viagem do Rio de Janeiro a Minas Gerais e a São Paulo*, p. 24.

9. Marina Maluf, *Ruídos da memória*, p. 151.

10. Floriza Barbosa Ferraz, apud Marina Maluf, op. cit., p. 152.

11. Auguste de Saint-Hilaire, *Viagem à província de São Paulo*, pp. 137-8.

12. General Couto de Magalhães, *Viagem ao Araguaia*, p. 43. Esses versos aparecem em diversas obras sobre a história de São Paulo (ver: Ernani Silva Bruno, *História e tradições da cidade de São Paulo*; Afonso de Freitas. *Tradições e reminiscências paulistanas*), que os citam sobretudo como forma de ressaltar a diferença entre o presente e o passado da cidade. Um registro do poema anterior à primeira edição de *Viagem ao Araguaia* (1863) aparece em um texto nostálgico e anônimo de 1849 da *Revista da Academia de S. Paulo*, que atribui a autoria dos versos a Francisco José Pinheiro Guimarães, quando estudante da Academia de Direito, no fim dos anos 1830.

13. Euclides da Cunha, *Obra completa*, v. 2, p. 99.
14. Euclides da Cunha, *Obra completa*, v. 1, p. 204.
15. José de Souza Martins, apud Judas Tadeu de Campos, "Uma pesquisa pioneira para a compreensão da cultura caipira", p. 345.
16. Carlos Rodrigues Brandão, *Caipiras de São Paulo: camponeses*.
17. Nice Lecocq Müller, *Sítios e sitiantes no estado de São Paulo*, pp. 145-6.
18. Carlos Lemos, *Casa paulista*, p. 29.
19. Nice Lecocq Müller, op. cit., p. 158.
20. Idem, p. 166.
21. John Mawe, *Viagens ao interior do Brasil*, p. 65.
22. Carlos Lemos, *Cozinhas etc.*, pp. 64-5.
23. John Mawe, op. cit., p. 68.
24. Carlos Lemos, op. cit., p. 71.
25. Idem, p. 73.
26. Idem, p. 74.
27. Idem, p. 40.
28. Idem, p. 44.
29. Maria A. do Nascimento Arruda, *Mitologia da mineiridade*, p. 155.
30. John Mawe, op. cit., p. 73.

PRODUTOS DO SÍTIO QUE GANHARAM CIDADANIA [PP. 125-59]

1. Huascar Pereira, *Pequena contribuição para um dicionário das plantas úteis do Estado de São Paulo*. Para um inventário recente sobre as espécies silvestres, ver: Ministério do Meio Ambiente. *Espécies nativas da flora brasileira de valor econômico atual ou potencial. Plantas para o futuro — Região Sul*.
2. Embrapa. *Animais do descobrimento: raças domésticas da história do Brasil*.
3. Baldus, apud Egon Schaden, op. cit., p. 49.
4. Müller, op. cit., pp. 92 e 95.
5. Códice Costa Matoso, p. 895.
6. João Luiz Máximo da Silva, "Técnicas do milho".
7. *Inventários e testamentos*, p. 223.
8. Sérgio Buarque de Holanda, apud Ernani Silva Bruno, op. cit., p. 262.
9. Auguste de Saint-Hilaire, *Viagem pelas províncias do Rio de Janeiro a Minas Gerais*, pp. 40-1.
10. Noêmia Bierrenbach, ao se lembrar dos costumes em uma fazenda paulista, em meados do século 19, refere-se ao arroz branco Carolina, uma variedade americana (não das ilhas Carolinas) que, àquela época, já era cultivada no Brasil. Ver: Noêmia Bierrenbach, "Como se vivia em vilas e fazendas antigas".

11. *Correio Paulistano*, n. 19.603, 2/2/1918, p. 2.

12. Antonio Candido, *Os parceiros do Rio Bonito*, p. 137.

13. Nice Lecocq Müller, op. cit., p. 95.

14. José Almeida Pereira, *Cultura do arroz no Brasil: subsídios para sua história*, p. 126.

15. Maria Lemke. "O caminho do sertão: notas sobre a proximidade entre Goiás e África", p. 121.

16. Sérgio Buarque de Holanda, "O arroz em São Paulo na era colonial", p. 58.

17. Apud José Almeida Pereira, op. cit., p. 44.

18. Sérgio Buarque de Holanda, "O arroz em São Paulo na era colonial", pp. 56-7.

19. Idem, p. 57.

20. Idem, p. 297.

21. Nice Lecocq Müller, op. cit., p. 95.

22. Idem, pp. 95-6.

23. Frei Vicente do Salvador, *História do Brasil (1590-1627)*, p. 54. Sobre a excelência do óleo de abatiputá, ver: Ambrósio Fernandes Brandão. *Diálogos das grandezas do Brasil (1618)*, p. 190.

24. Auguste de Saint-Hilaire, *Viagem pelas províncias do Rio de Janeiro e Minas Gerais (1816-1817)*, p. 183.

25. Francisco Xavier Ribeiro de Sampaio, *Diário da viagem da capitania do Rio Negro (1774-1775)*, p. 86.

26. Johann Baptiste von Spix e Carl Friedrich Philippe von Martius, *Viagem pelo Brasil (1819-1820)*, v. III, pp. 241 e 244.

27. Thomas Davatz. *Memórias de um colono no Brasil (1850)*, pp. 33-5.

28. Auguste de Saint-Hilaire, *Viagem pelas províncias do Rio de Janeiro e Minas Gerais (1816-1817)*, p. 309 (grifo nosso).

29. Eliane Morelli Abrahão, *Os receituários manuscritos e as práticas alimentares em Campinas (1860-1940)*, p. 269.

30. Heitor Ferreira Lima, *História político-econômica e industrial do Brasil*, p. 271.

31. Karin Inês Lohmann Terhorst e José Antonio Kroeff Schmitz, *De porco a suíno: história da suinocultura e dos hábitos alimentares associados aos produtos dela derivados entre agricultores familiares do Vale do Taquari*, p. 106.

32. *Sentinela da Monarchia*, São Paulo, ano 1, n. 81, 3/10/1889.

33. *A Família*, ano V, n. 157, 4/3/1893, p. 6.

34. Alzira Alves Abreu, *Dicionário histórico-biográfico da Primeira República (1889-1930)*. Disponível em: https://cpdoc.fgv/dicionario-primeira-republica. Acesso em 13/4/2017.

35. Karin Inês Lohmann Terhorst e José Antonio Kroeff Schmitz, op. cit., p. 107.

36. *Vida Moderna*, 29/3/1923.

37. O Moinho Santista, fundado em 1905 em Santos, criou na mesma década uma indústria têxtil na cidade de São Paulo para produzir sacaria para a venda de farinha de trigo. No Recife, a Sanbra (Sociedade Algodoeira do Nordeste

Brasileiro) se estabeleceu em 1923 para fornecer algodão às fábricas de tecido, inclusive paulistas. Provavelmente percebendo o ganho de mercado da indústria de óleo de algodão (com Matarazzo no Brasil e as indústrias nos Estados Unidos), a Sanbra logo resolveu arrendar o complexo industrial montado pelo Moinho Santista, em São Paulo. Juntas, as duas indústrias importaram os equipamentos para a produção de óleo de algodão. Ambas já tinham participação acionária da holandesa Bunge, nessa época.

38. "Semana do bolo", *Diário Nacional*, 20/3/1930.

39. *Revista do Arquivo Municipal*, ano VIII, v. XC, mai./jun. 1943.

40. Apud Ernani Silva Bruno, *História e tradições da cidade de São Paulo*, p. 270.

41. A pesquisadora Lílian L. Miranda fala da presença de quitandeiras na cidade do século 18 e chega a citar a reclamação de um taverneiro, José de Medeiros, em 1741, contra elas, por lhe fazer concorrência ao vender itens como toucinho e fumo pelas ruas. Ver: Lílian Lisboa Miranda, *Embates sociais cotidianos na São Paulo setecentista: o papel da Câmara Municipal e dos homens livres pobres*, p. 64.

42. Ordem Régia de 1739, apud Ernani Silva Bruno, op. cit., p. 275.

43. A cultura de trigo na vila de São Paulo teve início logo no princípio do século 17, com grãos vindos da América Central por solicitação do então governador-geral Francisco de Sousa. Chegou a ter alguma importância mercantil até se enfraquecer em meados do século 18, quando as expedições pelos sertões se intensificaram, e o milho passou a ser cultivado com mais ênfase para abastecer as entradas. A produção de trigo talvez nunca tenha deixado de existir por completo na província de São Paulo, sendo ainda notada por cronistas viajantes no início do século 19. Entretanto, nunca atingiria os grandes volumes alcançados pelo Rio Grande do Sul, que passou a ser o grande fornecedor de farinha de trigo para as províncias brasileiras até pelo menos os anos 1820, quando os ataques da praga ferrugem e o crescimento da indústria do charque abriram o terreno para que os Estados Unidos assumissem esse papel. Sobre o assunto, ver o capítulo "Trigais de São Paulo", in: Sérgio Buarque de Holanda, *Caminhos e fronteiras*.

44. Apud Rafaela Basso, *A alimentação e o espaço público: o comércio de alimentos e bebidas na cidade de São Paulo (1765-1828)*. No século 19, diversos anúncios de jornal já mostram o estabelecimento de padarias na cidade de São Paulo, deixando no passado as "mulheres padeiras".

45. Auguste de Saint-Hilaire, *Viagem à província de São Paulo*, pp. 132-3.

46. Francisco Assis Bueno, "A cidade de São Paulo: recordações evocadas de memória". In: Carlos Eugênio Marcondes de Moura (Org.), *Vida cotidiana em São Paulo no século 19: memórias, depoimentos, evocações*, p. 161.

47. Foram várias as tentativas de regulamentação da pesca até a sistematização final no Código de Posturas de 1875. Ver: *Coleção de leis e posturas municipais promulgadas pela Assembleia Legislativa de São Paulo (1875)*.

48. A tese de doutorado do historiador João Luiz Máximo da Silva traz um panorama muito completo sobre o comércio de alimentos nas ruas de São

Paulo ao longo do século 19. Ver: Silva, João Luiz Máximo da. *Alimentação de rua na cidade de São Paulo (1828-1900)*.

49. Sobre o assunto, ver, por exemplo: Maria Paes de Barros, *No tempo de dantes*. São Paulo: Paz e Terra, 1998; Jorge Americano, *São Paulo naquele tempo*. São Paulo: Carrenho Editorial, 2004; Afonso Schmidt, *A vida de Paulo Eiró*. São Paulo: Companhia Editora Nacional, 1940; Almeida Nogueira, *A Academia de São Paulo: tradições e reminiscências (1909)*. São Paulo: Saraiva, 1977.

50. Ver: João Luiz Máximo Silva, op. cit., p. 136.

51. A São Paulo Railway, que ligava Santos a Jundiaí, com parada em São Paulo, foi inaugurada em 1867 (em 1875, a Sorocabana passou a funcionar, interligando a capital com cidades do interior).

52. Sobretudo a partir de 1860, são constantes nos jornais os anúncios de estabelecimentos que publicam listas imensas enumerando todos os itens importados à venda. Em 10/9/1875, no *Diário de S. Paulo*, a Confeitaria do Leão oferecia: "peixes em lata: atum, lampreia, lagosta, salmão, ostras, sardinhas, ditas em manteiga, lula, pescada e outras muitas qualidades. [...] Vinhos madeira, xerez, Reno, Champagne, moscatel, malvasia, Porto, Lisboa e outros. Cerveja preta e branca, inglesa e alemã. [...] petit-pois, dito em presunto, nozes, amêndoas, ameixas, passas, tâmaras, carneiro em ervilhas, feijão branco, patês sortidos, manteiga nova em barril em latas [...]".

53. Ernani Silva Bruno, op. cit., pp. 270-7.

54. João Luiz Máximo da Silva, op. cit., pp. 121 ss. e p. 140.

55. Auguste de Saint-Hilaire, *Viagem à província de São Paulo*, p. 58.

56. Idem, p. 224.

PARTE II — A COZINHA DOS CAIPIRAS, CONTADA POR SEUS INGREDIENTES E MODOS DE FAZER

[PP. 163-75]

1. Paulo César Vargas Freire, *História dos antigos domínios nos ervais do Paraguai (1538-1811)*, p. 250, nota de rodapé 248.

2. Elizabeth David, *Cozinha regional francesa*, p. 13.

3. Hervé This, "Formal descriptions for formulation".

4. Para consolidar este capítulo, reunimos e cotejamos 870 receitas, encontradas em antigos cadernos de família (um deles escrito na cidade de Franca, em 1911; outro na de São Paulo, em 1947) e em livros publicados ao longo do século 20. O mais antigo deles, *A sciencia no lar moderno*, foi lançado por Eulália Vaz, então professora da "escola profissional de moças" de São Paulo, em 1912. Os que mais nos forneceram material, contudo, foram organizados a partir dos anos 1960, com a declarada intenção de registrar receitas tidas como típicas ou tradicionais, e defini-las como elemento diferenciador de suas

respectivas regiões e estados — embora todos remetam, tacitamente, a áreas da Paulistânia e reúnam formulações e modos de preparo bastante similares. São eles: *Cozinha tradicional paulista*, de Jamile Japur; *A cozinha goiana*, de Bariani Ortêncio; *Fogão de lenha: quitandas e quitutes de Minas Gerais*, de Maria Stella Libanio Christo; e *Culinária tradicional do Vale do Paraíba*, de Paulo Camilher Florençano e Maria Morgado Abreu. À exceção de *Fogão de lenha*, que foi publicado com o apoio do governo de Minas Gerais, como parte de um programa de valorização da cozinha mineira, todos os demais resultaram de pesquisas desenvolvidas por folcloristas, membros atuantes do movimento intelectual que, sobretudo entre as décadas de 1940 e 1970, se empenhou em coletar e registrar aspectos da cultura popular brasileira como tentativa de preservar um patrimônio cultural que estaria ameaçado de extinção. Além dessas publicações, que se voltaram especificamente para a culinária caipira (ainda que tal expressão não tenha sido utilizada), consultamos obras diversas, como o livreto *Delícias do tempo do milharal*, lançado no início dos anos 2000 como divulgação de um programa de receitas então apresentado pelo pesquisador João Rural em uma rede de TV do Vale do Paraíba. Trabalhos acadêmicos, a exemplo de *Receita de mineiridade: a cozinha e a construção da imagem do mineiro*, de Mônica C. Abdala (1997), e *Narrativas culinárias e cadernos de receitas do Sul de Minas: da memória oral à memória escrita*, de Juliana L. Venturelli (2016), também nos serviram de fonte, bem como as memórias de intelectuais com interesse na cozinha caipira, como Walquiria Leão Rego e Carlos A. P. Bacellar.

OS COZIDÕES [PP. 181-91]

1. Warren Belasco, *O que iremos comer amanhã?*.

2. Sebastião da Rocha Pitta, *História da América portugueza*, p. 37.

3. Paulo César Vargas Freire, *História dos antigos domínios nos ervais do Paraguai*, p. 250 (nota 249).

4. Carlos Rodrigues Brandão, *Plantar, colher, comer*, p. 68.

5. Antonio Candido, *Os parceiros do Rio Bonito*, p. 156. Sem dúvida, a ideia de estragar refere-se aos modos mais correntes na cultura urbana, desligada da "caipiridade".

6. Outros preferirão entender que "afogado" é simplesmente uma corruptela de "refogado".

7. J. L. de Almeida Nogueira, *A Academia de S. Paulo: tradições e reminiscências*, p. 94.

8. Idem, p. 94, nota de rodapé.

9. Idem, ibidem.

O MILHO [PP. 199-221]

1. O registro aparece em uma carta assinada por Gervásio Leite Rebello, secretário do então governador da capitania de São Paulo, Rodrigo César de Menezes, sobre o que havia observado durante uma monção para as minas de Cuiabá em 1727: "[...] porque dele [milho] se faz farinha que supre o pão, a canjica fina para os brancos, a grossa para os negros, os cuscuz [...]". Gervásio Leite Rebello, "Notícia sexta prática". In: Taunay, Afonso de. *Relatos monçoeiros*, p. 113.

2. *Diário de S. Paulo*, ano IV, n. 962, 8/11/1868, p. 2 (grifos nossos).

3. Em receitas antigas, é comum a indicação de determinada medida "até o vinco", ou seja, até pouco antes da borda, na marca interna que pratos e copos costumavam ter como padrão.

4. O sonho frito, feito em versões variadas e frequente em antigos cadernos de receitas, será mais tarde conhecido como bolinho de chuva.

O ARROZ [PP. 223-32]

1. Francisco Vidal Luna e Herbert S. Klein, "Escravidão africana na produção de alimentos: São Paulo no século 19", p. 311.

2. Ver: Brillat-Savarin. *A fisiologia do gosto*, p. 114.

AS CONSERVAS [PP. 241-61]

1. Resolução CNNPA nº 14, de 15/7/1977. A Comissão Nacional de Normas e Padrões para Alimentos, em conformidade com o disposto no Capítulo V, art. 28, do Decreto-Lei nº 986, de 21/10/1969, resolve estabelecer as características mínimas de identidade e qualidade para picles.

2. Leonardo Arroyo, *A cultura popular em* Grande sertão: veredas, p. 147.

AS FAROFAS E PAÇOCAS [PP. 279-81]

1. Ver: Leonardo Arroyo, *A cultura popular em* Grande sertão: veredas, p. 166.

PÃES E ROSCAS [PP. 301-5]

1. Juliana L. Venturelli, *Narrativas culinárias e cadernos de receitas do sul de Minas: da memória oral à memória escrita*, p. 181.

2. Abdala, Mônica C. *Receita de mineiridade: a cozinha e a construção da imagem do mineiro*, pp. 27, 33-4.

CONCLUSÃO [PP. 307-23]

1. Esta conclusão contou, na redação, com a colaboração de Viviane Aguiar.

2. Francisco José de Oliveira Vianna, *Instituições políticas brasileiras*.

3. Carlos Alberto Dória, *Ensaios enveredados*. São Paulo: Siciliano, 1991.

4. Francisco José de Oliveira Vianna, op. cit, p. 53.

5. A Comissão Nacional de Folclore, uma das comissões temáticas criadas pelo Instituto Brasileiro de Educação, Ciência e Cultura (Ibecc), foi organizada para ser a representante brasileira da Unesco no Brasil. Sobre o assunto, ver Vilhena, Luís Rodolfo. *Projeto e missão: o movimento folclórico brasileiro (1947-1964)*.

6. No período em que Sylvio de Vasconcelos foi diretor, o instituto se chamava Serviço do Patrimônio Histórico e Artístico Nacional (Sphan); a partir de 1946, tornou-se Departamento do Patrimônio Histórico e Artístico Nacional (Dphan). Passou a ser Iphan em 1970.

7. Palavras de Afonso Arinos de Melo Franco no prefácio ao livro de Sylvio Vasconcelos, *Mineiridade: ensaio de caracterização*.

8. Sylvio Vasconcelos, op. cit., p. 17.

9. Sylvio Vasconcelos, op. cit., p. 101.

10. Idem, p. 93.

11. Idem, p. 63.

12. Eduardo Frieiro, *Feijão, angu e couve: ensaio sobre a comida dos mineiros*, pp. 217 e 230.

13. Mônica Celeida Rabelo Nogueira. *Gerais a dentro e a fora: identidade e territorialidade entre geraizeiros do Norte de Minas Gerais*, p. 50.

14. Idem, p. 52.

15. "O ponto de articulação entre essas duas unidades espaciais, localizado na borda dos gerais e próximo o suficiente das terras mais úmidas, é o tabuleiro — frequentemente, o chão de morada geraizeiro. O tabuleiro pode integrar as veredas, enquanto parte da porção de terras apropriadas privadamente pela família, mas também pode ser entendido como uma faixa de transição para o outro extremo, os gerais. Assim, distribuídas numa espécie de gradiente, as terras de ambientes que compõem as veredas, enquanto unidade espacial, são consideradas mansas; as do tabuleiro também se prestam a cultivos anuais mais rústicos e ao plantio de espécies perenes que compõem a chácara; enquanto a dos gerais é braba. Mas há trechos de tabuleiros (de pedra), nas encostas e morros entre as veredas e os gerais, que não se prestam à agricultura e, sim, ao extrativismo e às mangas, antecipando os gerais. O tabuleiro, assim, é meio de caminho, transição entre essas duas grandes unidades espaciais: as veredas, de terras de cultura, domínios do trabalho e

da família, e os gerais, representados como sendo de natureza mais selvagem, rústica, não domesticada, terras de campo, para o uso comum, destinadas, sobretudo, ao extrativismo e à solta do gado." Idem, p. 90.

16. Em 1985 surgiu o Projeto Culinária Típica Mineira, mais uma vez sob os auspícios oficiais (Projeto Culinária Típica Mineira, Secretaria de Estado da Cultura, Belo Horizonte, 1985).

17. Mônica Abdala, *Receita de mineiridade: a cozinha e a construção da imagem do mineiro*, p. 52.

18. Aureliano Chaves, no prefácio de Maria Stella L. Christo, *Fogão de lenha*, pp. 7-8.

19. Mônica Abdala, op. cit., p. 55.

20. Em Minas, desde o projeto Culinária Típica Mineira, continuam frequentes as ações de reconhecimento da cozinha mineira pelos órgãos oficiais. Em 2002, o modo artesanal de fazer queijo minas foi instituído como patrimônio cultural imaterial pelo Instituto do Patrimônio Histórico e Artístico de Minas Gerais e, em 2008, recebeu o mesmo reconhecimento em âmbito nacional, do Iphan. Dentro do estado, ainda foram registrados os doces de São Bartolomeu, em Ouro Preto, em 2008, e o modo de fazer pastel de angu em Itabirito, em 2010. Em 2012, foi instaurado o Dia da Gastronomia Mineira (agora tratada não mais como culinária ou comida), 5 de julho. Recentemente, a Secretaria de Turismo do estado criou um núcleo específico para tratar do assunto gastronomia. Um dos resultados de suas campanhas foi a escolha, pela escola de samba carioca Acadêmicos do Salgueiro, da comida mineira como tema de seu desfile no Carnaval em 2015. Ver: Steven Byrd, "Comida Mineira: a 'Cultural Patrimony' of Brazil". *Global Food History*. São Paulo, por sua vez, tentou duas únicas ações relacionadas à culinária regional nos últimos anos, das quais nenhuma foi bem-sucedida: o requerimento feito em 2011 para o registro do virado à paulista pelo Conselho Municipal de Preservação do Patrimônio Histórico, Cultural e Ambiental do Município de São Paulo; e o projeto de lei nº 1124, de 2015, que previa a instituição do Dia Estadual da Gastronomia Paulista em 14 de novembro, também Dia do Bandeirante.

21. Ao contar a polêmica em torno da escolha da cidade ideal para a instalação de uma faculdade de direito, Spencer Vampré recorre aos documentos da sessão da Assembleia Constituinte de 28/8/1823 para mostrar a opinião compartilhada por algumas autoridades: "Silva Lisboa era, como dissemos, partidário da criação da universidade na Bahia, e, para excluir S. Paulo, censurava a pronúncia desagradável dos paulistas, 'cujo dialeto é o mais notável'". Ver: Spencer Vampré, *Memórias para a história da Academia de S. Paulo*, p. 10. Apesar da polêmica, a Academia de Direito de São Paulo, hoje Faculdade de Direito da Universidade de São Paulo, acabou por ser instalada no Largo de São Francisco. Foi inaugurada em 1828.

22. Marilza de Oliveira e Verena Kewitz, *A representação do caipira na imprensa paulista do século 19*, p. 125.

23. Auguste de Saint-Hilaire, *Viagem à província de São Paulo*, p. 138.

24. *Correio Paulistano*, 18/12/1863, apud Oliveira e Kewitz, op. cit., p. 139.

25. Sobre a profusão de peças teatrais com a temática caipira entre o fim do século 19 e o início do 20, ver: Cássio Santos Melo, *Caipiras no palco: teatro na São Paulo da Primeira República*. Embora essas peças se referissem ao caipira de forma positiva, como algo bom que ficou no passado, boa parte delas ganhou ampla aceitação do público das cidades porque acentuava, nos erres puxados dos personagens, as diferenças entre rural e urbano e, assim, faziam rir. O caipira como personagem ridículo-cômico, aí gestado, seria mais tarde sacramentado no cinema de Amácio Mazzaropi.

26. Emilio Willems, *Cunha: tradição e transição de uma cultura rural* (1947); Antonio Candido, *Os parceiros do Rio Bonito* (1964). Ver também: Donald Pierson, *Cruz das almas*. Rio de Janeiro: José Olympio, 1951.

27. Alfredo Ellis Júnior, *Raça de gigantes: a civilização no Planalto Paulista*, pp. 337-9.

28. É significativo que, ao procurar a autenticidade brasileira, os principais expoentes do movimento, nascido em São Paulo, tenham ido a Minas Gerais. Além de Oswald de Andrade e de seu filho Nonê, foram Mário de Andrade, Tarsila do Amaral, Olívia Penteado, René Thiollier, Goffredo Telles e Blaise Cendrars. A viagem teria sido estimulada por uma visita anterior de Mário a Minas, em 1919, quando conheceu o barroco e a obra de Aleijadinho, que considerou uma espécie de paradigma da brasilidade autêntica.

29. Mário de Andrade, *Os filhos da Candinha*, p. 139.

30. Paulo Duarte, *Variações sobre a gastronomia*, p. 56.

31. Idem, p. 74.

32. Ibidem, p. 76.

33. Ver: Ato nº 1.146 de 4/7/1936. In: *Leis e decretos da Prefeitura Municipal de São Paulo*, 1936, p. 97.

34. Paulo Duarte, *Mário de Andrade por ele mesmo*, pp. 109-10.

35. Idem, p. 111.

Bibliografia e fontes consultadas

ABDALA, Mônica Chaves. *Receita de mineiridade: a cozinha e a construção da imagem do mineiro*. Uberlândia: EDUFU, 2007.

ABRAHÃO, Eliane Morelli. *Os receituários manuscritos e as práticas alimentares em Campinas (1860-1940)*. Campinas, 2014. Tese (Doutorado em História) — Instituto de Filosofia e Ciências Humanas da Universidade Estadual de Campinas.

ABREU, Alzira Alves. *Dicionário histórico-biográfico da Primeira República (1889-1930)*. Disponível em: https://cpdoc.fgv/dicionario-primeira-republica. Acesso em: 13/4/2017.

ALENCAR, José de. *Til*. São Paulo: Melhoramentos, 2012.

ALMEIDA, Júlia Lopes de. *O livro das noivas de receitas e conselhos domésticos*. São Paulo: Castorino Mendes Editor, 1929.

AMARAL, Amadeu. *O dialecto caipira*. São Paulo: O Livro, 1920.

AMERICANO, Jorge. *São Paulo naquele tempo*. São Paulo: Carrenho Editorial, 2004.

AMOROSO, Marta. "Crânio e cachaça: coleções ameríndias e exposições no século 20". *Revista de História,* Universidade de São Paulo, n. 154, pp. 119-50, 2006.

ANDRADE, Mário de. *Os filhos da Candinha*. Rio de Janeiro: Agir, 2008.

ARROYO, Leonardo. *A cultura popular em Grande sertão: veredas*. Rio de Janeiro: José Olympio, 1984.

ARROYO, Leonardo; BELLUZZO, Rosa. *Arte da cozinha brasileira*. São Paulo: Editora Unesp, 2013.

ARRUDA, Maria A. do Nascimento. *Mitologia da mineiridade*. São Paulo: Brasiliense, 1989.

BACELLAR, Carlos de Almeida Prado. "A escravidão miúda em São Paulo colonial".

In: SILVA, Maria Beatriz (Org.). *Brasil: colonização e escravidão*. Rio de Janeiro: Nova Fronteira, 2000.

BARBER, Dan. *O terceiro prato: observações sobre o futuro da comida*. Rio de Janeiro: Bicicleta Amarela/Rocco, 2015.

BARROS, Cândida. "O uso do tupi na capitania de São Paulo no século 17". In: NOLL, Volker; DIETRICH, Wolf (Orgs.). *O português e o tupi no Brasil*. São Paulo: Contexto, 2016.

BARROS, Maria Paes de. *No tempo de dantes*. São Paulo: Paz e Terra, 1998.

BASSO, Rafaela. *A cultura alimentar paulista: uma civilização do milho? (1650--1750)*. São Paulo: Alameda, 2014.

_____. "A alimentação e o espaço público: o comércio de alimentos e bebidas na cidade de São Paulo (1765-1828)". XXIII Encontro Estadual de História — ANPUH/SP, São Paulo, set. 2016.

BASTOS, Urbano Dias. *Pelos caminhos da fazenda, pelas ruas da cidade*. São Paulo: Edicon, 1995.

BELASCO, Warren. *O que iremos comer amanhã?* São Paulo: SENAC São Paulo, 2009.

BELLUZZO, Rosa. *São Paulo: memória e sabor*. São Paulo: Editora Unesp, 2008.

BELMONTE [Benedito Bastos Barreto]. *No tempo dos bandeirantes*. 4. ed. São Paulo: Melhoramentos, s. d.

BELTRÃO, Maria da Conceição de Moraes Coutinho. *Peabirus: os caminhos dos índios e sua importância para a identidade nacional*. Rio de Janeiro: Econame, 2011.

BERTONI, Moisés S. *La civilización guarani*. Assunção: Ministerio de Agricultura y Ganadería, 1982.

BIANCHINI, Odalea da Conceição Deniz. *Sertão mato-grossense: misticismo e realidade*. Rio de Janeiro: Renes, 1986.

_____. *A companhia Matte Laranjeira e a ocupação da terra do sul de Mato Grosso*. Campo Grande: UFMS, 2000.

BIERRENBACH, Noêmia. "Como se vivia em vilas e fazendas antigas". In: MOURA, Carlos Eugênio Marcondes de (Org.). *Vida cotidiana em São Paulo no século 19*. São Paulo: Ateliê Editorial, 1999.

BITTAR, Marisa. *Geopolítica e separatismo na elevação de Campo Grande a capital*. Campo Grande: UFMS, 1999.

BONAMIGO, Zélia Maria. *A economia dos Mbyá-Guaranis: trocas entre homens e entre deuses e homens na ilha da Catinga, em Paranaguá (PR)*. Curitiba: Imprensa Oficial, 2009.

BORGES, Barsanufo Gomides. "A economia agrária goiana no contexto nacional (1930-1960)". *História Econômica e História de Empresas III (1930-1960)*, São Paulo, v. 3, n. 2, pp. 65-83, 2000.

BRANDÃO, Ambrósio Fernandes. *Diálogos das grandezas do Brasil (1618)*. Introdução de Capistrano de Abreu. Rio de Janeiro: Oficina Industrial Gráfica, 1930.

BRANDÃO, Carlos Rodrigues. *Plantar, colher, comer*. Rio de Janeiro: Graal, 1981.

_____. "Caipiras de São Paulo: camponeses". Catálogo da mostra *Caipiras, capiaus: pau a pique*. São Paulo: SESC Pompeia, 1984.

BRUNO, Ernani Silva. *História e tradições da cidade de São Paulo*. Rio de Janeiro: José Olympio, 1953, 3 v.

_____. *Viagem ao país dos paulistas*. Rio de Janeiro: José Olympio, 1966.

BUENO, Francisco Assis. "A cidade de São Paulo: recordações evocadas de memória". In: MOURA, Carlos Eugênio Marcondes de (Org.). *Vida cotidiana em São Paulo no século 19*. São Paulo: Ateliê Editorial, 1999.

BYRD, Steven. "Comida Mineira: a 'Cultural Patrimony' of Brazil". *Global Food History*, Londres, nov. 2017. Disponível em: http://www.tandfonline.com/doi/full/10.1080/20549547.2017.1405234. Acesso em: 20/7/2018.

CAMPOS, Judas Tadeu de. "Uma pesquisa pioneira para a compreensão da cultura caipira". *Estudos Avançados*, São Paulo, v. 26, n. 76, pp. 335-50, 2012.

CANDIDO, Antonio. *Os parceiros do rio Bonito*. Rio de Janeiro: Ouro sobre Azul, 2010.

CARDIM, Fernão. *Tratados da terra e gente do Brasil (1583-1593)*. São Paulo: Biblioteca Pedagógica Brasileira/Companhia Editora Brasileira, 1939.

CASCUDO, Luís da Câmara. *Dicionário do folclore brasileiro*. Rio de Janeiro: INL, 1972.

_____. *História da alimentação no Brasil*. Belo Horizonte/São Paulo: Itatiaia/Edusp, 1983.

CHÁCARAS E QUINTAIS. São Paulo: s. e., 1910-1940.

CHRISTO, Maria Stella Libanio. *Fogão de lenha: quitandas e quitutes de Minas Gerais*. Petrópolis: Vozes, 1977.

CÓDICE COSTA MATOSO. *Coleção das notícias dos primeiros descobrimentos das minas na América que fez o doutor Caetano da Costa Matoso sendo ouvidor-geral do Ouro Preto, de que tomou posse em fevereiro de 1749, & vários papéis*. Belo Horizonte: Fundação João Pinheiro, 1999, v. 1.

CORREA, Valmir Batista. *Fronteira oeste*. Campo Grande: UFMS, 1999.

COSTA, Antônio Amorim da. "Da farmácia galênica à farmácia química no Portugal Setecentista". *Boletim da Sociedade Portuguesa de Química*, Lisboa, série II, n. 32/33, pp. 23-8, 1988.

COSTA, Antônio Gilberto (Org.). *Cartografia da conquista do território das minas*. Belo Horizonte/Lisboa: UFMG/Kapa Editorial, 2004.

COSTA, Maria de Fátima. *História de um país inexistente: o Pantanal entre os séculos 16 e 18*. São Paulo: Estação Liberdade, 1999.

COSTA, Palmira Fontes da. "Prática e conduta médicas em Garcia de Orta". *Colóquios Garcia de Orta*, v. 1, 2014, pp. 1-5.

CUNHA, Antonio Geraldo da. *Dicionário histórico das palavras portuguesas de origem tupi*. São Paulo: Melhoramentos/Edusp, 1989.

CUNHA, Euclides da. *Obra completa*. Rio de Janeiro: Nova Aguilar, 1995, 2 v.

CUNHA, Manuela Carneiro da; LIMA, Ana Gabriela Morim de. "How Amazonian indigenous peoples contribute to biodiversity". In: BAPTISTE, Brigitte; PACHECO, Diego; CUNHA, Manuela Carneiro da; DIAZ, Sandra (Orgs.). *Knowing our Lands and Resources: Indigenous and Local Knowledge of Biodiversity and Ecosystem Services in the Americas*. Knowledges of Nature 11. Paris: Unesco, 2017.

D'ALINCOURT, Luís. *Memória sobre a viagem do porto de Santos a Cuiabá*. São Paulo: Biblioteca Histórica Paulista, 1945.

DANIEL, João. *Tesouro descoberto no Máximo Rio Amazonas*. Rio de Janeiro: Contraponto, 2004.

DAVATZ, Thomas. *Memórias de um colono no Brasil (1850)*. São Paulo: Edusp/ Biblioteca História Brasileira/Martins Editora, 1972.

DAVID, Elizabeth. *Cozinha regional francesa*. São Paulo: Companhia das Letras, 2000.

DEAN, Warren. *A ferro e fogo: a história e a devastação da Mata Atlântica*. São Paulo: Companhia das Letras, 1996.

Doceiro nacional ou arte de fazer toda a qualidade de doces. 4. ed. Rio de Janeiro: B. L. Garnier, 1895.

Documentos interessantes para a história e costumes de S. Paulo — Officios do general Antonio José da Franca e Horta aos diversos funcionários da Capitania (1806-1810). São Paulo: Arquivo do Estado de S. Paulo/Instituto Histórico e Geográfico de S. Paulo, 1937, V. LVII e LXXIII.

_____. *Ofícios do capitão general Luis Antonio de Souza Botelho Mourão (1765-1766)*. São Paulo: Departamento do Arquivo do Estado de S. Paulo/ Gráfica João Bentivegna, 1952, V. LXXIII.

DÓRIA, Carlos Alberto. *Ensaios enveredados*. São Paulo: Siciliano, 1991.

_____. *Estrelas no céu da boca*. São Paulo: SENAC São Paulo, 2006.

_____. *Cadências e decadências do Brasil (o futuro da nação à sombra de Darwin, Hæckel e Spencer)*. Campinas, 2007. Tese (Doutorado em Sociologia) — Universidade Estadual de Campinas.

_____. *Formação da culinária brasileira: escritos sobre a cozinha inzoneira*. São Paulo: Três Estrelas, 2014.

DÓRIA, Carlos Alberto; VIEIRA, Ima. "Iguarias da floresta". *Ciência Hoje*, Rio de Janeiro, v. 52, n. 310, pp. 34-7, dez. 2013.

DUARTE, Paulo. *Variações sobre a gastronomia*. Lisboa: Seara Nova, 1944.

_____. *Mário de Andrade por ele mesmo*. São Paulo: Hucitec, 1985.

ELLIS JÚNIOR, Alfredo. *Raça de gigantes: a civilização no Planalto Paulista*. São Paulo: Editorial Helos/Novíssima Editora, 1926.

_____. *O ouro e a Paulistânia*. São Paulo: Universidade de São Paulo, 1948 (coleção História da Civilização Brasileira, v. 8).

_____. "O ciclo do muar". *Revista de História*, Universidade de São Paulo, v. 1, n. 1, pp. 73-81, 1950.

EMBRAPA. *Frutas do Cerrado*. Brasília: Embrapa, 2001.

_____. *Animais do descobrimento: raças domésticas da história do Brasil*. Brasília: Embrapa, 2006.

ESTEVES, Phellipe Marcel da Silva. *Discurso sobre alimentação nas enciclopédias do Brasil*. Niterói: Eduff, 2017.

FAUSTO, Carlos. *Os índios antes do Brasil*. Rio de Janeiro: Zahar, 2005.

FERRÃO, José E. Mendes. *A aventura das plantas e os descobrimentos portugueses*. Lisboa: Instituto de Investigação Científica Tropical, 2005.

FERRAZ, Marcelo Carvalho. *Arquitetura rural na Serra da Mantiqueira*. São Paulo: Instituto Lina Bo e P. M. Bardi, 1996.

FERREIRA, Antonio Celso. *A epopeia bandeirante: letrados, instituições, invenção histórica (1870-1940)*. São Paulo: Editora Unesp, 2002.

FERREIRA, Idelvone Mendes. "A organização do espaço agrário em Goiás: povoamento e colonização (do século 18 ao xx)". *XIX Encontro Nacional de Geografia Agrária*, São Paulo, pp. 1-27, 2009.

FLORENÇANO, Paulo Camilher; ABREU, Maria Morgado de. *Culinária tradicional do Vale do Paraíba*. Taubaté: JAC Editora, 1987.

FOGÃO DO JOÃO RURAL. *Delícias do tempo do milharal: milho em 70 receitas salgadas e doces*. Paraibuna: Fábrica de farinha Paraibuna, c. 2003.

FREIRE, Paulo César Vargas. *História dos antigos domínios nos ervais do Paraguai (1538-1811)*. Campo Grande: Instituto Histórico e Geográfico de Mato Grosso do Sul, 2014.

FREITAS, Afonso de. *Tradições e reminiscências paulistanas*. São Paulo: Martins Editora, 1955.

FREYRE, Gilberto. *Casa-grande e senzala*. Rio de Janeiro: Globo, 2003.

FRIEIRO, Eduardo. *Feijão, angu e couve: ensaio sobre a comida dos mineiros*. Belo Horizonte/São Paulo: Itatiaia/Edusp, 1982.

GANDAVO, Pero Magalhães. *História da província de Santa Cruz (1568-1570)*. São Paulo: Editora Obelisco/Cadernos de História, 1964.

GODINHO, Vitorino Magalhães. "O milho maiz: origem e difusão". *Revista de Economia*, v. 15, fasc. 5, mar. 1963 (2ª série, n. 5).

GOMES FILHO, Antonio. *Um tratado da cozinha portuguesa no século 15*. Rio de Janeiro: Fundação Biblioteca Nacional, 1994.

GOULART, José Alípio. *Brasil do boi e do couro*. Rio de Janeiro: Edições GRD, 1966.

HAYDEN, Brian. "The Proof is in the Pudding: Feasting and the Origins of Domestication". *Current Anthropology*, Chicago, v. 50, n. 5, pp. 597-601, out. 2009.

HOLANDA, Sérgio Buarque de. "O arroz em São Paulo na era colonial". *Digesto Econômico*, Rio de Janeiro, n. 31, jun. 1947.

_____. *Caminhos e fronteiras*. São Paulo: Companhia das Letras, 1994.

_____. "Gramática e história". In: *Cobra de vidro*. São Paulo: Perspectiva, 2012.

_____. *Capítulos de expansão paulista*. São Paulo: Companhia das Letras, 2014.

_____. *Monções*. São Paulo: Companhia das Letras, 2014.

HUE, Sheila Moura. *Delícias do descobrimento*. Rio de Janeiro: Zahar, 2008.

IBARS, Margarita Miró. *Karu Reko: antropologia culinaria paraguaya*. Assunção: Edição da autora, 2004.

IBGE. *Atlas das representações literárias de regiões brasileiras: sertões brasileiros I*. Brasília: IBGE, 2009. Disponível em: https://biblioteca.ibge.gov. br/index.php/biblioteca-catalogo?view=detalhes&id=232425. Acesso em: 20/7/2018.

_____. *Atlas das representações literárias de regiões brasileiras: sertões brasileiros II*. Brasília: IBGE, 2016. Disponível em: https://biblioteca.ibge.gov. br/index.php/biblioteca-catalogo?view=detalhes&id=232425. Acesso em: 20/7/2018.

IHERING, Herman von. "A questão dos índios no Brasil". *Revista do Museu Paulista*, São Paulo, v. 8, pp. 112-40, 1911.

Inventários e testamentos, v. XLIV (1620-1655). São Paulo: Publicação Oficial do Arquivo do Estado de São Paulo, 1977.

IRIARTE, José. "Narrowing the Gap: Exploring the Diversity of Early Food--production Economies in the Americas". *Current Anthropology*, Chicago, v. 50, n. 5, pp. 677-80, out. 2009.

JAPUR, Jamile. *Cozinha tradicional paulista*. São Paulo: Folc-Promoções, 1963.

JEFFREYS, M. D. W. "Pre-Columbian Maize. North of the Old World Equator". *Cahiers d'études africaines*, v. 9, n. 33, pp. 146-9, 1969.

KINUPP, Valdely Ferreira; LORENZI, Harri. *Plantas alimentícias não convencionais (Panc) no Brasil*. São Paulo: Instituto Plantarum de Estudos da Flora, 2014.

KURY, Lorelai Brilhante. *Sertões adentro: viagens nas caatingas (séculos 16 a 19)*. Rio de Janeiro: Andrea Jakobson Estúdio Editorial, 2012.

LAINS E SILVA, Hélder. *São Tomé e Príncipe e a cultura do café*. Lisboa: Junta de Investigação do Ultramar, 1958.

LEITÃO, Tania Maria de Maio. *Abastecimento alimentar em Goiás na primeira metade do século 19*. Goiânia, 2012. Dissertação (Mestrado em História) — Programa de Pós-Graduação em História da Faculdade de História da Universidade Federal de Goiás.

LEME, Adriana Salay. "Josué de Castro e Câmara Cascudo: um diálogo sobre a fome e a comida no Brasil". Comunicação realizada no 4º Colóquio DIAITA. Coimbra, 2017.

LEME, Pedro Taques de Almeida Paes. *Informações sobre as minas de São Paulo (1772)*. São Paulo: Melhoramentos, s.d.

LEMKE, Maria. "O caminho do sertão: notas sobre a proximidade entre Goiás e África". *Politeia: História e Sociedade*, Vitória da Conquista, v. 13, n. 1, pp. 115-32, 2013.

LEMOS, Carlos A. C. *Cozinhas etc.* São Paulo: Perspectiva, 1978.

_____. *Casa paulista*. São Paulo: Edusp, 1999.

LIMA, Heitor Ferreira. *História político-econômica e industrial do Brasil*. São Paulo: Companhia Editora Nacional, 1970.

LOBATO, Monteiro. *Ideias de Jeca Tatu*. São Paulo: Brasiliense, 1946.

LUCCOCK, John. *Notas sobre o Rio de Janeiro e partes meridionais do Brasil (1808-1818)*. Belo Horizonte/São Paulo: Itatiaia/Edusp, 1975.

LUNA, Francisco Vidal; KLEIN, Herbert S. "Escravidão africana na produção de alimentos: São Paulo no século 19". *Estudos Econômicos*, São Paulo, v. 40, n. 2, pp. 295-317, abr./jun. 2010.

MACIEL, Eunice. "Uma cozinha à brasileira". *Estudos Históricos*, Rio de Janeiro, n. 33, pp. 25-39, jan./jun. 2004.

MAGALHÃES, Basílio de. *Expansão geographica do Brasil colonial*. São Paulo: Companhia Editora Nacional, 1935.

MAGALHÃES, general Couto de. *Viagem ao Araguaia*. São Paulo: Companhia Editora Nacional/INL, 1975.

MALUF, Marina. *Ruídos da memória*. São Paulo: Editora Siciliano, 1995.

MARANHÃO, Ricardo. *Caminhos da conquista: a formação do espaço brasileiro*. São Paulo: Editora Terceiro Nome, 2008.

MARQUES, Ivan. "Modernismo de pés descalços: Mário de Andrade e a cultura caipira". *Revista do Instituto de Estudos Brasileiros,* São Paulo, n. 55, pp. 27-42, 2012.

MARTINS, Ana Luiza. *Revistas em revista: imprensa e práticas culturais em tempos de República*. São Paulo: Edusp, 2008.

MARTINS FONTES, José. *Paulistânia (1934)*. São Paulo: Martins Fontes, 1984.

MAWE, John. *Viagens ao interior do Brasil*. Belo Horizonte/São Paulo: Itatiaia/ Edusp, 1978.

MELO, Cássio Santos. *Caipiras no palco: teatro na São Paulo da Primeira República*. Assis, 2007. Dissertação (Mestrado em História) — Faculdade de Ciências e Letras da Universidade de São Paulo.

MELLO, Evaldo Cabral de. "Nas fronteiras do paladar". *Folha de S.Paulo*, 28/5/2000.

MENDES, Estevane de Paula Pontes. "Ocupação e produção no cerrado goiano: do século 18 ao XX". *Anais do IX Simpósio Nacional Cerrado*, Brasília, out. 2008.

METRAUX, Alfred. "The Guaraní". In: STEWARD, Julian H. (Org.). *Handbook of South American Indians*, v. 3. Washington: Smithsonian Institution, 1948.

MILLIET, Sergio. *Roteiro do café e outros ensaios*. São Paulo: Coleção Departamento de Cultura, 1941.

Ministério do Meio Ambiente. *Espécies nativas da flora brasileira de valor econômico atual ou potencial. Plantas para o futuro — Região Sul*. Brasília: MMA, 2011.

MIRANDA, Lílian Lisboa. "Embates sociais cotidianos na São Paulo setecentista: o papel da Câmara Municipal e dos homens livres pobres". *Revista de História*, São Paulo, n. 147, pp. 53-69, 2002.

MONTELEONE, Joana. *Sabores urbanos: alimentação, sociabilidade e consumo em São Paulo, de 1828 a 1910*. São Paulo, 2008. Dissertação (Mestrado em História) — Faculdade de Filosofia, Letras e Ciências Humanas da Universidade de São Paulo.

MONTOYA, Antonio Ruiz de. *Conquista espiritual hecha por los religiosos de la Compañia de Jesus, en las Provincias del Paraguay, Parana, Uruguay y Tape*. Madri: Imprenta del Reyno, 1639.

———. *Tesoro de la lengua guarani*. Madri: Iuan Sanchez/Martin de Segura, 1639.

———. *Bocabulario de la lengua guarani* (1640). Leipzig: B. G. Teubner, 1876.

MOTA, Otoniel. *Do rancho ao palácio: evolução da civilização paulista*. São Paulo: Companhia Editora Nacional, 1941.

MOURA, Carlos Eugênio Marcondes de (Org.). *Vida cotidiana em São Paulo no século 19: memórias, depoimentos, evocações*. São Paulo: Ateliê Editorial/ Imprensa Oficial/Editora Unesp, 1998.

MOURA, Paulo Cursino de. *São Paulo de outrora, evocações da metrópole*. São Paulo: Livraria Martins Editora, 1943.

MÜLLER, Daniel. *Ensaio d'um quadro estatistico da provincia de S. Paulo ordenado pelas leis provinciais de 11 de abril de 1836 e 10 de março de 1837*. São Paulo: Governo do Estado, 1978.

MÜLLER, Franz. *Etnografia de los guarani del Alto Paraná*. Buenos Aires: Societatis Verbi Divini, s. d.

MÜLLER, Nice Lecocq. *Sítios e sitiantes no estado de São Paulo*. São Paulo: Universidade de São Paulo/Faculdade de Filosofia, Ciências e Letras, 1951.

MUNHOZ, Renata Ferreira. *Filologia e discurso na correspondência oficial do Morgado de Mateus: edição de documentos administrativos e estudo das marcas de avaliatividade*. São Paulo, 2015. Tese (Doutorado em Filologia e Língua Portuguesa) — Faculdade de Filosofia, Letras e Ciências Humanas da Universidade de São Paulo.

MUNIZ, Maria Izabel Perini. *Arquitetura rural do século 19 no Espírito Santo.* Vitória: Aracruz Celulose/Fundação Jônice Tristão, 1989.

Museu da Casa Brasileira. Acervo Ernani Silva Bruno. Disponível em: http://ernani.mcb.org.br/ernMain.asp. Acesso em: 17/7/2018.

NARDY fiLHO, F. "O nosso Jeca e o mês de maio". *O Estado de S. Paulo,* 5/11/1953.

NETO, Aroldo Antônio de Oliveira (Org.). *A cultura do arroz.* Brasília: Conab, 2015.

NIEUHOF, Johann. *Memorável viagem marítima e terrestre ao Brasil (1640--1649).* São Paulo: Martins Editora, 1942.

NIMUENDAJU, Curt. *As lendas da criação e destruição do mundo como fundamentos da religião dos apapocuva-guarani.* São Paulo: Hucitec/Edusp, 1987.

NOGUEIRA, Almeida. *A Academia de São Paulo: tradições e reminiscências (1909).* São Paulo: Saraiva, 1977.

NOGUEIRA, Mônica Celeida Rabelo. *Gerais a dentro e a fora: identidade e territorialidade entre Geraizeiros do Norte de Minas Gerais.* Brasília, 2009. Tese (Doutorado em Antropologia Social) — Universidade de Brasília.

OLIVEIRA VIANNA, F. J. de. "Minas do lume e do pão". In: *Pequenos estudos de psicologia social.* São Paulo: Monteiro Lobato & C. Editores, 1923.

_____. *Instituições políticas brasileiras.* Rio de Janeiro: Editora Record, 1974, v. 2.

OLIVEIRA, Marilza de; KEWITZ, Verena. "A representação do caipira na imprensa paulista do século 19". In: DUARTE, Maria Eugênia Lamoglia; CALLOU, Dinah. *Para a história do português brasileiro.* Rio de Janeiro: UFRJ/Faperj, 2002, v. IV.

ORTÊNCIO, Bariani. *A cozinha goiana (estudo e receituário).* Rio de Janeiro: Brasilart, 1967.

ORWELL, George. *Na pior em Paris e Londres.* São Paulo: Companhia das Letras, 2006.

PAPAVERO, Claude G. *Ingredientes de uma identidade colonial: os alimentos na poesia de Gregório de Matos.* São Paulo, 2007. Tese (Doutorado em Antropologia Social) — Faculdade de Filosofia, Letras e Ciências Humanas da Universidade de São Paulo.

PAULISTÂNIA. São Paulo: Clube Piratininga, 1939-1979.

PEREIRA, Huascar. *Pequena contribuição para um dicionário das plantas úteis do Estado de São Paulo.* São Paulo: Typographia Brasil de Rothschild, 1929.

PEREIRA, José Almeida. "History of rice in Latin America". In: SHARMA, S. M. (Org.). *Rice: origin, antiquity and history.* Boca Raton: Science Publishers/CRC Press, 2010.

_____. *Cultura do arroz no Brasil: subsídios para sua história.* Teresina: Embrapa Meio-Norte, 2002.

PIERSON, Donald. "Hábitos alimentares em São Paulo". *Revista do Arquivo Municipal*, São Paulo, ano 10, v. XCVIII, 1944.

PIRES, Cornélio. *Conversas ao pé do fogo*. Itu: Ottoni, 2002.

POLANYI, Karl. *Dahomey and the Slave Trade: An Analysis of an Archaic Economy*. Seattle: University of Washington Press, 1966.

POMBO, Nívia. "Cardápio Brasil: em seu imenso território, nosso país guarda diversas culinárias típicas, unidas pela influência indígena". *Revista Nossa História*, São Paulo, ano 3, n. 29, pp. 32-35, mar. 2006.

PRADO JR., Caio. "Distribuição da propriedade fundiária rural no Estado de São Paulo". *Geografia*, São Paulo, ano I, n. 1, 1935, pp. 52-68.

Publicação official de documentos interessantes para a história e costumes de S. Paulo. Correspondencia do Capitão-General Luiz Antonio de Souza Botelho Mourão (1766-1768). São Paulo: Arquivo do Estado de S. Paulo/ Typographia Aurora, 1896, v. XXIII.

QUEIROZ, Carlota Pereira de. *Um fazendeiro paulista no século 19*. São Paulo: Conselho Estadual de Cultura, 1965.

RAMOS, David Lopes. *Sabores da Lusofonia*. Lisboa: CTT/Correios de Portugal, 2009.

RAMOS, Regina Helena de Paiva. *A cozinha paulista*. São Paulo: Melhoramentos, 2001.

RCM. *Cozinheiro Imperial ou nova arte do cozinheiro e do copeiro em todos os seus ramos*. Rio de Janeiro: Eduardo e Henrique Laemmert, 1843.

Revista de Horticultura. Rio de Janeiro, 1876-79.

Revista Ultramares. "Dossier história indígena". Maceió, v. 1, n. 5, jan./ jul. 2014. Disponível em: http://media.wix.com/ugd/5a45bd_d4a86b5f09b94c708c551c4b1fec2f05.pdf. Acesso em: 18/7/2018.

RIBEIRO, Darcy. *O povo brasileiro: a formação e o sentido do Brasil*. São Paulo: Companhia das Letras, 1995.

RIBEIRO, Paulo. *Vida caipira*. São Paulo: Edusp, 2016.

RICARDO, Cassiano. *Marcha para oeste (A influência da "Bandeira" na formação social e política do Brasil)*. Rio de Janeiro: José Olympio/Edusp, 1970, v. 1.

ROCHA PITTA, Sebastião da. *Historia da América portugueza*. Lisboa: s. e., 1730.

RODRIGUES, Dall'igna A. "A classificação do tronco linguístico tupi". *Revista de Antropologia*, São Paulo, v. 12, n. 1 e 2, pp. 99-104, 1965.

RODRIGUES, Domingos. *Arte de cozinha*. Lisboa: s.e., c. 1680. Disponível em: https://digital.bbm.usp.br/handle/bbm/3827. Acesso em: 20/7/2018.

SAINT-HILAIRE, Auguste de. *Viagem pelo distrito dos diamantes e litoral do Brasil*. Belo Horizonte/São Paulo: Itatiaia/Edusp, 1974.

———. *Segunda viagem do Rio de Janeiro a Minas Gerais e a São Paulo*. Belo Horizonte/São Paulo: Itatiaia/Edusp, 1974.

_____. *Viagem pelas províncias do Rio de Janeiro e Minas Gerais*. Belo Horizonte/São Paulo: Itatiaia/Edusp, 1975.

_____. *Viagem pela província de Goiás*. Belo Horizonte/São Paulo: Itatiaia/Edusp, 1975.

_____. *Viagem à província de São Paulo*. Belo Horizonte/São Paulo: Itatiaia/Edusp, 1976.

SALVADOR, Frei Vicente do. *História do Brasil (1590-1627)*. São Paulo: Edições Melhoramentos, 1954.

SAMPAIO, Alberto José de. *A alimentação sertaneja e do interior da Amazônia: onomástica da alimentação rural*. Rio de Janeiro: Companhia Editora Nacional, 1944.

SAMPAIO, Francisco Xavier Ribeiro de. *Diário da viagem da Capitania do Rio Negro (1774-1775)*. Lisboa: Tipografia da Academia de Lisboa, 1825.

SANTOS, Dulce O. Amarante dos; FAGUNDES, Maria Daílza da Conceição. "Saúde e dietética na medicina preventiva medieval: o regimento de saúde de Pedro Hispano (século 13)". *História, Ciências, Saúde — Manguinhos*, Rio de Janeiro, v. 17, n. 2, pp. 333-42, abr./jun. 2010.

SANTOS, Márcio. *Bandeirantes paulistas no sertão do São Francisco: povoamento e expansão pecuária de 1688 a 1734*. São Paulo: Edusp, 2009.

SAVARIN, Brillat. *A fisiologia do gosto*. Rio de Janeiro: Salamandra, 1989.

SCHADEN, Egon. *Aspectos fundamentais da cultura guarani*. São Paulo: Difel, 1962.

SCHMIDEL, Ulderico. *Viaje al rio de la Plata y Paraguay*. Buenos Aires: Imprenta del Estado, 1836. Disponível em: http://www.gutenberg.org/files/20401/20401-h/20401-h.htm. Acesso em: 20/7/2018.

SCHMIDT, Afonso. *A vida de Paulo Eiró, seguida de uma coletânea inédita de suas poesias*. São Paulo: Companhia Editora Nacional, 1940.

_____. *São Paulo de meus amores*. São Paulo: Paz e Terra, 2003.

SCHMIDT, Carlos Borges. *O milho e o monjolo: aspectos da civilização do milho. Técnicas, utensílios e maquinaria tradicional*. Rio de Janeiro: Ministério da Agricultura, 1967.

SCHMITZ, Pedro Ignácio; GAZZANEO, Marta. "O que comia o guarani pré-colonial". *Revista de Arqueologia*, São Paulo, v. 6, n. 1, pp. 89-105, 1991.

SCHWARCZ, Lilia M. *O espetáculo das raças: cientistas, instituições e questão racial no Brasil (1870-1930)*. São Paulo: Companhia das Letras, 1993.

SIGNORELI, Izabel. *Cozinha goiana: identidade e tradição culinária em Bariani Ortencio*. Goiânia, 2010. Tese (Mestrado em História) — Departamento de História/Pontifícia Universidade Católica de Goiás, Goiânia, 2010.

SILVA, Adriana et alli. *Memória dos cafezais: a vida nas fazendas*. Ribeirão Preto: Instituto Paulista de Cidades Criativas e Identidades Culturais, 2014.

SILVA, João Luiz Máximo da. *Alimentação de rua na cidade de São Paulo (1828--1900)*. São Paulo, 2008. Tese (Doutorado em História Social) — Faculdade de Filosofia, Letras e Ciências Humanas da Universidade de São Paulo.

SILVA, Natália Carolina de Almeida. *Conservação, diversidade e distribuição de variedades locais de milho e seus parentes silvestres no extremo oeste de Santa Catarina, sul do Brasil*. Florianópolis, 2015. Tese (Doutorado em Recursos Genéticos Vegetais) — Universidade Federal de Santa Catarina.

SILVA, Paula Pinto. *Farinha, feijão e carne-seca: um tripé culinário no Brasil colonial*. São Paulo: SENAC São Paulo, 2005.

SMITH, Herbert H. *Do Rio de Janeiro a Cuiabá (1881-1886)*. São Paulo: Melhoramentos, 1922.

SOUSA, Gabriel Soares de. *Tratado descritivo do Brasil em 1587*. São Paulo: Edusp/Companhia Editora Nacional, 1971.

SOUZA, Jonas Gregorio de et alli. "Understanding the Chronology and Occupation Dynamics of Oversized Pit Houses in the Southern Brazilian Highlands". *PLOS*, jul. 2016. Disponível em: http://dx.doi.org/10.1371/journal.pone.0158127. Acesso em: 20/7/2018.

SPIX, Johann Baptiste von; MARTIUS, Carl Friedrich Philippe von. *Viagem pelo Brasil (1817-1818)*. Rio de Janeiro: Imprensa Nacional, 1938, v. 3.

STADEN, Hans. *Duas viagens ao Brasil (1547-1554)*. Belo Horizonte/São Paulo: Itatiaia/Edusp, 1974.

STANZIANI, Alessandro. *Histoire de la qualité alimentaire (XIXe-XXe siècle)*. Paris: Seuil, 2005.

STEWART, J. "South American Cultures: an Interpretative Summary". In: *Handbook of South American*. Washington: United States Government Printing Office, 1949.

TAUNAY, Afonso de E. *Relatos monçoeiros*. São Paulo: Livraria Martins Editora, 1976.

TEMPASS, Mártin César. *Orerémbiú: a relação das práticas alimentares e seus significados com a identidade étnica e a cosmologia Mbyá-Guarani*. Porto Alegre, 2005. 156 f. Dissertação (Mestrado em Antropologia Social) — Universidade Federal do Rio Grande do Sul.

———. *"Quanto mais doce, melhor": Um estudo antropológico das práticas alimentares da doce sociedade Mbyá-Guarani*. Porto Alegre, 2010. Tese (Doutorado em Antropologia Social) — Universidade Federal do Rio Grande do Sul.

TERHORST, Karin Inês Lohmann; SCHMITZ, José Antonio Kroeff. "De porco a suíno: história da suinocultura e dos hábitos alimentares associados aos produtos dela derivados entre agricultores familiares do Vale do Taquari". In: MENASCHE, Renata (Org.). *Agricultura familiar à mesa*. Porto Alegre: Editora da UFRGS, 2007.

THIS, Hervé. "Formal description for formulation". Disponível em: https://www.agroparistech.fr/IMG/pdf/Two_formalisms_for_IJP_revised.pdf. Acesso em: 20/7/2018.

TOLEDO NETO, Silvio de Almeida; SANTIAGO-ALMEIDA, Manoel Mourivaldo. "Variedade do português brasileiro na trilha das bandeiras paulistas". In: NOLL, Volker; DIETRICH, Wolf (Orgs.). *O português e o tupi no Brasil*. São Paulo: Contexto, 2016.

ULRICH, Aline. *Guilherme de Almeida e a construção da identidade paulista*. São Paulo, 2007. Dissertação (Mestrado em Literatura Brasileira) — Faculdade de Filosofia, Letras e Ciências Humanas da Universidade de São Paulo.

VALDEN, Felipe Ferreira Vander. "As galinhas incontáveis. Tupis, europeus e aves domésticas na conquista no Brasil". *Journal de la société des américanistes*, v. 98, n. 2, 2012. Disponível em: http://jsa.revues.org/12350. Acesso em: 20/7/2018.

VALENTIN, Agnaldo. *Uma civilização do arroz: agricultura, comércio e subsistência no Vale do Ribeira (1800-1880)*. São Paulo, 2006. Tese (Doutorado em História Econômica) — Faculdade de Filosofia, Letras e Ciências Humanas da Universidade de São Paulo.

VAMPRÉ, Spencer. *Memórias para a história da Academia de S. Paulo*. São Paulo: Saraiva, 1924, v. 1.

VASCONCELOS, Sylvio de. *Mineiridade: ensaio de caracterização*. Belo Horizonte: Imprensa Oficial, 1968.

VARNHAGEN, Francisco Adolfo de. *História geral do Brasil. Antes da sua separação e independência de Portugal*. Rio de Janeiro: Eduardo e Henrique Laemmert, 1877.

VAZ, Eulalia. *A sciencia do lar moderno*. 4. ed. São Paulo: s.e., 1912.

VELOSO, José Mariano da Conceição. *O fazendeiro do Brazil Criador*. Lisboa: Typographia Chalcographica, Typoplastica e Litteraria do Arco do Cego, 1801.

_____. *Alographia dos alkalis fixos vegetal ou potassa, mineral ou soda, e dos seus nitratos, segundo as melhores memórias estrangeiras que se tem escripto a este assumpto*. Lisboa: Simão Thaddeo Ferreira, 1798.

VENTURELLI, Juliana Lucinda. *Narrativas culinárias e cadernos de receita do sul de Minas: da memória oral à memória escrita*. Rio de Janeiro, 2016. Dissertação (Mestrado em Memória Social) — Centro de Ciências Humanas e Sociais, Universidade Federal do Estado do Rio de Janeiro.

VIANNA, Sodré. *Caderno de Xangô*. Salvador: Livraria Editora Baiana, 1939.

VIGNE, Jean-Denis. *Les débuts de l'élevage: les origines de la culture*. Paris: Le Pommier, 2004.

VILARDAGA, José Carlos. "As controvertidas minas de São Paulo (1550-1650)". *Varia História*, Belo Horizonte, v. 29, n. 51, pp. 795-815, set./dez. 2013.

VILHENA, Luís Rodolfo. *Projeto e missão: o movimento folclórico brasileiro (1947-1964)*. Rio de Janeiro: Funarte/FGV, 1997.

WARMAN, Arturo. *La historia de un bastardo: maiz y capitalismo*. Cidade do México: Fondo de Cultura Económica, 1993.

WATZOLD, Tim. *Proclamação da cozinha brasileira como parte do processo de formação da identidade nacional no império brasileiro: 1822-1889*. Belo Horizonte: TCS Editora, 2012.

WELTMAN, Wanda Latmann. *A educação do jeca: ciência, divulgação científica e agropecuária na revista Chácaras e Quintais (1909-1948)*. Rio de Janeiro, 2008. Tese (Doutorado em História das Ciências e da Saúde) — Casa de Oswaldo Cruz/Fiocruz.

WILLEMS, Emilio. *Cunha: tradição e transição de uma cultura rural*. São Paulo: Secretaria de Agricultura do Estado, 1947.

WOORTMAN, Ellen. "Nem sempre visível, mas sempre presente: o arroz na culinária brasileira". Slow Food Brasil, São Paulo, 20/4/2009. Disponível em: http://www.slowfoodbrasil.com/textos/alimentacao-e-cultura/277-nem-sempre-visivel-mas-sempre-presente-o-arroz-na-culinaria-brasileira-parte-1. Acesso em: 20/7/2018.

Índice de receitas

Abacaxi cristalizado, 257
Abacaxi em calda, 252
Afogado, 185-6
Amarra-marido, 253
Ananás ralado em calda (abacaxi em calda), 252
Angu, 212
Angu de milho-verde, 202-3
Arroz com costelinha, 226
Arroz com guariroba ou couve, 228
Arroz com linguiça, 225
Arroz com pequi, 225-6
Arroz com pequi e carne, 226
Arroz com suã, 223-5
Arroz de forno, 225
Arroz de puta pobre, 226
Arroz maria-isabel ou arroz serigado, 226
Arroz-doce, 229-30
Arroz serigado, 226

Bambá de couve, 214
Bananada, 248
Barreado, 186-7
Berém, 202
Biscoitão de polvilho, 295-6
Biscoito amanteigado, 298
Biscoito de araruta, 293
Biscoito de cachaça, 298
Biscoito de cará, 294-5

Biscoito de farinha de milho, 211
Biscoito de fubá, 219
Biscoito de fubá de canjica, 219-20
Biscoito de nata, 296-7
Biscoito de polvilho, 295
Biscoito de polvilho azedo, 295
Biscoito de polvilho cozido ou frito, 296
Biscoito de soda, 297
Biscoito de torresmo, 298
Biscoito pipoca (pipoquinha), 285
Biscoito sinhá, 294
Bolacha de milho, 220
Bolachinha de araruta, 293-4
Bolinho caboclo, 211
Bolinho caipira (mata-fome), 285-6
Bolinho de arroz, 229
Bolinho de arroz com abóbora, 232
Bolinho de chuva, 286
Bolinho de mandioca, 286
Bolinho de milho-verde, 204
Bolinho frito de fubá, 219
Bolo de arroz, 230-1
Bolo de arroz do Vale do Paraíba, 231
Bolo de arroz e cará, 231
Bolo de chinelo, 216
Bolo de chuchu, 291
Bolo de cozinha, 231
Bolo de farinha de milho, 211
Bolo de fubá, 215-6

Bolo de milho-verde, 204-5
Bolo de milho-verde caipira, 205
Bolo de panela, 216
Bredo (caruru-de-porco), 276
Broa de amendoim, 218
Broa de fubá, 216-8
Buré (sopa de milho-verde e cambuquira), 202

Cabeça de bode, 276
Café de garapa, 177
Café de rapadura, 177
Caju em passa, 256-7
Caldo de milho-verde, 202
Cambuquira refogada, 271
Canja de galinha, 227-8
Canjica e canjicada, 214-5
Canjiquinha ou quirera com carne, 213
Carne à moda da Bocaina, 186
Carne na lata, 244-5
Caruru-de-porco (bredo), 276
Casadinho, 226-7
Cobu, 218
Coelho assado, 194
Compota de abacaxi, 252
Compota de banana, 252
Compota de figo, 253
Compota de goiaba, 252
Compota de jaca, 253
Couve refogada, 271
Cozido, 184
Curau, 201
Cuscuz, 207
Cuscuz doce, 208

Dobradinha, 266-7
Doce de abóbora, 249
Doce de abóbora com coco, 249
Doce de abóbora em pedaços, 249
Doce de batata-doce branca ou roxa, 250
Doce de buriti, 250
Doce de cidra (furrundum), 255
Doce de coco, 253

Doce de goiaba seca, 248
Doce de laranja azeda, 255
Doce de limão-cravo ou china, 255
Doce de mamão cristalizado, 257
Doce de mamão maduro, 254-5
Doce de mamão verde, 253-4
Doce de mamão verde em tiras, 254
Doce de mamão verde ralado em bolas, 254
Doce de marmelo em calda com torradas, 256
Doce de mocotó, 252
Doce vermelho de banana-branca, 248-9

Empada, 289
Empada de marmelo, 290
Empadão goiano, 289-90
Empadinha frita, 290
Engrossado de frango, 212
Engrossado de fubá, 214
Ensopado com cará, 266
Ensopado de piranha, 271-2
Ensopado de porco, 266
Escaldado de cambuquira, 206
Escaldado simples, 206

Farinha gorda, 178
Farofa crua, 279
Farofa de banana, 280
Farofa de couve, 280
Farofa de milho-verde, 203
Farofa de torresmo, 179
Farofa e paçoca de içá, 280
Farofa para churrasco, 279-80
Fatias douradas, 305
Feijão caipira (mineiro), 235
Feijão-tropeiro, 236
Feijoada, 237-8
Flor de abóbora, 285
Frango à moda dos moreiras, 265
Frango com milho-verde, 203-4
Frango ou galinha ao molho pardo, 265
Frango refogado ou ensopado, 265

Frigideirada de maxixe, 276
Frigideirada de umbigo de bananeira,
  276-7
Fubá gordo, 178
Fubá suado, 178
Fubá torrado, 178
Furrundum, 255

Galinha ao molho pardo, 265
Galinha com quiabo, 267-8
Galinhada, 228
Galinhada com pequi, 226
Geleia de jabuticaba, 251
Geleia de marmelo, 250-1
Geleia de mocotó, 251
Goiabada, 247
Goiabada cascão, 247-8
Guisado de feijão, 236
Guisado e virado de milho, 203

Hortaliças refogadas, 270

Jacuba, 178
João-deitado, 220-1

Lambari frito, 284
Laranjada, 250
Licor de abacaxi, 258-9
Licor de ameixa, 259
Licor de amora-preta, 259
Licor de coco, 259
Licor de folha de figo, 259
Licor de jabuticaba, 259-60
Licor de jenipapo, 261
Licor de laranja, 260
Licor de leite, 261
Licor de mexerica, 260
Licor de murici, 261
Licor de pequi, 260-1
Licor de pitanga, 260
Limão recheado com doce de leite,
  256
Linguiça, 245-6
Lobozó, 275
Locro do Pantanal, 188

Malapança, 178
Mandioca frita, 285
Marmelada branca, 247
Marmelada cazumba, 247
Marmelada de goiaba, 247
Marmelada de marmelo, 246-7
Marmelada vermelha, 247
Mata-fome, 285-6
Mexido, 275
Mexido de feijão com sobras, 275-6
Mungunzá, 213

Olha, 185
Omelete de guariroba, 277

Paca assada, 193-4
Paca recheada com guariroba, 194
Paçoca de amendoim, 281
Paçoca de carne de vaca ou de porco,
  280
Paçoca de carne-seca, 281
Pamonha, 200
Pamonha de fubá, 214
Pamonha frita, 179
Panelada de campanha, 187
Pão de cará, 301
Pão de fubá, 218-9
Pão de minuto, 301
Pão de queijo, 301-3
Pão de queijo com batata, 303
Pastel (massa), 283
Pastel de boca de dama, 284
Pastelinho, 284
Pau a pique ou joão-deitado, 220-1
Paulista de ferrugem, 189
Peitudo ou sururuca, 179
Pelota ou pelotão (carne na lata),
  244-5
Peixe em posta, 285
Peixe frito, 284
Perdiz ao leite, 196-7
Picadinho, 189-91
Pintado baiano, 188
Pipoquinha, 285
Polenta caipira (doce), 212

Porco na lata, 245
Porco-do-mato assado, 195-6

Quebra-jejum de mandis, 179
Quiabo com carne moída ou picada,
268-9
Quibebe, 271
Quirera com costelinha, 213-4
Quirera com carne, 213
Quirera com frango, 213

Rabanadas, 305
Refogado de vagem, 271
Rosca de cará, 304-5
Rosca de fubá de canjica, 218
Rosca rainha, 304
Rosca seca, 304
Rosquinha de amoníaco, 297
Roupa velha, 269-70

Saudade, 297-8
Sequilho de araruta, 294
Sequilho de coco, 296
Sequilho de fubá e araruta, 294
Sequilho de polvilho, 296
Sequilho envernizado, 294
Sonho, 286-7
Sonho de fubá, 219
Sopa de arroz, 229
Sopa de feijão, 235

Sopa de milho-verde e cambuquira
(buré), 202
Sopa de quirera de arroz, 227
Soquete gaúcho, 189
Suã ensopada, 266
Sururuca, 179

Tareco, 297
Tatu assado, 194,5
Tatu de panela, 195
Tigelada de couve, 291
Tigelada de guariroba, 291
Tigelada de jiló, 291
Tigelada de umbigo de bananeira, 291
Tira-jejum, 179
Torta de frango, 290-1
Torta de mandioca, 290
Torta de palmito, 290-1
Tutu de feijão, 236

Vaca atolada, 191
Virado de banana, 211
Virado de couve e torresmo, 210
Virado de feijão, 236
Virado de frango, 210
Virado de ovos e queijo, 210
Virado de vegetais ou feijão, 210
Virados de farinha de milho, 209

Zequinha, 29

Índice remissivo

abacaxi, 127, 195, 252, 257-8
abóbora, 38, 57, 64, 75, 94, 102, 116, 125, 127-8, 136, 163, 171, 184, 187-9, 220, 232, 249, 271: cabochá, 27; de pescoço, 27, 271; -de-porco, 187, 249; moranga, 27, 126, 249; morango, 27
abobrinha, 27, 126, 203
açafrão-da-terra, 174
acém, 185
Açores, arquipélago dos, 83, 186, 242
açúcar, 24, 36, 84, 89, 120-1, 140, 165, 170, 172, 177, 179, 196, 200-2, 204-5, 208, 211-20, 229-32, 242-3, 246-61, 271, 281, 284, 286-7, 293-8, 301, 304-5, 328: cristal, 254, 256-7, 290, 294, 297, 304; mascavo, 255; refinado, 136, 248
Adrià, Ferran, 16-7
África, 36, 69-70, 90, 171, 206, 319
agregado, 39, 89, 95, 104-6, 312
agrião, 26, 66, 265
aguaí, 63
aguardente, 95, 141
Aguiar, Viviane, 18, 336
alcatra, 185, 190
álcool, 242-4, 258-61, 267-8
alecrim, 114, 126, 228, 268
alface, 24, 26, 195, 214
alfavaca, 185, 265

algarrobo, 63
algodão, 39, 95, 104, 147-8, 150-1, 259-61, 332
alho, 26, 113, 137, 173, 179, 184-5, 187-91, 193-7, 202-4, 206, 210, 212-4, 224-8, 238, 244, 263-72, 276, 280, 284-6
Alicante (Espanha), 280
Almeida Júnior, José Ferraz de, 119, 316
Almeida Nogueira, José Luiz de, 189-90
Amazônia, 42, 55-7, 65, 134, 142, 169
ameixa-preta, 259
amendoim, 56, 57, 59, 61, 63, 66, 75, 150, 156, 168, 215, 218, 281
América do Sul, 92, 129, 188
amoníaco, 293, 297
amora, 63, 88, 259
ananás, 65, 252
Anchieta, José de, padre, 280
anchova, 156
Andaluzia (Espanha), 69
Anderson Clayton & Company, 150-1
Andes, Cordilheira dos, 57
Andrada e Silva, José Bonifácio de, 54
Andrade, Mário de, 75, 319-20, 322, 338
Andrade, Oswald de, 319, 338

angu, 36, 172, 184, 190, 202-3, 212, 215, 265-7, 270, 283, 311, 337: de fubá, 152, 212, 283

animais, raças de, 47, 115, 128, 148

Antonina (PR), 95

Aparecida (SP), 93

Aporé, rio, 83

araçá, 63, 127

araruta, 56, 293-4, 296

Ardito, Mariana, 18

Areias (SP), 223

Arequipa (Peru), 42

Argentina, 57, 94, 188

arroz, 24, 32-3, 35, 39, 61, 88, 121, 134, 137-42, 153, 157, 173, 182-5, 189-90, 223-32, 236-7, 263-5, 267-70, 275, 296, 311, 329: Carolina, 136, 138, 330; -doce, 229-30; com pequi, 166, 225-6; de pato com tucupi, 32; de suã, 30-1, 33, 267; selvagem, 138; -vermelho, 138

"arroz em São Paulo na era colonial, O" (Buarque de Holanda), 140

Arte de cozinha (Domingos Rodrigues), 137-8

Ásia, 10, 69, 89, 138, 319, 322

aspargo, 157

assados, 24, 63, 66, 109, 132, 152, 170-2, 186, 194-6, 220-1, 230, 236, 284, 311: na fogueira, 60; nas cinzas, 60, 195, 216; sob brasas, 167, 194, 205, 216, 276; sobre brasas, 65, 195-6, 200

Assunção (Paraguai), 42

Atlas das representações literárias de regiões brasileiras, 77, 328

avati [milho], 60, 64, 129

Aviação, manteiga, 150

Azambuja, conde de, 95

azeite, 42, 143-5, 168: de dendê, 238

azeitonas, 225, 284, 289-90

bacalhoada, 209

Bacellar, Carlos, 18

bacuri, 63

Baependi (MG), 85

bagre, 62, 156, 206-7

Bahia, 39, 41, 69, 80, 84, 89, 103, 126, 138-9, 145, 188, 307, 312-3, 323, 337

baião de dois, 170

Baixada do Ribeira, 143

banana, 66, 128, 184, 187-8, 191, 211, 243, 248, 252, 280-1, 284: -da-guiné, 88; -da-terra, 32, 185, 187; nativa (pacová), 65, 88

bananeira, 113, 126: folhas de, 194, 202, 216, 218-21, 231, 295; umbigo de, 276, 291

bandeirantes, 17, 41, 67, 73-6, 81, 85, 102, 131, 135, 199, 318

bandeirismo, 41, 88, 90

banha ver porco: banha de

Barber, Dan, 29

Barbosa Ferraz, Floriza, 106

Barcelona (Espanha), 267

Bastos, Luís Dias, 24

batata, 11, 23, 28, 33, 56, 62-3, 65, 75, 116, 121, 126, 182, 184-5, 187, 189-90, 224, 227, 229, 266, 285, 290, 303, 311: -doce, 26-7, 59, 66, 116, 177, 184-5, 187, 190, 195, 220, 250, 253

Battista Ramusio, Giovanni, 70

baunilha, 249-50, 259-60, 297

Bauru (SP), 54, 07

Bayeux (França), 69

beiju, 63, 65, 131, 168, 172, 177, 205, 311

Beira (Portugal), 309

beldroega, 270

Belo Horizonte (MG), 30

Beltrão, Maria, 42

bertalha, 26, 270

bicarbonato de sódio, 216-7, 220, 231, 257, 297

biodiversidade, 57

Birmânia, 69

Blue Hill (restaurante), 29

Bocabulario de la lengua guarani (Montoya), 134

Bochecha: bovina, 27; de porco, 201

Bocuse, Paul, 165-6

bollito misto, 183

Bom Jardim (RJ), 85

Boquería, La [mercado], 267

borragem, 270

Botucatu (SP), 42, 90, 93

Bragança Paulista (SP), 93

Brandão, Ambrósio Fernandes, 70

Brandão, Carlos Rodrigues, 111

Brasil, 13, 18, 35, 37, 40, 42, 45-6, 49, 54-5, 57, 65, 70, 76-7, 89, 97-8, 108, 114-5, 119, 127, 130-1, 133, 138, 144-5, 147, 149-50, 151, 171, 199, 208, 229, 242, 246-7, 257-8, 266, 319-20, 330, 336: Colônia, 38, 42, 68, 77, 82, 121, 138, 328; Império, 38, 53, 315; República, 38, 53, 307, 338

Brasil Terra e Alma: Minas Gerais (Drummond de Andrade), 317

Brillat-Savarin, Jean Anthelme, 229-30

Buarque de Holanda, Sérgio, 88, 98, 132, 140

bucho, 267

buriti, 126: doce de, 250

Cabo Verde, 138, 140

caboclo, 60, 95, 99, 126-7, 211

Cabrália (BA), 313

caça, 11, 45, 49, 59, 62, 76, 77, 84-5, 88, 102, 106, 117, 128, 193, 245

Caçapava (SP), 93

cachaça, 104, 113, 237, 243-4, 258-61, 268, 283, 298

café, 12, 49, 54, 95-7, 104, 106-7, 116, 121, 136, 145, 156, 177-9, 200, 212, 258, 283, 291, 303, 307-8, 310, 325, 329

caiapós [etnia], 82-3

caju, 256

cal virgem, 243, 249, 254

caldo, 33, 133, 184-5, 187, 189-91, 202-4, 209-10, 213-4, 224-8, 235-6, 238, 249-51, 256, 260, 266-9, 271-2: de carne, 184-6, 206, 214, 229, 235: de couve, 33; de feijão, 183, 203; de porco, 224

Camapuã, rio, 83, 85

Câmara Cascudo, Luís da, 36-7, 168

Câmara Municipal de São Paulo, 141, 152-3, 155

camarão, 207, 209, 284, 289: na moranga, 27

Cambé (PR), 56

cambucá, 15, 114, 127

cambuquira, 26, 28, 33, 109, 202, 206, 271, 315-6

Caminho do Anhanguera, 82-3

Caminho Novo [estrada], 78, 85, 96

Caminho Velho [estrada], 78, 84-5, 96, 139

Campina da Lagoa (PR), 42-3

Campinas (SP), 93, 223

cana-de-açúcar, 12, 88, 105

Cananeia (SP), 89, 95

Canastra, serra da, 75, 82, 182, 220

Candolle, Alphonse de, 71

canela, 173, 200, 208, 211, 218, 220, 229: em pau, 174, 214; em pó, 174, 201, 208, 219, 230

canjica, 36, 68, 89, 113, 121, 130, 134, 152, 172, 188, 199, 205, 212-5, 219, 335

Capão Bonito (SP), 147

Capistrano de Abreu, João, 41, 88

Capivari (SP), 223

caponata, 33

cará, 26, 116, 217, 231, 294-5, 301, 304: ensopado de, 33, 266

Carandaí (MG), 85

Cardim, Fernão, 144

Carême, Marie-Antoine, 320

Carmo, ribeirão do (SP), 80

carne: assada, 36, 179, 189, 193-4, 197, 271; bovina, 27, 33, 181, 187, 191, 245; de caça, 11, 45, 49, 59, 62, 85, 102, 106, 152, 193, 196, 245; de porco, 33, 35, 56, 62, 94, 102, 104, 114-5, 121, 126, 137, 154, 163, 165, 178, 181, 184, 186-8, 191, 195, 201-2, 206, 210, 213, 224, 226, 235-7, 242, 244-6, 266-7, 271, 276, 280, 284, 286, 289-90, 311, 318; moída, 190,

227, 268-9, 284, 286; na lata, 115, 244-6; -seca, 32, 93, 104, 179, 181, 188, 213, 226, 237, 242, 269, 281

Carrancas (MG), 85

caruru, 214, 270, 276

carvão, 61, 260, 291

Cascais, marquês de, 75

cascudo, 117, 154

castanhas, 28, 65, 256

Castela (Espanha), 69

Castro (PR), 85, 94

Cataguases (MG), 84, 90

Catalunha (Espanha), 69

Caxipó-Mirim, rio, 81

cebola, 26, 33, 113-4, 137, 173, 179, 184-91, 193-7, 202-3, 206-7, 210, 213, 224-8, 235-6, 238, 263-8, 270-2, 275-6, 279-1, 284-6, 289

cebolinha, 185, 203, 206, 212-4, 228-9, 235, 237, 246, 267-8, 271, 280, 291

Cendrars, Blaise, 319, 338

cenoura, 113, 126, 184-5, 187, 189-90, 227-8, 275

Centro Cultural São Paulo, 25

Centro-Oeste [região], 46, 122

cerâmica, 66, 119, 120

cerveja, 64, 156, 304, 333

chácara, 152, 156, 336

Chaco, região do, 57

Chagas, doença de, 148

Chaves, Aureliano, 313

cheiro-verde, 173, 184, 186, 188, 190, 202-4, 207, 210, 212-3, 224, 227-8, 265-6, 268, 276, 279, 285-6, 290

China, 69

chiqueiro, 113-4, 117

chiripá [etnia], 67

chouriço, 189

chuchu, 26, 27, 184, 187, 203, 271

cidra, 255

Club de Engenharia do Rio de Janeiro, 54

coalhada, 216, 230

coco, 127, 150, 174, 211, 214, 243, 249, 253-4, 259, 284, 294, 296, 305:

gordura de, 149, 174; leite de, 204, 214, 253, 294

coentro, 174, 214, 224, 264, 272

coivara, 67

Colombo, Cristóvão, 69

Colônia do Sacramento (Uruguai), 96

colorau, 174, 185, 226, 246

cominho, 174, 187-8, 196

Comissão Nacional de Folclore, 309, 336

Companhia Brasileira de Margarina, 151

Companhia Geral do Grão-Pará e Maranhão, 139

compotas, 23, 27, 120, 242-3, 246, 252-3

Conseil National des Arts Culinaires (França), 173

Conselheiro Lafaiete (MG), 85

conservas, 156, 241, 243-4, 246: em banha de porco, 241; na calda de açúcar, 36, 120, 121, 242, 246

Conversas ao pé do fogo (Pires), 26, 317

Córdoba (Argentina), 96

Corrêa, Sebastião Neves, 22

Correio Paulistano [jornal], 316

Corumbá (MS), 76, 84, 85

Costa do Marfim, 70

Costela: de porco, 202, 213, 237, 267; de vaca, 22, 185-6, 191, 266

Cotia (SP), 44, 154

Couto de Magalhães, general José Vieira, 15, 109, 315-6

couve, 26, 33, 35, 113, 116, 121, 184-6, 189, 207, 210, 213-4, 228-9, 236-7, 271, 276, 280, 291, 311

Coxim, rio, 83

cozido, 61, 169-70, 181, 183-8, 191, 238, 241: em gomos de bambu, 66

cozinha: caiçara, 40, 128, 193; caipira, 10, 12-7, 21, 23, 25-6, 33, 35-40, 45, 47, 49, 53, 55, 75, 77-8, 98, 101, 110, 117, 119, 121-2, 125-6, 128-9, 136, 142, 154, 157, 159, 163-4, 166, 168, 177,

360

183, 193, 205, 208-9, 212, 215, 223, 226, 235, 241, 264, 285, 307, 313-5, 317, 320, 322-3, 334; espanhola, 16-7, 320; goiana, 14, 18, 78, 185, 194, 247, 255, 311, 334; japonesa, 17; mineira, 14, 49, 78, 307, 310-1, 313-4, 322-3, 334, 337

Cozinha caipira (Almeida Júnior), 119

Cozinha tradicional paulista (Japur), 323, 334

Cozinhas etc. (Lemos), 118

cravo, 127, 173-4, 208, 216, 218, 220, 230, 249-57, 296

cremor tártaro, 297-8

cubeo [etnia], 57

Cuiabá (MS), 43, 80-2, 85, 90, 92, 139, 335

culinária brasileira, 16, 169, 314, 321: formação da, 39-40, 98, 121, 169

Cunha (SP), 74, 94, 110-1, 223

Cunha, Euclides da, 47, 110

Cunha: tradição e transição de uma cultura rural (Willems), 110

curau, 13, 129, 201

cúrcuma, 174

Curitiba (PR), 89, 94

Curral d'El Rei (MG), 80

Current Anthropology [revista], 14, 326

Curso de Auxiliares em Alimentação (SP), 151

cuscuz, 16, 29, 70, 170, 206-9, 311, 317, 335: de bagre, 156, 206-7; de lambari, 33; doce, 208; paulista, 15-6, 206, 208

Cuzco (Peru), 42

Daniel, padre João, 56

Daomé, 69

Davatz, Thomas, 144

David, Elizabeth, 165

Delícia, margarina, 151

Delícias do tempo do milharal [livreto], 334

Delle navigationi et viaggi (Battista Ramusio), 70

dente-de-leão, 26

Departamento de Cultura de São Paulo, 320-2

Departamento Nacional de Saúde, 148

Dialeto caipira (Amaral), 317

Diário de S. Paulo [jornal], 206, 333

Dicionário de Morais, 71

Direita, rua [São Paulo], 156

Divino, festas do, 207

dobradinha, 266-7

Doce, rio, 78, 84

Douro (Portugal), 309

Drummond de Andrade, Carlos, 310, 317

Duarte, J. B., 150

Duarte, Paulo, 320-1

Dutra, rodovia Presidente, 96

Eka, margarina, 151

Eldorado (SP), 94

Ellis Júnior, Alfredo, 74, 78, 94, 317-8, 322, 327

embutidos, 26, 33, 115, 137, 237-8, 241, 266

ensopados, 33, 169, 172, 189, 263, 265, 271-2

entrecosto, 33

Equador, 57

erva-doce, 173-4, 204, 208, 211, 214-20, 230-1, 251, 286, 295-6, 301, 304

erva-mate, 11, 81, 141

ervilha, 26, 33, 157, 210

escravidão/escravizados, 39, 80, 42, 69-70, 89, 91, 95, 104, 139, 141-2, 170, 172, 181, 223, 312

Espanha, 81, 90, 237, 320, 328

Espírito Santo, 38, 78, 128

Estado de S. Paulo, O [jornal], 54, 110

Estado Novo, 321

Estados Unidos, 128, 146-8, 332

Estrada de Ferro Noroeste do Brasil, 54

Estrada de Ferro Sorocabana, 83

Estrelas no céu da boca (Dória), 25

Europa, 36, 69, 121, 145, 171, 181

Faculdade de Direito da Universidade de São Paulo, 189, 337

faisão, 152

farinha: de arroz, 231, 296; de guerra, 88; de mandioca, 31, 40, 65, 98, 104, 121, 152, 168, 170, 177-9, 183-8, 194, 203, 208-9, 235-8, 241, 270, 275-6, 279-81, 283-5; de milho, 13, 24, 29, 30, 33, 35, 40, 60, 63-5, 94, 97-8, 102, 104, 113, 120-1, 129, 131-2, 135-6, 152, 170, 177, 178-9, 183, 186, 199, 203, 205-9, 210-1, 236, 241, 265, 270, 272, 275-6, 279-81, 283, 285-6, 290-1, 295, 302-3, 329, 335; de milho beiju, 131, 172; de pau, 88; de rosca, 225, 229; de trigo, 33, 94, 113, 146, 166, 204, 216, 218-20, 229-32, 253, 265, 276, 283-7, 289-91, 293, 295, 297-8, 301, 304, 331-2; gorda, 178

Farinha Podre, sertão da, 82-3

farofa, 16, 24, 30, 179, 188-9, 194, 196, 203, 208, 238, 267, 279-80

favas, 26, 133

"Fazedores de desertos" (Cunha), 110

fazenda, 12, 21, 24, 36, 39, 41, 80, 91, 94-7, 101, 103-5, 107-8, 117-8, 120, 135, 150, 312, 323, 325, 329-30

fécula: de arroz, 231; de batata, 149

Fecularia Nossa Senhora das Brotas, 30

feijão, 24, 33, 38, 45, 57, 61, 68, 75, 89, 94-5, 102, 106, 116, 119, 121, 125, 133-7, 141, 145, 152, 153-5, 157, 165, 171, 182-3, 188-9, 196, 203, 207, 210, 212-3, 226-7, 235-8, 269, 271, 275, 311, 318, 329: branco, 127, 134, 136, 266, 333; de vara, 26, 127; -guandu, 26-8, 133; -mulatinho, 127, 135-6, 235, 237; -preto, 35, 120, 127, 134-7, 235, 237; tropeiro, 33, 135, 194, 236

feijoada, 137, 237-8, 271, 322

fermento em pó, 211, 215-6, 218-9, 230, 286, 289, 293, 298

Fernandes, Valentim, 70

Ferreira Lima, Heitor, 145

figo, 126, 253-4: folha de, 259

filé, 185, 190: au poivre, 33

fisiologia do gosto, A (Brillat-Savarin), 229

Florençano, Paulo Camilher, 110, 334

Florence, Hercules, 152

Florianópolis (SC), 43, 87

fogão: a lenha, 165, 167, 205, 212, 216, 291; caipira, 119; de poial, 166; de rabo, 166; de trempe, 119-20, 166

Fogão de lenha (Libanio Christo), 12, 313, 315, 323, 334

foie gras, 27

Fonseca, padre Manuel, 134

Formação da culinária brasileira (Dória), 14

formiga saúva, 320

fraldinha, 185

França, 69, 136, 151, 172, 320-1

Franca e Horta, Antonio José da, 94

Franco, Itamar, 314

frango, 22, 24, 28, 33, 129, 152, 174, 203-4, 206, 209-10, 212-3, 226, 228, 245, 265-8, 271, 276, 290-1: caipira, 228, 265

Freyre, Gilberto, 37, 152, 308

fritura, 174, 102, 151, 172, 229, 263, 283

frutas cristalizadas, 243

fubá, 33, 130, 152, 172, 174, 178, 190, 199, 202, 208, 212, 214-21, 230-2, 265, 267, 276, 283-5, 287, 294-5, 302: bolo de, 33, 215

fumeiro, 119, 193, 195, 241, 246

Funarte – Fundação Nacional das Artes, 314

galinha, 36, 38, 56, 97, 106, 114, 117, 121, 127-8, 152, 186, 194, 227-8, 265, 267-8, 289, 311, 329: caipira, 35, 121, 228, 268

galinheiro, 113-4, 117

garapa, 113, 177-8

Garcia d'Ávila, família, 80

gaspacho, 33

gastronomia, 16, 25, 28, 167, 320, 337

geleia, 120, 246-7, 250-1, 290

Germânia, 73

Gilofa [reino africano], 70

ginja, 88

goiaba, 63, 114, 121, 242, 247-8, 252:
goiabada, 215, 247-8

Goiás, 10, 14, 20, 38, 41, 45, 47, 74-6,
81-2, 84, 88, 92-3, 98, 126, 128, 139,
141, 150, 166, 174, 191, 200, 213, 230,
235, 237, 243, 245, 254, 264, 271,
287, 310, 315

Goiás Velho (GO), 81, 243

Gomes, Sebastião Antonio, 207

Grande, rio, 75, 82

Grão-Pará [capitania], 41, 139

guabiju, 63

Guaimbê [árvore], 63

Guaíra (PR), 42, 56

Guairá [missão], 84

guajuvira, 63

Guaporé, rio, 82

guarani [etnia], 10-1, 17, 38, 53, 55-7,
59-67, 74-6, 84, 129-30, 132, 142,
163-4, 167, 172, 182, 188, 193,
199-200, 241

Guaratinguetá (SP), 43, 84, 94

Guaratuba (PR), 95

guariroba, 63, 112, 126, 194, 228, 277,
290-1

Guarulhos (SP), 95

Guatemala, 133

Guedes de Brito, família, 80

Guerra Guaranítica, 92

Guia Quatro Rodas, 21, 323

Guiné, 70, 138-9

Gula [revista], 13

Haraguchi, Masanobu, 264

História da alimentação no Brasil
(Câmara Cascudo), 37

horta, 26, 113-5, 117, 120, 171, 174, 185,
243

hortaliças, 26-9, 33, 154, 156, 165, 184,
244, 245, 267, 270

hortelã, 113, 185-6, 189

hortifrutigranjeiros, 26

içá, 96, 109, 156, 206, 280, 315-6,
320

Iguape (SP), 89, 94-5, 120, 136, 142-3

Iguassú, rio, 74

Ilhabela (SP), 95

indianismo, 14

ingá, 57, 63

inhame, 56, 63, 184, 220

Instituto Brasileiro de Geografia e
Estatística (IBGE), 77-8, 328

Instituto do Patrimônio Histórico e
Artístico Nacional, *ver* IPHAN

*Inventarie du patrimoine culinaire de
la France*, 173

IPHAN – Instituto do Patrimônio
Histórico e Artístico Nacional,
336-7

Iporanga (SP), 94

Itanhaém (SP), 89

Itapetininga (SP), 94, 147

Itapeva (SP), 85, 94

Itu (SP), 88-90, 158, 166, 223

jabuticaba, 114, 127, 251, 258-60,
327

jaca, 28, 253

jacaré, 62

Jacareí (SP), 94, 223

Jaime I, 137

Jalapão, sertão do, 84

Japur, Jamile, 323, 334

jê [povo], 55, 76

Jeca Tatu [personagem], 148, 316

jenipapo, 63, 261

jesuítas, 63, 67, 182, 188

jiló, 23, 33, 171, 291

Jiquitaia [restaurante], 16, 20, 23, 27,
29-33, 201, 237, 263-4, 267

jirau, 119-20, 166, 246

"José" (Drummond de Andrade), 310

Juiz de Fora (MG), 85

Jundiaí (SP), 88-9, 223, 333

Juqueri (SP), 154
jurubeba, 63

kaiabi [etnia], 59
kaingang [etnia], 54-5, 97
kayapó-mebêngôkre [etnia], 59
kayová [etnia], 55, 60-1
Kinupp, Valdely, 28
Klein, Herbert S., 141, 223
Kroeff Schmitz, José Antonio, 146

Lages (SC), 85, 94
Lagoa das Furnas (Açores), 186
Lagoa dos Patos (RS), 42
lagosta, 156, 333
lambari, 33, 117, 154, 284, 289
Lamego (Portugal), 69
Lanhoso, rio, 82
Lapa (PR), 43, 85
laranja, 63, 104, 127, 250, 255, 260:
    azeda, 196, 237, 255; pudim de, 24
Largo da Concórdia (SP), 31
Lecocq Müller, Nice, 142
leitão, 109, 152, 193
leite, 66-7, 93, 113, 136, 150, 157, 177-9,
    182, 196, 201-2, 204, 210-2, 215-20,
    227, 229-30, 232, 250, 252, 256,
    261, 283-4, 286, 291, 293-7, 301-5,
    307, 310: doce de, 215, 256, 284;
    nata de, 296
Lemos, Carlos, 112, 118-20
Lençóis Paulista (SP), 106
levedo, 232, 304
Libanio Christo, Maria Stella, 313,
    323, 334
Libro de cozina (Nola), 137
licores, 120-1, 172, 243, 257-61
Lima, José, 244
limão, 114, 193-4, 196, 210, 224, 226,
    231, 249, 251-2, 254-6, 265-70, 280,
    284-6, 298: -cravo, 194, 255, 268;
    suco de, 24
Limeira (SP), 144
limeira, flores de, 178
Lindoia (SP), 30

linguiça, 33, 119, 184, 186-7, 200, 214,
    224-6, 236, 267, 271, 276, 290, 311:
    defumada, 237
Lisboa (Portugal), 139, 320, 333,
    337
lobozó, 209, 275
locavorismo, 25
locro, 188
Lohmann Terhorst, Karin Inês, 146
Londres (Inglaterra), 55
Londrina (PR), 22, 24, 201
Lorena (SP), 94
louro, 114, 137, 184-7, 190, 193-4, 197,
    206, 224-5, 228, 251, 266, 268,
    270
Luís XIV, rei, 320
Lusitânia, 73

maçã, 88, 101, 126
macarrão, 290
Madre de Deus de Minas (MG), 85
Madre de Deus, Gaspar, frei, 139
maisena, 291, 296-7
malalis [etnia], 143
Maluf, Marina, 106-7
mamão, 243, 254-5, 257, 271: verde,
    253-5, 271
mameluco, 20, 39, 42, 76, 85, 95, 108,
    163, 318, 322
mandingas [etnia], 70
mandioca, 14, 29, 31, 40, 45, 56, 57,
    61-2, 65, 67-9, 88-9, 98, 104, 111,
    120-1, 131, 136, 142-3, 152, 157, 163,
    168, 170-1, 177-9, 183-9, 191, 194-5,
    199, 203, 208-10, 220-1, 231, 235-8,
    241, 266, 270-1, 275-6, 279-81, 283-6,
    290, 311, 318
manga, 128
mangarito, 26-8
Maní [restaurante], 27
Manifesto Regionalista, 308
manteiga, 35, 93, 121, 127, 144, 149-51,
    157, 167, 174, 179, 182-3, 187, 189,
    195, 200-1, 202-4, 208, 210-2, 214,
    216, 218-21, 225, 230-2, 253, 256,

271, 279-80, 284, 286, 289-91, 293-4, 296-8, 301, 304, 333: de garrafa, 30

Mantiqueira, serra da, 74, 78

maracujá, 63

Marajó, ilha de (PA), 57

Maranhão, 41, 84, 126, 138-9

Marcha para oeste (Ricardo), 73

margarina, 121, 150-1, 174

Maria, óleo, 150

Mariana (MG), 46

marmelada, 120-1, 242, 246-7, 251

marmelo, 15, 126-7, 230, 242, 247, 251, 256, 290

Martins Fontes, José, 74

Martius, Carl Friedrich Phillip von, 144

Mata Atlântica, 163

mata-compadre, 270

Matarazzo, Francisco, 147-8

Matarazzo, Indústrias, 147, 150, 332

Mateus, Morgado de [Luís Antonio de Sousa Botelho Mourão], 43-5, 105, 328-9

Mato Grosso, 10, 20, 21, 38, 41, 45, 47, 74-6, 80-3, 88, 92, 98, 126, 138

Mato Grosso do Sul, 10, 38, 75, 82-3, 245

Matoso, Caetano de Costa, 131

Mauritânia, 73

Mawe, John, 44-5, 116, 118, 121

mbyá [etnia], 55, 74

McDonald's, 29

Mediterrâneo, mar, 114

Mège-Mouriès, Hypolite, 151

mel, 63-4, 66, 89, 177

melancia, 127, 271

melão, 126

Mendoza (Argentina), 96

Mercado dos Caipiras (SP), 155

Mercado Municipal de São Paulo, 155

mestiçagem/mestiço, 11, 19-20, 39, 90, 280, 312, 318

mexerica, 260

México, 134

milho, 11, 14, 18, 24, 27, 29-30, 33, 35-6, 38, 40, 43, 45, 56-7, 59-65, 68-71, 73, 75, 88-9, 94-5, 97-8, 102, 104, 106, 111, 113, 116, 119-21, 125, 129-33, 135-6, 138, 141, 143, 145, 150, 152-4, 157, 163, 170-2, 177-9, 183, 186, 188-9, 199-214, 216, 236, 241, 265, 267, 270, 272, 275-6, 279-81, 283, 285-6, 290-1, 295-6, 302-3, 311, 314, 318, 329, 332, 335; broa de, 314; -dos-negros, 70; -verde, 11, 13, 27, 33, 60, 62, 64, 129, 132, 153, 172, 189, 199, 200-5, 210, 241; -zaburro, 69-71

minas/mineração, 39, 45-6, 48, 76, 78, 80-3, 89-4, 96-7, 102-5, 109, 118, 131, 135, 139, 141, 152, 172, 182, 212, 230, 302, 310-1, 335, 337

Minas Gerais, 10, 20, 22, 24, 30, 38, 45, 47, 75, 78, 84, 88, 91-2, 105, 132, 135, 141, 143, 147, 191, 208, 213, 220, 235, 237, 251, 264, 270, 290, 304, 309, 314-5, 317, 319, 322-3, 334, 337-8

mineiridade, 309-14, 317, 323

Mineiridade: ensaio de caracterização (Vasconcelos), 309-11

Minho (Portugal), 309

mirepoix, 227, 264

Missões [região das], 38, 76

missões jesuíticas, 42, 46, 75, 81, 92, 328

mocotó, 251-2, 267

Mogi das Cruzes (SP), 89, 94-5

Mogi Mirim (SP), 223

Moinho Paulista [indústria alimentícia], 151

molho pardo, 265, 311

mongaraí [ritual], 60

monjolo, 98, 113, 129-32, 141, 199, 205

Monte Azul (MG), 24

Monteiro Lobato, José Bento, 9, 47, 109, 148

Montiño, Francisco Martinez, 320

Montoya, Antonio Ruiz de, 56, 63, 65-6, 134, 164

moqueca, 32, 170-1

moquém, 102, 119, 169-70, 241
Morretes (PR), 187
mostarda, 26
Mota, Otoniel, 140
Moura, Maria de Fátima, 18
Müller, Daniel, 95
Müller, Franz, padre, 56, 61-2, 65-6, 164
mungunzá, 213
murici, 261
músculo [carne bovina], 182, 187, 206, 266
Museu Paulista, 54
Mussolini, Gioconda, 110

nabo, 113, 116, 184, 229
nandéva [etnia], 56
Nascimento Arruda, Maria Arminda do, 103
Natal [data comemorativa], 16
Nazaré Paulista (SP), 154
Neolítico, período, 14, 326
nhoque: de banana-da-terra, 32; de batata-doce, 27
Nordeste [região], 31, 36, 39, 42, 46, 76, 84, 89, 133, 182, 242, 307-8, 313
Norte [região], 31, 57, 84, 313
Nova York (EUA), 29
Novo Mundo, 38, 171, 199
nozes, 88, 157, 333
noz-moscada, 261

oden, 184
Oeiras, conde de [marquês de Pombal], 43
Oleboma [António Maria de Oliveira], 320
óleos vegetais, 147, 150, 174
Oliveira Vianna, Francisco José de, 105, 308-10, 317
ora-pro-nóbis, 270
Ordem dos Advogados do Brasil (OAB), 24
orgânicos, 29
Oriente Médio, 173

Ouro Preto (MG), 46, 85, 303, 337
Ouro Preto, ribeirão do, 80
ovos, 24, 62, 66, 114, 144, 178-9, 189, 204, 206, 210-1, 214-20, 225, 229-32, 236, 243, 251-3, 275-77, 280, 283, 285-6, 289-91, 293-8, 301-5: clara de, 66, 204, 215-6, 251, 253, 276, 290; de codorna, 27; de tartaruga, 144

pacay, 57
paçoca, 66, 168, 170, 279, 280-1, 327
pacová, ver banana nativa
paio, 184, 187, 237
paleta de vaca, 266
palmito, 33, 143, 154, 207, 284, 290
pamonha, 11, 13, 129, 156, 179, 200-2, 214
Pancs, ver Plantas Alimentícias Não Convencionais
panquecas, 23, 64-5
Pantanal, 62, 81, 115, 188
pão, 35, 64-5, 89, 98, 120-1, 131, 153, 170-1, 189-90, 218, 276, 290, 301, 303-4, 305, 308, 311, 335: de ló, 215, 252, 291, 295, 297-8; de milho, 64; de queijo, 301-4; miolo de, 196, 276
páprica, 267, 268
Pará, 31, 84, 138, 144, 168
Paraguai, 42, 76, 81, 82, 115, 188
Paraíba do Sul, rio, 20, 48, 78; ver também Vale do Paraíba
Paraisópolis (MG), 30
Paraitinga, vale do, 93
Paraná, 10, 14, 16, 20, 31, 38, 41-3, 47, 56, 62, 75, 76, 132, 145, 147, 187, 245
Paraná, rio, 43, 83
Paranaguá (PR), 95, 181, 187
Paranaíba, rio, 75, 82-3
Paranapanema, rio, 42, 83, 90
Parati (RJ), 76, 78, 84, 136
parceiros do Rio Bonito, Os (Candido), 23, 140
Pardo, rio, 83, 85

Paris (França), 15, 321

Parmentier, Antoine, 320

Páscoa [data comemorativa], 185

Pátio do Colégio (São Paulo), 109, 153, 206

pato, 32, 57, 228

Patroa, A, óleo, 150

Paulistânia, 9-10, 15, 38-40, 46-8, 68, 73-8, 84, 101-2, 108, 122, 126, 132, 135, 145-6, 150, 166, 174, 182-3, 199, 201, 206, 223, 237, 244, 246, 264, 307, 315, 327, 334

Paulistânia [revista], 327

paulistanidade, 315, 317-8

paulistas, 40-2, 46, 67, 73-4, 76, 80, 82-4, 89-90, 92, 108, 118, 131, 139-41, 151, 170, 190, 206, 308, 310-1, 314-8, 322-3, 325, 327-8, 332, 337

Peabiru [trilhas], 42, 85

peitudo, 179

Península Ibérica, 114, 132, 137, 173, 319

pequi, 28, 40, 122, 158, 166, 225-6, 230, 261

Perdigão, indústrias, 237

perdiz, 62, 126, 152, 196

Pereira, Huascar, 125-6

Perequê (SP), 85

Pernambuco, 39, 127, 307

pernil, 213

peru, 116

Peru, 42, 57, 96, 134, 188

pêssego, 88

peste suína, 147-50

Piaçaguera (SP), 85

Piauí, 84, 89

Picada de Goiás, 82

picadinho, 170, 189-91, 276

picles, 243-4, 335

pilão, 89, 118, 129-32, 141-2, 178, 199, 205, 280-1

pimenta, 13, 173, 179, 185-91, 193-7, 202, 204, 206-7, 210, 213-4, 224-6, 228-9, 235-7, 244, 264, 265, 267-8, 271, 275-6, 279-80, 284, 289, 291: de

bode, 194, 196, 213, 226; -de-cheiro, 264, 270, 272; -do-reino, 276, 284; -malagueta, 128, 213, 236; vermelha, 184, 203, 246, 291

pimentão, 189, 228, 267, 272

Pindamonhangaba (SP), 94

pinhão, 40, 122, 156, 186

piquira, 289

Piracicaba (SP), 93

Piracicaba, rio, 90

piranha, 62, 272

pirão, 184-5, 189, 236, 270

piratapuia [etnia], 57

Pires, Cornélio, 26-8, 33, 316-7

pitanga, 63, 127, 260

Pitanga (PR), 43

pizza assada, 157

Plantas Alimentícias Não Convencionais, 26, 28, 126

pobreza, 40, 44, 68, 119, 145, 318

Poços de Caldas (MG), 243

polenta, 11, 29, 36, 64, 212, 215

Polígono das Secas, 313

polvilho, 65, 211, 216-9, 283, 285-6, 293-8, 301-4

pomar, 113-5, 117, 120, 129, 258

Pomba, rio, 78

Pombal, marquês de [conde de Oeiras], 43, 105, 139

pombo, 228

Ponta Grossa (PR), 43, 85

porco, 33, 94, 102-3, 114-5, 121, 127, 137, 144, 146-7, 149, 159, 183, 200, 213, 217, 224, 235-7, 241, 245, 266, 290, 311: banha de, 143-7, 149-50, 174-5, 178-9, 183, 185, 200, 202, 204-5, 224-5, 230-1, 241, 265, 277, 302; ensopado de, 266; focinho de, 237, 266; lombo de, 186, 311; na lata, 244-5; orelha de, 224, 235, 237; pé de, 224, 237; pururuca de, 33

Porto (Portugal), 139, 267, 333

Porto Alegre (RS), 147

Porto Casado (Paraguai), 43

Porto Feliz (SP), 96
Portugal, 43, 46, 69-70, 75-6, 90, 127, 132, 138, 145, 167, 227, 237, 241, 247, 310-1, 320
pot-au-feu, 183
Potosí (Bolívia), 43, 328
Prado (PR), 43
Prado Júnior, Caio, 105, 329
Prata, rio da, 43, 181
puchero, 183, 188
pupunha, 33
purê, 65: de abóbora, 64; de batata, 189, 265; de taioba, 27
pururuca, 33

Quadros, Jânio, 129
queijo, 40, 93, 103, 178-9, 200, 204, 208, 210-1, 216, 218-20, 242, 253, 284, 289-90, 301-3: Canastra, 242; fresco, 205, 211, 230, 290, 302, 337; meia-cura, 302, 304; parmesão, 225; ralado, 230, 290-1, 302-3; São Jorge, 182, 242
quiabo, 23, 26, 33, 36, 203, 267-9, 311
quibebe, 33, 271
Quinze de Novembro, rua (São Paulo), 156
quirera, 33, 130, 172, 199, 212-4, 227
quitanda/quitandeira, 154-7, 206, 332, 334

rabada, 22, 186, 264
rabo, 62, 185, 237, 266
raça indígena, 110
ragu, 32
Ramos, David Lopes, 69
rancho, 112, 312
rapadura, 40, 95, 104, 113, 177-8, 202, 208, 214, 218, 230, 248, 252, 255
receitas, livro de, 9-10
refogado, 174, 187, 209-10, 213, 226, 228, 236, 263-72, 284, 290, 334

regionalismo, 37, 307-10
Relato do piloto anônimo, 70
repolho, 26, 113, 184, 187, 210, 225
República Velha, 307
Revolução de 1930, 308
Ribeirão dos Patos (SP), 107
Ribeirão Preto (SP), 205, 220
Ribeiro de Sampaio, Francisco Xavier, 144
Ribeiro, Darcy, 19, 40-1, 45-6, 158
Ribeiro, Joaquim, 74
Ricardo, Cassiano, 73
Rio das Pedras (SP), 82
Rio de Janeiro, 38, 41, 54, 57, 76, 78, 85, 89, 91-2, 103, 135, 139, 146, 207, 237, 309, 315
Rio Grande do Sul, 38, 75, 85, 94, 98, 145-7, 169, 307, 309, 323, 332
Rio Negro, capitania do, 144
Rizzo, Helena, 27
roça, 60, 107, 113, 316
Rocha Pitta, Sebastião, 181
Rodrigues, Domingos, 138
Roiz de Castro, Fernão, 134
Rondon, Cândido, marechal, 54
Rubi, óleo, 150
rúcula, 26
Ruídos da memória (Maluf), 106

Sabará (MG), 46
Sabarabuçu, ribeirão do, 80
saboró [milho mole], 60
Sadia, indústrias, 237
Saint-Hilaire, Auguste, 35-6, 73, 93, 101, 105, 106, 108, 135, 143, 145, 153, 158, 166, 177
salada, 23-4, 116, 121, 167, 195-6, 270
Salada, óleo, 150
Salles, Mara, 244
salmoura, 196, 207, 243, 256
salsa/salsinha, 24, 36, 113-4, 185, 189-90, 195, 203-4, 207, 210, 213-4, 225, 228-9, 235-6, 246, 263, 266, 268, 270-1, 284, 289, 291
salsão, 228, 267-8

Salvador (BA), 156
Salvador, Vicente do, frei, 69, 143
samambaia, broto de, 270
Sanbra — Sociedade Algodoeira do Nordeste Brasileiro, 331-2
Sanbra/Moinho Santista, 150-1
Santa Catarina, 38, 75-6, 147
Santa Fé (Argentina), 96
Santa Rosa do Viterbo (SP), 15
Santana de Parnaíba (SP), 88, 134
Santana, rio, 82
Santos (SP), 85, 92, 156, 328, 331, 333
Santos, Gabriel Sousa dos, 280
São Bento, rua (São Paulo), 156
São Carlos (SP), 329
São Francisco, rio, 76-7, 80, 84, 89, 91, 313
São João del Rei (MG), 82, 85
São João, festas de, 116, 185
São José dos Campos (SP), 93
São Luís do Paraitinga (SP), 93-4, 111
São Miguel, ilha de (Açores), 186
São Paulo (capitania), 41, 44, 67, 75-6, 81, 92, 328-9, 335
São Paulo (cidade), 20-4, 27, 31, 42-3, 84-5, 88, 91, 95, 109, 116, 134, 151-6, 173, 189, 201, 244, 318, 321, 327, 329, 331-3, 337-8
São Paulo (estado), 10, 13-4, 16, 19, 30, 38, 47, 54, 74, 78, 81-4, 88-9, 91-2, 98, 103, 105-6, 108, 112, 120, 127, 131-3, 135-6, 139-41, 144-7, 157-8, 181, 205-6, 220, 245, 247, 264, 307, 314-5, 317, 323, 328-9, 332
São Sebastião (SP), 89, 95
São Sebastião do Paraíso (MG), 22
São Tomé, 70
São Vicente (capitania), 41, 45, 75, 78
São Vicente (SP), 39, 76-7, 85, 138-40
Sapucaí, rio, 75
sardinha, 207, 209, 333
sateré-mawé [etnia], 59
Saúde: margarina, 151; óleo, 150
Schaden, Egon, 60
Schmidt, Carlos Borges, 110

sebo [de boi], 149, 245
Secretaria da Agricultura do Estado de São Paulo, 125, 133
Semana Santa, 16
sêmola: de milho, 64; de trigo, 206
Senegal, 70
Sentinela da Monarquia [jornal], 146
Serra do Mar (SP), 40, 80, 111
serralha, 26, 33, 35-6
sertanejo, 20, 111, 188, 308, 320
sertão, 11, 39, 45, 47, 68, 76-8, 81-2, 89, 91, 95, 98, 103-4, 106, 127, 129, 131, 135, 152, 172, 339: bandeirantes no, 41; da Farinha Podre, 82-3; de leste, 38, 47-8, 77-8, 80, 94, 96, 242, 328; de Passagem, 328; do Jalapão, 84; de Passagem, 328; do oeste, 80; do ouro, 80; do rio São Francisco, 84, 89; dos Garcias, 83; dos Goyazes, 82; e a Estrada de Ferro Noroeste do Brasil, 54; expansão para o, 41, 75, 77-8, 83, 91; gado no, 40, 46, 94; indígenas no, 54, 104, 129, 152
sertões, Os (Cunha), 110
Sete Povos das Missões (RS), 92
Silva Bruno, Ernani, 84-5, 88-92, 96, 329
Silveiras (SP), 265
sítio, 22, 43, 48, 99, 101-2, 105, 111-4, 117-9, 122, 125, 129, 142, 157
Sol Levante, óleo, 148, 150
sorgo, 70
Sorocaba (SP), 44, 76, 85, 88, 90, 94, 96, 147, 333
Souza, Josepha de, 153
Spix, Johann Baptist von, 144
Spurlock, Morgan, 29
steak tartare, 33
suã, 30-3, 195, 213, 223-6, 266-8
Sudeste [região], 55, 57
Sul [região], 31, 46, 55, 57, 122, 163, 182
Sumé, 42
Super Size Me (Spurlock), 29

Superintendência de Desenvolvimento do Nordeste — Sudene, 312

Swift do Brasil, 150

tabaco, 95, 141

tacho, 130, 143, 245, 247-8, 252, 257, 270, 305

taioba, 26-8

tangerina, 24, 128

Tape [missão], 84

Taquari, rio, 83

Taques, Pedro, 68

tarumã, 63

tatu, 117, 194-5

Taubaté (SP), 43, 77, 84, 307, 323

Teatro Ópera (São Paulo), 206

terceiro prato: observações sobre o futuro da comida, O (Barber), 29

terroir, 26, 168

testo, 167, 205, 216

Tietê, rio, 43, 85, 90, 96, 107-8

tikuna [etnia], 57

Tocantins, 75, 81, 84

Tocantins, rio, 139

tomate, 24, 184-7, 189-91, 196, 202-3, 206-7, 213, 225-8, 265-6, 268, 270, 272, 275, 290

tomatinho azedo, 213

Tordesilhas [restaurante], 244

Tordesilhas, tratado de, 76

torradas, 235, 256

torresmo, 33, 136, 235-6, 281, 298, 311

toucinho, 35, 40, 94, 103-4, 116, 120, 135, 141, 144-5, 149, 153-4, 184, 186, 188-9, 193-5, 214, 224, 235-7, 246, 271, 275, 332

Trás-os-Montes (Portugal), 309

Tratado de Madri (1750), 76, 92

trempe, 119, 135

Triângulo Mineiro, 75, 82-3

trigo, 42, 88-9, 98, 113, 153, 286, 311, 318, 332

tropeiros/tropeirismo, 17, 46, 76, 85, 91, 94, 96, 103, 105, 113, 135, 155, 170, 183, 242

Tuju [restaurante], 27

tukano [etnia], 57

tupi-guarani, [etnia], 42, 57, 59

Tupiniquins [trilha], 85

tutano, 183, 188

tutu, 135, 196, 207, 236, 311

Ubatuba (SP), 89, 95

Universidade de São Paulo (USP), 18, 189, 337

Universidade Estadual de Londrina (UEL), 24

urucum, 174, 265, 272

Uruguai, 57, 94

uva, 88, 156

vagem, 210, 271

Vale do Paraíba, 20-1, 47, 74, 77-8, 88, 90, 96, 110-1, 135, 185, 190-1, 213, 220, 231, 237, 251, 265, 307, 325, 334

Vale do Ribeira, 93, 120, 142

Vale do Rio Doce, 47, 77-8

Valência (Espanha), 85, 137

varênique, 27

Variações sobre a gastronomia (Duarte), 320

Várzea do Carmo (SP), 155

Vasconcelos, Sylvio de, 309-11, 336

Velhas, rio das, 80, 84

Veneza (Itália), 69, 138

Verde Grande, rio, 77

Vermelho, rio, 81

Viagem ao país dos paulistas (Silva Bruno), 84

Vida Moderna [revista], 149

Vida, óleo, 150

Vidal Luna, Francisco, 141, 223

Vila Bela [Ilhabela], 95

Vila Bela (MS), 81

vila brasileira, Uma (Willems), 110

Vila Rica (MG), 82, 93, 131, 310

vinagre, 189, 191, 194, 224, 242-3, 246, 265, 267-8

vinha-d'alho, 193, 195

vinho, 42, 121, 156, 194, 196, 246, 252, 267-8, 305, 320: do Porto, 251, 333; moscatel, 251, 333

virado, 29, 170, 174, 209: à paulista, 337; de banana, 211; de cebola, 33; de couve, 33, 210; de ervilha, 33; de farinha de milho, 209; de farinha de milho com feijão, 329; de feijão, 33, 135, 210, 236, 329; de frango, 210; de galinha, 329; de milho, 33, 203; de ovos e queijo, 210

Viveiros de Castro, Eduardo, 53

Von Ihering, Hermann, 54

wajãpi [etnia], 57

Wessinger, Eugène, 321-2

Willems, Emilio, 110

Xiririca (SP), 94

zimbro, 267

Ziraldo [Alves Pinto], 314

Zona da Mata (MG), 78, 128

A marca FSC® é a garantia de que a madeira utilizada na fabricação do papel deste livro provém de florestas gerenciadas de maneira ambientalmente correta, socialmente justa e economicamente viável e de outras fontes de origem controlada.

Copyright © 2018 Carlos Alberto Dória e Marcelo Corrêa Bastos

Todos os direitos reservados. Nenhuma parte desta obra pode ser reproduzida, arquivada ou transmitida de nenhuma forma ou por nenhum meio sem a permissão expressa e por escrito da Editora Fósforo.

DIRETORAS EDITORIAIS Fernanda Diamant e Rita Mattar
EDIÇÃO E PREPARAÇÃO Três Estrelas
EDITORA Juliana de A. Rodrigues
ASSISTENTES EDITORIAIS Mariana Correia Santos e Cristiane Alves Avelar
REVISÃO Lucila Segovia
ÍNDICE REMISSIVO Três Estrelas e Maria Claudia Carvalho Mattos
MAPAS Mario Kanno
PRODUÇÃO GRÁFICA Jairo da Rocha
CAPA E ILUSTRAÇÕES Estúdio Arado
PROJETO GRÁFICO DO MIOLO Alles Blau
EDITORAÇÃO ELETRÔNICA Alles Blau e Página Viva

Dados Internacionais de Catalogação na Publicação (CIP)
(Câmara Brasileira do Livro, SP, Brasil)

Dória, Carlos Alberto
A culinária caipira da Paulistânia : a história e as receitas de um modo antigo de comer / Carlos Alberto Dória, Marcelo Corrêa Bastos. — São Paulo : Fósforo, 2021.

Bibliografia.
ISBN: 978-65-89733-30-0

1. Culinária brasileira 2. Culinária (Receitas) 3. Culinária — História 4. Culinária caipira 5. Hábitos alimentares I. Bastos, Marcelo Corrêa. II. Título.

21-77176   CDD — 641.509

Índice para catálogo sistemático:
1. Culinária caipira : Receitas : História : Economia doméstica   641.509

Cibele Maria Dias — Bibliotecária — CRB/8-9427

1ª edição
2ª reimpressão, 2024

Editora Fósforo
Rua 24 de Maio, 270/276, 10º andar, salas 1 e 2 — República
01041-001 — São Paulo, SP, Brasil — Tel: (11) 3224.2055
contato@fosforoeditora.com.br / www.fosforoeditora.com.br

Este livro foi composto em GT Alpina e GT Flexa e impresso pela Ipsis em papel Golden Paper 80 g/m² para a Editora Fósforo em novembro de 2024.